Marianne Peyinghaus

Stille Jahre in Gertlauken

W9-ANR-396

Als im Januar 1945 die russische Großoffensive auf Ostpreußen einsetzte, ging eine Welt in Trümmer, deren Verlust man sich im übrigen Deutschland erst lange nach Kriegsende allmählich bewußt wurde. Keine zweite Landschaft, die so viele wehmütige Erinnerungen wachrief – auch und gerade bei denen, die die endlosen Ebenen zwischen Marienburg und Tilsit nie gesehen hatten –, kein zweites Land aber auch, über das man so wenig wußte. Publikationen wie das ostpreußische Tagebuch des Grafen Lehndorff oder der Gräfin Dönhoff waren eindrückliche Mahnrufe, daß hier etwas unwiederbringlich dahin war. Auch fühlten manche etwas wie Schuld, weil man sich eigentlich nie so recht für Ostpreußen interessiert hatte.

Im Herbst 1941 erhält eine junge Lehrerin aus Köln ihre erste Stelle mitten in eben jenem unbekannten, fremden, einsamen Ostpreußen, in einem kleinen Flecken auf halbem Wege zwischen Königsberg und Tilsit. Aber die Vorurteile der Großstädterin aus dem Westen schwinden schnell. Das »Lehrfräulein« wird mit Sitten und Gebräuchen vertraut und wächst immer mehr in die Dorfgemeinschaft hinein, die vornehmlich aus Frauen besteht, denn die Männer sind fast alle im Krieg. Man unternimmt ausgedehnte Fahrradtouren entlang dem Kurischen Haff, badet in den Seen und fährt an den freien Tagen nach Königsberg ins Kino. Woche für Woche liest man von den schweren Luftangriffen auf die Städte im Westen, man hört, daß ein Bekannter gefallen ist, aber in Gertlauken bleibt bis zum Schluß alles friedlich – ein gespenstischer Friede.

Drei Jahre lang berichtet Marianne Peyinghaus in regelmäßigen Abständen an ihre Eltern im tausend Kilometer entfernten Köln vom täglichen Leben in einem Land, in dem sich seit Jahrhunderten nichts geändert zu haben scheint. Was diese Briefe über vergleichbare Dokumente heraushebt, ist ihre Spontaneität und unmittelbare Anschaulichkeit. Eine »aus der Fremde« hat in Ostpreußen drei Jahre lang ihre »Heimat« gefunden. Das Ende – die Flucht vor den Russen – ist zugleich das Ende der Deutschen im Osten.

Marianne Peyinghaus

Stille Jahre in Gertlauken

Erinnerungen an Ostpreußen

Ein Siedler Buch bei Goldmann

Herausgegeben und mit einem Nachwort versehen
von Günther Elbin

Der Goldmann Verlag
ist ein Unternehmen der Verlagsgruppe Bertelsmann

Made in Germany · 1. Auflage · 4/92
Genehmigte Taschenbuchausgabe
© 1985 by Wolf Jobst Siedler Verlag GmbH, Berlin
Umschlaggestaltung: Werner Rebhuhn unter Verwendung
eines Fotos von Gruner + Jahr Fotoservice, Hamburg
Druck: Presse-Druck Augsburg
Verlagsnummer: 12830
DvW · Herstellung: Barbara Rabus
ISBN 3-442-12830-7

Die Reise

Merkzettel für die Fahrt
Köln–Gertlauken

1. Fahrkarte Köln bis Labiau ausschreiben lassen, einschließlich Zuschlag.
   Gepäck aufgeben bis Labiau, mit 500.– RM versichern.

   1. Reisetag

2. Köln–Berlin-Charlottenburg. Bei der Bahnhofs-NSV gut bürgerliches Hotel angeben lassen für alleinreisende junge Mädchen.

   2. Reisetag

3. D-Zug wird in Berlin-Charlottenburg eingesetzt, so daß Platz vorhanden ist. Der Zug fährt über die Berliner Bahnhöfe: Zoo, Friedrichstraße, Alexanderplatz, um nach Königsberg weiterzufahren.
   Übernachtung in Königsberg wie in Charlottenburg.

   3. Reisetag

4. *Königsberg bis Labiau*
   Meldung beim Kreisschulrat. Tadelloser Anzug, Frisur pp.

5. *und Weiterreise*
   von Labiau nach Gertlauken. Über Fahrtmöglichkeiten in Labiau Erkundigungen einziehen, Fußmarsch oder andere Transportmöglichkeiten an Ort u. Stelle erfragen.

6. *Nach Ankunft in Gertlauken*
   a Ausfüllung des Fragebogens über das Besoldungs-
   dienstalter,
   b politischen Fragebogen mit dem Herrn Rektor besprechen und durch diesen an den Kreisschulrat weiter-
   reichen lassen.
   c Für die Dienstreise bekommst Du Dein Fahrgeld,
   Gepäckkosten, Tage- u. Übernachtungskosten erstat-
   tet.
   Die Reisekosten-Liquidation mit dem Herrn Rektor
   besprechen, der Dir gewiß behilflich sein wird. Daher
   Auslagen täglich notieren.
   d Unterkunft mit voller Pension mit dem Herrn Rektor
   u. evtl. mit dem Herrn Gemeindevorsteher besprechen.
   e Deine Dienstbezüge werden durch die Kreiskasse
   Labiau gezahlt. Evtl. Ausstellung eines Sparbuches
   für Gehaltsüberweisung, wenn Gertlauken eine Sparkasse hat.

7. Auf der Fahrt Zurückhaltung üben gegen fremde Mit-
   reisende.

8. Mitnahme aller Ausweise, Kennkarte usw.

9. *An- u. Abmeldungen*
   a Polizeiliche Abmeldung in Köln-Deutz, Revier 19, und
   Anmeldung in Gertlauken,
   b Ummeldung bei der Partei in Köln-Deutz und Anmeldung in Gertlauken.
   c Deutsche Beamtenkrankenkasse zahle ich zunächst
   weiter, bis Du dort bodenständig geworden bist. Dann
   kann die Ummeldung erfolgen.

10. Rücksendung des Vorschusses nach Übereinkunft. Zahl-
    karten mitnehmen.

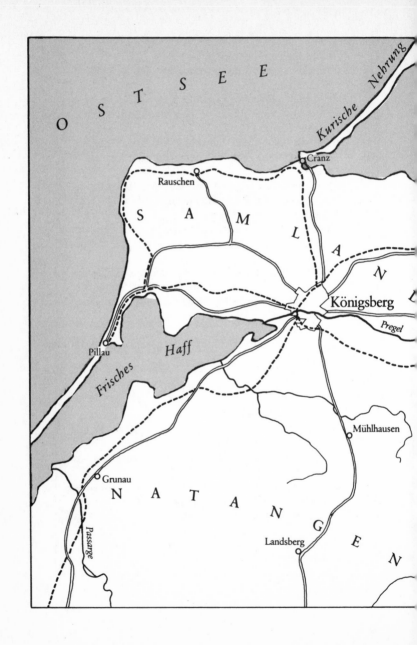

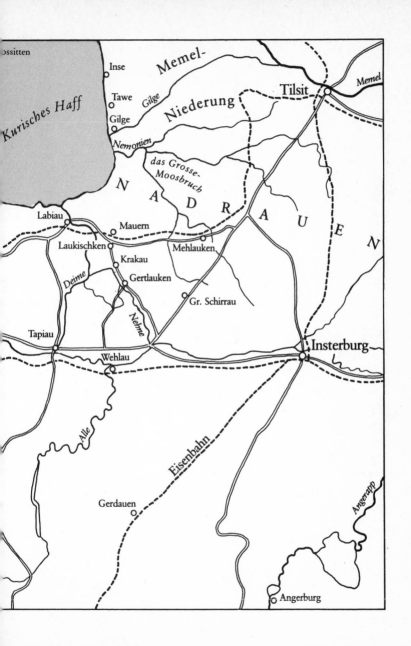

Die Briefe

Liebste Eltern!

Angelangt! Am ersten Wirkungsziel angelangt! Wie mag das enden? Doch ich will der Reihe nach erzählen.

In Labiau hatte ich den stellvertretenden Schulrat aufgesucht. Der richtige ist gefallen. Der Stellvertreter ist zwar auch Soldat, aber beurlaubt. Er ist Rektor, klein, zierlich, schwarzhaarig, sieht ziemlich jung aus, spricht mit tiefer Stimme und rrrollendem Rrr, wie alle Leute hier. Er half mir bei den Formalitäten, vereidigte mich feierlichst und weihte mich kurz in die Schulverhältnisse Gertlaukens ein. Dabei blieb mir die Spucke weg, und es dauerte fünf Minuten, bis ich kapierte, daß ich dort die einzige Lehrkraft bin.

Gertlauken besitzt eine dreiklassige Schule. Die eine Lehrkraft heiratete kurz vor dem Krieg und schied aus, und die beiden anderen wurden gleich zu Anfang des Krieges eingezogen. Die Kinder, 115 an der Zahl, hatten lange keine Schule. Dann unterrichteten Aushilfskräfte, dann war wieder frei, und seit dem 1. Oktober unterrichtet der Lehrer aus dem Nachbardorf drei Tage hier und drei Tage in seinem Dorf.

Beim Schulrat hielt ich mich so lange auf, daß ich meinen Zug gerade noch abfahren sah und gezwungen war, die Nacht in Labiau zu verbringen. Er empfahl mir das Hotel »Kronprinz« und zum Essen den Ratskeller und meinte, ich solle mir Labiau ansehen, sechstausend Einwohner, ein aufstrebendes Städtchen. Sein Stolz sind eine neue Sportanlage und ein kleiner Park am Bahnhof. Beides kam mir, ehrlich gesagt, so winzig vor wie das ganze Städtchen, das am Rande der Welt zu liegen scheint. Vielleicht ist das aber auch nur der Hochmut des Großstadtkindes aus Köln. Noch am eindrucksvollsten war jedenfalls das Rathaus. Es ist neu erbaut, weiß getüncht, und über dem Portal stehen vier stolze steinerne Ordensritter. Die Stadt ist um eine Ordensburg, eine Wasserburg, entstanden, die noch gut erhalten ist. Trotzdem schien mir Labiau nicht ganz so großartig wie dem Herrn Schulrat. Ich sah nicht viel mehr als nur ein Fischerdorf. Eine Hauptstraße mit grauen, niedrigen Häusern, sodann ein paar Nebengassen und an der Deime ein paar Fischerkaten. Hinter Labiau mündet die Deime ins Kurische Haff. Fischfang spielt hier eine bedeutende Rolle, man merkt es am Geruch im Hafen. Dann stand ich noch auf der Adlerbrücke, die über die Deime führt, und konnte in der Ferne das Kurische Haff ahnen. Aber es war kalt und ich fror und eilte zum Ratskeller.

Später habe ich mich dann im Hotel (es war Ruhetag, nur ein paar Hotelgäste da, ganz still) mit dem Kellner angefreundet! Knapp achtzehn Jahre alt, hauptamtlicher HJ-Führer, der sein Pflichtjahr ableisten muß und hier ein Faulenzerleben führt, dafür aber ganz große Töne spuckt. Er prahlte mit seinen Beziehungen – davon profitierte ich auch gleich ein bißchen, denn wir haben ein Viertelpfund leckerster Pralinen gefuttert. Heute morgen ist er meinetwegen extra früh aufgestanden und hat meine Koffer zum Bahnhof geschleppt. Vielleicht will er mich am kommenden Wochenende besuchen. Mit seinem Wagen!

Mein Zug am nächsten Morgen ging um 7.31 Uhr. Drei Stationen mußte ich noch von Labiau aus fahren: Deimetal, Scheleken, dann hielt der Zug in Mauern.

Stellt Euch unser Straßenbahnwartehäuschen auf dem Heumarkt vor, dann habt ihr den Bahnhof von Mauern. Zehn Meter entfernt führt eine schnurgerade Straße vorbei, die sich nach achtzig Metern im Wald verliert. Drei kleine Bauernhäuser am Rand der Straße, weit und breit nur Felder, ringsum Wald; er stößt am Horizont mit dem Himmel zusammen, einem weiten, unendlich hohen Himmel, an dem die Wolken jagen.

Ich sah den Zug abfahren und stand mit meinen drei Koffern und der Tasche allein da und fühlte mich sehr verloren.

Es war kein Mensch da, nur ein Bauer schickte sich gerade an, seinen Pferdewagen zu besteigen. Bevor er entschwinden konnte, stürzte ich mich auf ihn und fragte nach Gertlauken. Ja, er müsse nach Krakau, da solle ich nur aufsteigen, das läge auf halbem Wege, da könne ich ein Stück mitfahren. Der Bauer lud mein Gepäck auf, schlug eine warme Decke über meine Knie und hängte mir einen schafpelzgefütterten Mantel um – der Wind pfiff nämlich ganz schön!

Bald kreuzten wir die geteerte Landstraße von Königsberg nach Tilsit und kamen durch ein größeres Dorf, wo ich rechts das Dach eines Schlosses sah, vormals ein Jagdschloß des Großen Kurfürsten, der gern zur Auerhahnjagd hierher kam.

Hinter dem Dorf Felder, ein kleines Stückchen Wald und wieder Felder, weite Sicht, ein paar Biegungen, endlich ein neues Dorf – Krakau! Buckliges Pflaster, mit Schilf gedeckte, weißgetünchte Häuser, die sich an die dunkle Erde schmiegen.

Der Bauer hatte inzwischen rausbekommen, daß ich das neue »Lehrfräulein« von Gertlauken war und fuhr mich auch noch die letzten fünf Kilometer bis zur Schule. Was er mir unterwegs erzählte, sah ich dann: Im Juni hatte in Gertlauken ein großer Brand fünfzehn Häuser eingeäschert. Die Ruinen stehen noch, es sieht trostlos aus. Der Brand war um Pfingsten durch einen Kohlenmeiler entstanden und hatte ganz seltsam gewütet. Hier und da stand mitten zwischen Brandruinen ein heiles Haus, das er einfach übersprungen hatte. Die Leute sind fleißig beim Wiederaufbau, hausen in ihren Ställen oder bei Nachbarn. Gertlauken liegt ungefähr in der Mitte zwischen Königsberg und Tilsit, von beiden Städten etwa sechzig Kilometer entfernt. Zwanzig Kilometer südlich liegt Wehlau, zwanzig Kilometer nordwestlich Labiau. In Friedenszeiten fuhr von Gertlauken täglich ein Omnibus nach Wehlau, doch jetzt im Krieg ist man auf sein Fahrrad angewiesen, denn die nächste Eisenbahnstation ist Mauern, zehn Kilometer weit weg.

Die Koffer hatte ich in den Schulflur gestellt. Die Schule ist ein massives dreigeschossiges Backsteinhaus, das vom Brand verschont wurde. Der Bürgermeister meinte, ich solle mich wegen Unterkunft und Verpflegung an Frau Stachel wenden. Das ist die Frau des zur Wehrmacht eingezogenen Hauptlehrers, eine lebhafte, zierliche, dunkle Dreißigerin mit zwei reizenden Kindern. Sie war nicht sehr erbaut und schickte mich zum »Krug«, dem einzigen Gasthaus, an der Straßenkreuzung gelegen. Die Wirtin vom »Krug«, die ebenfalls zwei nette Kinder hat, lehnte ganz energisch ab; ihr Mann sei Soldat und sie mache nur noch das Allernotwendigste. Ich lief noch ein paarmal zwischen dem Bürgermeister, dem »Krug« und Frau Stachel hin und her, schließlich sagte ich, mir sei nun alles egal und man möchte mir jetzt bitte sagen, wo ich was zum Essen bekäme, denn ich fiele sonst vor Hunger um. Frau Stachel entschuldigte sich, daß sie daran überhaupt nicht gedacht hätte, und machte mir Bratkartoffeln mit Spiegel-

eiern, die mir herrlich schmeckten, und danach sah die Welt
gleich viel freundlicher aus.

Kurz und gut, Frau Stachel und ich einigten uns fürs erste: Sie
gibt mir ihre Mansarde für 5 Reichsmark und nimmt mich in
Pension für 45 Mark im Monat. Die Mansarde ist klein und
einfach, hat aber einen großen Kachelofen mit »Röhre« und
heizt wunderbar. Holz brauche ich nicht zu bezahlen, sagt der
Bürgermeister, das kommt vom Schuletat.

Am Nachmittag nahm mich Frau Stachel mit zu ihrer Freundin, Frau Kippar, einer Förstersfrau, ganz apart und sehr
hübsch. Ihr Forsthaus liegt wunderbar, es ist weiß gekalkt, von
hohen, alten Bäumen umgeben, dahinter Wiese, und dann
beginnt der Wald. Ich wurde gleich freundlichst bewirtet. Sie
hat keine Kinder, ihr Mann steht an der Ostfront, ebenso ihre
Brüder. Ihr jüngster Bruder ist gefallen und hat eine Frau und
vier kleine Kinder hinterlassen.

Gertlauken, 3. November 1941

Mein lieber Vater!

Deinen lieben Brief vom 29. Oktober erhielt ich heute. Selten
habe ich mich über einen Brief so gefreut, lese ich doch alle
Deine Liebe und Sorge daraus, die man zu Haus so selbstverständlich hinnimmt ...

Gestern, Sonntag, war ich in den Schulräumen und beschäf-
tigte mich gerade mit der Schulbücherei – sie ist gar nicht
schlecht, nur vollkommen ungeordnet –, da kam die kleine
Helma Stachel und sagte, »Besuch« sei für mich da. Das schien
mir unmöglich, aber dann stand Paula Wegmann vor mir!

Sie war die zwanzig Kilometer von ihrem Dienstort Weidlacken zu Fuß gekommen. In Paulas Schule sind ebenfalls
hundert Kinder, aber sie sind zu zwei Lehrpersonen dort. Auf
ihrer Reise nach Ostpreußen hatte sie in Königsberg kein
Hotelzimmer bekommen, so hatte sie die Nacht im Wartesaal
verbracht. Wir haben nur davon gesprochen, ob unser Geld
reicht, um in den Weihnachtsferien eine Reise in den Westen
zu machen. Zum Essen waren Frau Stachel und ich bei Frau
Kippar eingeladen, und ich konnte Paula ohne weiteres mitbringen. Es gab Gänsebraten und nachmittags Kuchen. Ich
begleitete Paula dann noch die Hälfte des Wegs zurück.

Heute morgen wollte ich zu Herrn Schulz nach Krakau, um mir dort den Unterricht anzuhören. Nun hatte es in der Nacht geschneit. Der Schnee liegt zehn Zentimeter hoch. Unter sämtlichen Schuhen habe ich Gummisohlen. Damit ist es draußen unmöglich zu gehen. Heute früh versuchte ich es nichtsahnend und war unter heftigsten Arm- und Beinverrenkungen zehn Meter vorwärts gekommen, um dann vor einer Frau und einem Kind einen Kniefall zu tun und mich sanft in den Schnee zu legen. Vor Glätte konnte ich nicht allein aufstehen. Es muß zu komisch ausgesehen haben, und dann noch als sogenannte Respektsperson vor einer Schülerin. Denn die Frau wollte mit ihrer Tochter zu mir, dem neuen »Lehrfräulein«. Herrn Schulz habe ich abtelefoniert.

Das Essen ist hier ausgezeichnet! Morgens bringt mir Olga, das Mädchen von Frau Stachel, den Kaffee nach oben. Mittags, nachmittags und abends esse ich mit Frau Stachel. Sie führt eigentlich ein herrliches Leben, ebenso Frau Kippar. Beide handarbeiten viel, sitzen gemütlich beim Kaffee zusammen und erzählen.

Gertlauken, 15. November 1941

Lieber Vater!

Ich komme mir vor wie eine Nichtschwimmerin, die ins Wasser geworfen wurde.

Deinem Rat folgend, gab ich meinen Schülern einen Tag frei und wanderte zu Herrn Schulz nach Krakau. Er hielt einen ganz fabelhaften Unterricht und gab mir viele gute Winke und Ratschläge. Auch wurde ich sehr gastfreundlich aufgenommen. Erst gegen fünf Uhr ging ich von dort fort, und die fünf Kilometer wurden ein wunderschöner Spaziergang. Die Organisation der vielen Jahrgänge in einer einzigen Klasse macht mir die größte Schwierigkeit. Rechnen und Deutsch, die beiden Hauptfächer, verlaufen ganz gut ohne große Vorbereitungen, dagegen muß ich für Heimatkunde, Geschichte und Erdkunde viel arbeiten. Ob meine Schulstunden allerdings von Erfolg gekrönt sein werden, weiß ich noch nicht. Weil ich mich immer mit so vielen Jahrgängen gleichzeitig beschäftigen muß, rede ich furchtbar viel. Erkundigt Euch doch mal, ob

es ein Vorbeugungsmittel gegen eine Halskrankheit gibt, die
durch vieles Reden entstehen kann. Vor drei, vier Tagen konnte ich keinen Ton herausbekommen, sondern immer nur flüstern. Jetzt geht es besser, ebenso mit meiner Erkältung.

Wir haben ganz neue Klos, Plumpsklos, sechs Meter vom Schulhaus entfernt, für die Lehrer gibt es eigene. Das ist für mich sehr ungewohnt und umständlich, immer vom zweiten Stock runter. Nun hatten die Jungens nichts anderes zu tun, als bei dem nassen Wetter Anfang der Woche mit ihren schmutzigen Holzschuhen über die Sitzbretter zu laufen. Wie ich fragte, wer es gewesen sei, meldete sich natürlich niemand. »Gut, dann kommen eben am Nachmittag alle Jungs der Oberstufe und reinigen die Klos!« Um drei Uhr waren sie da, wurden von Frau Berkan, der Frau des zweiten Lehrers, mit Eimer, Bürste, Wasser und Schrubber ausgerüstet und konnten sich hausfraulich betätigen – bei acht Grad Kälte. Ich hoffe, daß ich auch im Unterricht mit ihnen fertig werde und vor allem den Stoff bewältigen kann. Die Kinder sind ansonsten brav. Ich brauchte Herrn Schulz oder den Schulrat noch nicht um Hilfe zu bitten. Keineswegs möchte ich sagen: »Ich werde nicht mit ihnen fertig.«

Mit den Leuten im Dorf bin ich bis jetzt noch gar nicht in Berührung gekommen. Ich hatte immer zu arbeiten, halte mich bei den Mahlzeiten aber schon mal etwas länger bei Frau Stachel auf. Ihre Kinder sind zu nett. Frau Stachel und Frau Kippar sind sehr lieb zu mir. Frau Stachel hat mir schon mal eine Schale voll Pfefferkuchen mit nach oben gegeben. Heute nachmittag hat sie mit Frau Kippar in ihrer Küche Weihnachtsplätzchen gebacken, dreierlei verschiedene, und alles mit guter Butter! Das Essen ist überhaupt einzigartig. Ich wünschte, Ihr könntet ein wenig davon abbekommen. Ich würde mich gern revanchieren, vielleicht könnt Ihr mir ein gutes Buch schicken? Und wie mache ich es mit Olga, sie bringt mir mein Zimmer in Ordnung und wäscht meine Wäsche mit?

Mutter schreibt so ängstlich von dem Kellner aus Labiau. Das ist ein HJ-Führer von knapp achtzehn Jahren, ein Struntzer mit »Beziehungen«. Ich dachte, vielleicht kann er Paula und mich mit seinem Wagen zur Bahn fahren, falls wir Weihnachten heimfahren. Aber Sorgen braucht Ihr Euch nicht zu machen. An dem betreffenden Freitag ist er übrigens gar nicht gekommen, schickte aber ein Telegramm, daß ich lieber heute, Sonnabend, nach Labiau kommen sollte. Ich habe ihm natürlich was gehustet, so weit reicht meine Liebe zu seinen Beziehungen nicht.

Mein Akkordeon ist am Donnerstag heil angekommen. Ich mußte es von der Post abholen. Ein Forstgehilfe überholte mich mit dem Fahrrad und nahm es bis zur Schule mit. Ich war ihm dankbar, denn die Post liegt ein ganzes Stück von der Schule entfernt am entgegengesetzten Dorfende.

In Gertlauken arbeiten die meisten Leute als Forstarbeiter im Wald. Aber auch die Kleinbauern mit ihren zehn oder zwanzig Morgen und etwas Pachtland, die im Sommer ihren Hof bearbeiten, sind im Winter im Wald, und man nennt sie hier »Holzrücker«. Frauen und Kinder helfen beim Bäumepflanzen. Es gibt auch ein paar Handwerker: einen Ofensetzer, einen Stellmacher, Schuster, Bäcker, Fleischer und so weiter, sowie einen oder zwei Köhler. Größere Bauern mit neunzig oder hundert Morgen sind selten. Für die Waldarbeiter sind in der letzten Zeit freundliche Siedlungshäuser gebaut worden, dazu gehören etwa zwei Morgen Land, so daß jeder sein Schwein, seine Gänse, Enten, Hühner hält, mancher auch eine Kuh. Eine Lieblingsbeschäftigung ist die Imkerei. Einer besitzt an die hundert Bienenstöcke, die meisten haben zwei bis zehn.

Gertlauken ist ein langgezogenes Straßendorf. Aber die Häuser stehen mit Scheune und Stall ein ganzes Stück vom Nachbarhaus entfernt. Im Dorfmittelpunkt kreuzen sich zwei Straßen. An der einen Seite der Kreuzung steht der Krug, an der anderen Seite der einzige Laden. Die Landstraße kommt von Laukischken und Krakau und führt beim Krug im rechten Winkel nach Wehlau, wohin in Friedenszeiten eine Busverbindung besteht. In dieser Richtung über den Nehnebach hinweg wohnt auch Frau Kippar. Etwas weiter steht am Waldrand das Haus des Oberforstmeisters, während im Wald, ganz versteckt, der kleine Dorffriedhof liegt.

Geht man die von Laukischken kommende Straße am Krug vorbei, so wird sie immer schmaler, »landwegiger«, und führt in Paulas Richtung über Kuckers und Damerau nach Weidlacken. Dagegen führt die Wehlauer Straße zur Post und endet kurz darauf im Wald. »Lauken« ist übrigens litauischen Ursprungs und heißt »Feld«. Tatsächlich liegt das Dorf inmit-

ten riesiger Wälder, durch die, gesäumt von Uferwiesen, die
Nehne fließt.

Schickt mir möglichst bald mein Fahrrad – ohne das bin ich
hier aufgeschmissen!

Gertlauken, 26. November 1941

Meine lieben Eltern und Wolfgang!

Ich habe mich jetzt schon ganz gut eingelebt. Die Menschen
sind alle freundlich. Mir ist manchmal ganz seltsam zumute.
Einmal ist mir, als sei ich nur vorübergehend zu Besuch hier,
dann meine ich wieder, schon monatelang in Gertlauken zu
leben. Mir fehlen nur oft Kollegen und Ratschläge für die
Arbeit in der Schule. Es ist schwierig, so allein herumzubras-
seln. Ich habe so entsetzlich viel mit der Erarbeitung des Stoffes zu tun, daß ich an die Methodik gar nicht denken kann. Mir
fehlen noch die Kenntnisse, die Erfahrung und die Weite des
Gesichtsfeldes, um den Kindern jeden Stoff innerlich nahezu-
bringen.

Um so mehr freue ich mich immer über Eure liebe Post und
danke ganz herzlich dafür, besonders für Vaters Brief von
heute. Er ist so schön geordnet und übersichtlich, so echt
Vater!

Betrifft meine Arbeitseinteilung. Ich sehe das alles ein und
versuche auch mein Bestes, aber es fällt mir schwer. Frauen,
wenigstens ich, scheinen wenig Talent dazu zu besitzen.
Außerdem arbeite ich langsam.

Meine Erkältung ist besser, das heißt, ich kann wieder reden
und habe nur noch einen starken Schnupfen und etwas
Husten.

Auf meinen gewendeten Mantel von Mutter freue ich mich.
Denn seit gestern herrscht wieder eine anständige Kälte.
Wollene Handschuhe fehlen mir auch sehr. Tante Lies will mir
Kapuze und Schal und einen wollenen Unterrock stricken.
Schickt mir bitte auch meinen Trainingsanzug.

Die Bekanntschaft von Kellnerlehrlingen und Forstgehilfen
hat nichts mit Lebensfreude zu tun! Warum soll ich mich
nicht mit einem Kellner unterhalten? Die haben oft viel Men-
schenkenntnis – aber dieser Junge war ein Angeber. Mit dem

Forstgehilfen habe ich bis jetzt nur folgende Sätze gewechselt:
»Fräulein, darf ich Ihnen das Paket auf meinem Rad nach
Haus fahren?« (Es war das Akkordeon.)
»Das wird Ihnen sicher zu schwer und unbequem sein.«
»Nein, geben Sie nur her, ich werde es im Flur der Schule
abstellen.«
»Dann vielen Dank auch!«

Gertlauken, 12. Dezember 1941

Meine lieben Eltern und Wolfgang!

Schickt mir nur nicht zu viele Heilmittel und Tees. Mit dem
Wasser ist das hier so eine Sache, und unpraktisch ist es oben-
drein. Stachels haben in ihrer Wohnung eine Pumpe. Das
Wasser kommt aus einem Brunnen vor dem Hause. Man kann
es nur abgekocht genießen. Olga bringt mir jeden zweiten Tag
einen Eimer Waschwasser herauf – davon kann ich aber nichts
trinken.
Im Augenblick räume ich die Lehrer- und Hilfsbücherei auf,
an Hand des Inventarverzeichnisses. Es fehlt viel. Außerdem
sind noch sämtliche Nummern des »Amtlichen Kreisblattes«,
von »Wissenschaft und Erziehung« und die Schulakten zu
ordnen. Wenn der Hauptlehrer zu Weihnachten auf Urlaub
kommt, soll er doch keine Räuberhöhle vorfinden. Außerdem
halte ich noch jeden Nachmittag eine Stunde Nachhilfeunter-
richt für das erste Schuljahr. Da muß ich in einer Stunde
Geduld und Liebe für ein ganzes Jahr aufwenden. Ich rechne
zum Beispiel mit ihnen im Zahlenraum von 1 bis 5. Da zeigen
sie 2 Bänke und 2 Bänke, 2 Fenster und 2 Fenster, 2 Groschen
und 2 Groschen und so weiter. Dann die Frage: Wieviel ist
2 und 2? Antwort: 3! Heute ließ ich das fünfte und sechste
Schuljahr eine Stunde nachsitzen. Ich habe mit ihnen Geschichte gemacht; ich sprach von Friedrich Barbarossa und
Heinrich dem Löwen und las ihnen eine Sage und ein Gedicht
vor. Ich glaube, es hat ihnen Spaß gemacht, denn ehe wir uns
versahen, waren anderthalb Stunden um.
Mein Gehalt erhielt ich gestern für zwei Monate: 315,17
Reichsmark. Von der Krankenkasse erhielt ich 7,50 Mark. So
ist es recht. Vater bezahlt die Rechnung, und ich stecke das
Geld ein!

Laukischken wird etwa 1200 Einwohner zählen (Gertlauken
800). Es ist zehn Kilometer entfernt und nur mit dem Rad zu
erreichen. Dort wohnt der nächste Arzt, es ist Kirchdorf, und
die Kinder laufen zu Fuß dorthin zum Konfirmandenunter-
richt.

Gertlauken, 15. Dezember 1941

Meine lieben Kölner!

Es ist jetzt fünf und draußen stockdunkel. Darum mußte ich
in der Klasse mit dem Aufräumen aufhören, weil dort keine
Verdunklungsvorhänge sind.
Nun erhielt ich heute aus Wehlau Nachricht, daß ich Euer
Paket bis morgen dort abgeholt haben muß. Ihr Schlauen
schickt es per Expreß und wißt doch, daß in Gertlauken keine
Bahnstation ist. Die nächste ist zehn Kilometer entfernt. Weil
aber alle Post über Wehlau geht und dort auch die Expreß-
gutabfertigung ist, geht das Paket auch nur bis dort. Das sind
22 Kilometer von hier. Nun muß ich sehen, wie ich es her-
kriege. Morgen will ich nach der Schule versuchen, mit Frau
Kippars Rad nach Wehlau zu fahren. Das ist ein altes Klapper-
gestell ohne Gepäckständer und Licht. Wie ich das schaffen
soll, ist mir noch ein Rätsel. Die Wege sind zudem dermaßen
aufgeweicht, daß man steckenbleibt. Wie ich gestern zum Klohaus ging, blieb mir ein Schuh im Schlamm stecken. Und wie
ich vorsichtig den Schritt zurückgehen will, bleibt der andere
Schuh auch sitzen, und ich stehe mit beiden Strümpfen im
Dreck.
Ferien gibt es am 20. Dezember. Am 18. findet in Nautzken,
das liegt zwischen Labiau und Königsberg, eine Tagung statt.
Von dort will ich dann heim nach Köln fahren. Große Frage
nur: wie komme ich von Nautzken nach Königsberg? Jedenfalls will ich dort den Zug um 21.50 Uhr nach Berlin bekommen. Paula auch. Es gibt Ferien, und ich freue mich riesig auf
unser Wiedersehen.

Mein lieber Vater und Ihr lieben Kölner!

Über Vaters schönen Brief habe ich mich sehr gefreut – die
erste Post wieder von daheim! Das Einleben fällt mir schwer.
Doch ich will nicht stöhnen, sondern Euch lieber von meiner
Fahrt erzählen.

In Wuppertal stieg die kleine Ursula Lange ein, und in Hagen
brüllte ich auf dem Bahnsteig: »Helga! Helga!« Aber keine
Helga, auch im Zug nicht, den ich ganz ablief, von innen
natürlich. In Potsdam stiegen wir aus, die Stadtbahn nach Berlin stand schon da. In Charlottenburg setzten wir uns in den
Wartesaal – wo auch Helga sich eine Viertelstunde später
umsah. Die Freude könnt Ihr Euch vorstellen. Sie war mit
einem Vorzug gefahren.

Später im Zug erzählte uns ein junger Eisenbahner, daß in
der Gegend um Konitz, wohin Helga mußte, fast nur Polen
leben und alles sehr primitiv sein soll – ich wünsche ihr alles
Gute.

In Mauern am Bahnhof traf ich eine Frau aus Gertlauken, die
mit dem Fahrrad heimfahren wollte. Sie lieh mir ihren Pelz-
mantel. Dann stieg ich in den Schlitten, mit dem ein Ver-
messungsbeamter mit zwei Gehilfen nach Gertlauken abgeholt wurde. Anfangs schien die Sonne, dann wurde es
empfindlich kalt. Der Schlitten bot eigentlich nur für vier
Personen Platz, mit dem Bauern, der ihn fuhr, waren wir aber
fünf. Ich machte mich ganz dünn und quetschte mich dazwischen. Die Sitzgelegenheit bestand aus einem Strohsack. Ich
saß eigentlich in der Hocke und bei jedem Ruck hopste ich
auf dem vereisten Schlittenbrett ein Stück nach vorn und
schwebte in ständiger Gefahr, ganz vom Schlitten zu rutschen.
Aber alles ging gut, und in Gertlauken wärmten wir uns erst
mal mit zwei heißen Grogs auf. Dann sank ich todmüde ins
Bett.

Gertlauken, 16. Januar 1942

Meine lieben Eltern, Tante Lies und Wolfgang!

Rasch will ich Euch nur ein paar Zeilen zukommen lassen. Das
Einleben fällt mir immer noch schwer. Doch heute nachmittag

kam Paula und bleibt eine Woche bei mir. Im Kreis Wehlau sind die Ferien um vierzehn Tage verlängert worden, um Heizmaterial zu sparen. Paula erfuhr es bei ihrer Rückkehr. Frau Stachel ist so lieb zu uns. Sie hat ohne weiteres Paula mit in Verpflegung genommen und in mein Zimmer ein zweites Bett gestellt.

Gertlauken, 18. Januar 1942

Liebe Eltern und Wolfgang!

Ich habe es in meinem 800-Seelen-Dorf doch wirklich gut getroffen. Es ist ja ein Walddorf mit mehreren Förstereien, und König ist der Herr Oberforstmeister. Viele Familiennamen enden hier auf »at« wie Dannat, Struppat, oder auf »eit«, Schustereit, Nikoleit, aber auch auf »ke« wie Lemke, Liedtke. Doch auch so allgemeine Namen wie Schwarz, Beckmann und Neumann gibt es, während die mit der Endung »etter«, wie Scharfetter zum Beispiel (so heißt unser Oberforstmeister), österreichischen Ursprungs sein sollen – die Leute mit solchen Namen stammen von jenen Flüchtlingen aus dem Salzburger Land ab, die dort 1732 ihres evangelischen Glaubens wegen von den Bischöfen vertrieben wurden und vom Soldatenkönig in Ostpreußen aufgenommen wurden, wo das Land durch die große Pest von 1709/11 sehr entvölkert war. In der Kirche von Laukischken muß der Pfarrer auch litauisch predigen. Übrigens soll dort das berühmte Ännchen von Tharau Pfarrfrau gewesen sein. Im Sommer wollen Paula und ich unsere Umgebung richtig erforschen. Wir sind auch froh, daß wir elektrisches Licht haben, was nicht überall der Fall sein soll.
Im Vergleich zu Helga haben wir es besonders gut. Gestern erhielt ich ihren ersten Brief. Sie ist in Konitz an einer achtklassigen Volksschule. Außer ihr sind jedoch nur der Schulleiter und eine junge Lehramtsanwärterin dort. Die Menschen sind ausschließlich Kaschuben und sprechen kaum Deutsch. Nun behält sich der »Herr Lehrer« die dreißig deutschen Kinder für den Unterricht vor, während die blutigen Anfängerinnen je 171 Kinder haben, die kaum Deutsch sprechen. Außerdem ist einmal wöchentlich nachmittags Berufsschule mit 30 Schülern.
Am Samstag war Dorfgemeinschaftsabend. HJ und BDM

haben sich viel Mühe gegeben. Der Ortsgruppenleiter sprach. Anschließend wurden Tanzspiele veranstaltet und gemeinsam gesungen. Die Jugend hat sich köstlich vergnügt; um zwölf war Schluß. Ich bin aber mit Frau Stachel früher gegangen. Es war die Rede davon, daß ich mich im BDM betätigen soll. Nur wüßte ich nicht, woher ich dafür die Zeit nehmen soll. Jetzt bin ich doch richtig ins Erzählen gekommen, dabei muß ich Zeugnisse schreiben. – Wir haben hier durchschnittlich 25 Grad Kälte, am Sonntag waren es sogar 35. Die armen Soldaten an der Front in Rußland ...

Gertlauken, 5. Februar 1942

Ihr Lieben alle!

Nun bedanke ich mich recht herzlich für Eure lieben Briefe und besonders für die beiden Pakete. Von Heinrich Kühn aus Köln kamen folgende Bücher hier an: »Erdkunde und Heimatkunde als völkisches Bildungsgut«, »Volkskunde und Schule«, »Schulphysik als völkisches Lehrgut«, »Lebenskunde im völkischen Schulalltag« und »Musikpflege in der völkischen Schule«.

Der Schulbetrieb macht mir allmählich mehr Freude. Ich hoffe, die allerschwerste Zeit hinter mir zu haben. Ich kenne jetzt meine Pappenheimer und weiß, was ich ihnen und mir zutrauen darf. Anfangs hatte ich mir immer zu viel vorgenommen. Von Stunde zu Stunde gehe ich mit meinen Zielen zurück und beschränke mich aufs Notwendigste. In manchen Stunden lasse ich nur wiederholen. Dann bin ich oft niedergeschlagen, wenn ich merke, wie wenig haftengeblieben ist.

Hier schneit es ab und zu. Aber es ist nicht mehr ganz so kalt, nur noch 20 Grad minus, und in der Sonne ist es beinahe warm.

Montagabend sind Frau Berkan und ich zu dem kleinen Hügel an der zugefrorenen Nehne gegangen und haben versucht, wie die Kinder im Hocken hinunter zu rutschen, natürlich ging es fast nur auf dem Hosenboden. Dann haben wir uns Schlitten geholt und sind vorwärts, rückwärts und auf dem Bauch liegend gerodelt. Zwei Stunden waren wir draußen, es war wunderbar. Wir sind erst um Mitternacht nach Haus gegan-

Wir hatten Vollmond, und der Mond hatte einen so
großen zweiten Hof, wie ich ihn noch nie gesehen habe. Der
ostpreußische Himmel ist überhaupt wunderschön.

Gertlauken, 13. Februar 1942

Meine lieben Eltern und Wolfgang!

Ist es denn immer noch so kalt in Köln? Liegt noch so viel
Schnee? Hier stürmt es seit zwei Tagen fürchterlich. Der Wind
heult und winselt und jammert ums Haus.
Im 7. und 8. Schuljahr habe ich einen Aufsatz schreiben lassen,
den ich gleich nachsehen will: »Der Erste und Zweite Weltkrieg«, nach Hitlers Rede vom 31. Januar. Ich habe mal rein-
geschaut und war entsetzt – von mir! »Tschördschell«. Jedem
Fachmann ist es selbstverständlich, Fremdwörter und Namen
an die Tafel zu schreiben, aber ich muß erst darauf gestoßen
werden. Doch daraus lerne ich.
Immerhin bilde ich mir ein, daß meine Kinder und ich uns
gut verstehen. Nach Ansicht alter ostpreußischer Lehrer ist die
älteste und erfolgreichste Erziehungsmethode der Stock. Daß
ich nicht gern schlage und es auch nur im äußersten Fall tu,
haben die Kinder natürlich schon längst spitz. Auch muß ich
so oft im Unterricht lachen, meistens dann, wenn ich eigentlich ein strenges Gesicht machen müßte. Aber wenn ich dann
in ihre Augen schaue, ist's um mich geschehen – oft platzen
wir dann alle zusammen los. Neulich sollte eine Siebenjährige
ihre Finger zeigen. Irgendwie wurde ich abgelenkt, doch wie
ich mich ihr nach zwei Minuten wieder zuwende, hält sie
immer noch brav ihre Finger hoch und sieht mich treu und
erwartungsvoll an. Ich habe sie sehr gelobt.
Von den Kindern könnte ich noch stundenlang erzählen. Doch
der Brief muß zum Kasten, damit er morgen früh fortgeht.

Gertlauken, 20. Februar 1942

Meine lieben Eltern und Wolfgang!

Als ich in der vergangenen Woche meinen Brief um halb zehn
in den Kasten warf, war es draußen geradezu unheimlich. Der

Sturm heulte, über den Himmel jagten die Wolken. Kein Stern war zu sehen, nur der Schnee leuchtete. Abends laufen die Hunde massenweise im Dorf herum und jaulen. Plötzlich merkte ich, daß etwas hinter mir her schlich. Man fährt herum und sieht so etwas Dunkles heranschleichen, das dann aber regungslos stehenbleibt. Außerdem fängt es auf der anderen Straßenseite zu heulen an, dazu rauscht in den Bäumen mächtig der Wind. Kein Wunder, daß einem unheimliche Gedanken kommen. Wie ich in die Schule kam, sagte ich zu Frau Berkan: »Es ist schön unheimlich draußen, richtiges Wetter, um in den Wald zu gehen.«

Zuerst erzählten wir uns noch eine Stunde lang Kriminal- und Geistergeschichten, dann zogen wir tatsächlich unsere Mäntel an. Bevor wir zum Wald kamen, mußten wir an einer Siedlung vorbei, und Frau Berkan meinte: »Na, hier kann uns ja noch nichts passieren.« Wir sind nicht gerade ängstlich, aber das Herz schlug uns doch bis zum Halse. Plötzlich versinkt sie bis über die Knie im Schnee und ich ebenfalls, doch nur mit einem Bein. Da mußten wir doch lachen, und alle Angst war weg. Wir sanken noch oft ein. Aber nachher erlebten wir, wie der Himmel plötzlich klar wurde und ein Stern nach dem anderen aufleuchtete.

Gertlauken, 28. Februar 1942

Meine lieben Eltern und Wolfgang!

Heute war eine Junglehrertagung in Labiau. Ich sollte einen Vortrag über »Rechnen und Raumlehre« halten – ausgerechnet über Rechnen und Raumlehre! Ihr wißt doch, wie schwer ich mich damit tu. Da lese ich eine Seite dreimal und weiß immer noch nicht, was ich gelesen habe. So schob ich die Arbeit tagelang vor mir her (Vater, schimpf nicht!), fing spät damit an und hörte erst »früh« auf. Aber um sechs mußte ich aus dem Bett, denn spätestens um halb sieben wollte ich mit dem Rad hier abfahren, denn die Tagung begann um neun, und bis Labiau hatte ich zwanzig Kilometer zu radeln.

Schon gestern abend kam ein schwerer Sturm auf, so daß Frau Berkan mir abriet zu fahren. Doch um sieben bestieg ich mein Rad, angetan mit Wollstrümpfen, Übersocken, Stiefeln,

Trainingshose, darüber Rock, Pullover, schwarze Jacke, darüber Trainingsbluse, Mantel, Mutters Wolltuch überm Kopf und die braune Kapuze, außerdem noch einen langen Wollschal von Frau Berkan und drei Paar wollene Handschuhe...

Der Morgen war wunderschön. Die Sonne ging auf und strahlte den Schnee rot an, die Birken bogen sich im Wind, und die Tannen rauschten mächtig. Dazu hatte ich den Wind im Rücken, es war ein herrliches Fahren! Um zwanzig vor neun landete ich in Labiau.

Von den Tagungsteilnehmern fehlte die Hälfte. Wie immer, mußten wir unsere Unkosten wie Fahrgeld und so weiter angeben, ich hatte keine und erhielt bloß 2 Mark Tagesgeld. Aber der Schulrat konnte sich nicht über meine Radtour beruhigen: »Wie konnten Sie nur, bei diesem Wetter und mit dem Rad!«

»Ach, die Bauern haben immer Ausreden. Entweder ist der Schlitten kaputt oder das Pferd krank. Da bitte ich nicht lange, sondern fahre einfach los.«

»Aber von Laukischken hätten Sie doch mit dem Zug fahren können.«

»Da hatte ich schon zehn Kilometer schlechter Wegstrecke hinter mir und konnte die nächsten zehn Kilometer auf der guten Landstraße auch noch fahren.«

Kopfschütteln. Dann zahlte er mir zu meinem Tagesgeld von 2 Mark auch noch 5 Mark für »hervorragende sportliche Betätigung« aus. Das Geld kann ich brauchen. Denn in diesem Monat hatte ich zu bezahlen: 12 Reichsmark für ein Bücherregal, 12 RM für vier Festmeter Holz für den kommenden Winter, die Kosten für das Anfahren und Zersägen des Holzes etwa 8 bis 10 RM. Außerdem hatte ich die Gelegenheit, ein paar Zentner Kohlen zu kaufen, den Zentner für 1,95 RM.

Ich besuche gern Tagungen. Man bekommt Anregungen, sieht Neues und auch manches, wie man es nicht machen sollte.

Meine 5 Mark habe ich mir auf der Rückfahrt redlich verdient. Zwar waren es nur sechs Grad minus, aber der Ostwind ist trotzdem so scharf, daß er durch alle Kleider geht. Zudem kam er jetzt von vorn. Hinter Laukischken sprang mir die Kette vom Rad, und ich mußte bis Krakau drei Kilometer schieben. In Krakau stärkte ich mich erst einmal bei Lehrer Schulz, der auch mein Rad wieder in Ordnung brachte. Ich gehe gern zu ihm, er ist ein so sicherer Lehrer, er hat eine kleine Landwirtschaft mit Bienenzucht. Am besten gefällt mir seine Frau. Sie hat so etwas Ernstes, Liebes, Mütterliches an sich. Sie wird bald ein Kind bekommen. Ohne Kaffee und Kuchen kam ich natürlich nicht fort. Und nach einem gemütlichen »Verzällche« nahm ich mir die restlichen fünf Kilometer vor.

Inzwischen aber hatte sich der starke Wind in einen Schneesturm verwandelt. Im Nu waren die Wege verweht. Unterwegs traf ich den Vater einer Schülerin, der als Soldat der Landwehr hier in der Gegend zu tun hat. Wir fuhren zusammen. Er legte ein höllisches Tempo vor – da wollte ich nicht zurückbleiben. Von Frieren konnte keine Rede mehr sein. Wie wir uns verabschiedeten, meinte der Mann: »Ich fahre sonst nie so schnell. Aber Sie haben ja ein tolles Tempo vorgelegt!«

1. März

Heute ist Sonntag. Fünf Stunden lang habe ich Strümpfe gestopft und an Kleider und Pullover saubere Kragen genäht. Es war bitter nötig! Dazu habe ich im Radio Musik und eine wunderschöne Balladenstunde gehört.

Vergangenen Samstag bin ich zu Paula gefahren – es war eine fürchterliche Radfahrt. Am Vortag hatten Militärfahrzeuge die ganze Straße zerfurcht, so daß ich die ersten acht Kilometer schieben mußte. Dabei geriet ich ins Schwitzen und dermaßen in Wut, daß ich gegen den Schnee getreten habe. Und das Rad von Frau Kippar hätte ich am liebsten weit hinaus aufs Feld geschleudert. Schickt mir nur bitte bald mein Rad.

Paula kam mir bis Schirrau entgegen. Wie sie dort beim Fleischer einkaufte, hätte ich mich am liebsten zum Schlafen in den Schnee fallen lassen. Ganz entfernt hatte ich dabei den blödsinnigen Gedanken: »Vorher müßtest du aber den Schlachterladen ausräubern!«

Am nächsten Tag fiel mir der Rückweg nur halb so schwer. Es macht eben viel aus, ob man die Schwierigkeiten am Anfang zu überwinden hat oder am Ende. Der Rückweg war sogar wunderschön unter dem großartigen Himmel. Wenn ich mich von Süden Gertlauken nähere, vergleiche ich es mit Rom. Sieben winzige Straßenwellen habe ich zu nehmen, ehe es weißglänzend vor mir liegt.

Meine lieben Eltern und Wolfgang!

Schon wieder Post. Natürlich will sie was. Ja, sogar eine ganze Menge möchte ich. Erst einmal einen Rat – und gebt bitte recht bald Antwort.

Ihr wißt ja, daß Frau Stachel sehr nett und lieb zu mir ist, so daß ich das gar nicht wieder gutmachen kann. Trotzdem möchte ich aus ihrer Mansarde raus und in eine eigene Wohnung. Die dritte Lehrerwohnung steht ja leer. Für 3 bis 5 Mark könnte ich sie mieten. Möbel müßte ich mir allerdings zusammenpumpen, oder meint Ihr, daß Ihr mir mein Zimmer hierher schicken könnt? Ich hoffe, daß Frau Stachel mir ihr Bett leihen wird, aber etwas Bettwäsche müßte Mutti mir schicken. Dankbar wäre ich auch für einen Tauchsieder oder gar eine elektrische Kochplatte – ist daran wohl zu denken?

Die Wohnung liegt im zweiten Stock gegenüber von Frau Stachels Boden, durch den ich jetzt immer hindurch muß, um in meine Mansarde zu kommen. Die Wohnung besteht aus einem großen Zimmer (mit abgerissenen Tapeten), danach kommt man in eine kleine, dunkle Küche ohne Fenster, aber mit einem Herd, und von dort in ein weiteres Zimmer mit weitem Blick auf die Gärten, die lange Dorfstraße, die Wiesen und den Nehnefluß bis zum Wald. Dieses zweite Zimmer besitzt einen der typischen schönen ostpreußischen Kachelöfen mit Röhre. Schreibt mal, was Ihr davon haltet.

Für den Unterricht fehlt mir Material über Holz, Holzgewinnung und -verarbeitung. Welche Handwerker verwenden Holz?

Anbei ein Schuhbezugschein für Olga. Es gibt hier keine Schuhe zu kaufen. Liebe Mutter, tu mir bitte den Gefallen. Olga hat Schuhgröße 37. Sie möchte gern einen Sportschuh mit flachem Absatz.

Gertlauken, 13. März 1942

Meine lieben Eltern und Wolfgang!

Ihr seid ja ganz energisch gegen meinen Wohnungsplan. Mutter war so aufgeregt, daß sie umgehend geschrieben hat.

Alle die Schwierigkeiten sehe ich ebenfalls – nur: ich muß! Wenn Ihr diesen Brief erhaltet, werde ich schon allein wohnen. Frau Stachel fährt nämlich in der nächsten Woche mit ihren Kindern und Olga für drei Wochen zu ihren Eltern. Das ist die beste Gelegenheit, mich selbständig zu machen. Wo sollte ich sonst essen – Gasthaus ist nicht. Heute morgen habe ich in der Schule gefragt, wer Möbel übrig hat, vor allem Bett, Tisch und Stuhl. Ich habe nur die eine Bitte, daß Mutter mir schnell Tischtuch und Bettwäsche zum Wechseln schickt. Vielleicht hat sie auch ein paar Tücher, aus denen ich Vorhänge nähen könnte, oder gar etwas für kleine Gardinen. Wünsche, nichts als Wünsche hat das Kind!

Ja, kochen muß ich nun selbst. Doch soviel ist gewiß: Wenn Ihr mich demnächst in Gertlauken besucht, werdet Ihr nicht hungern müssen. Kartoffeln darf ich von Stachels nehmen, auch kann ich mir täglich einen Liter Vollmilch holen. Im Frühjahr werden wir im Schulgarten ein Beet anlegen mit etwas Gemüse und mit Kartoffeln für den nächsten Winter. Hier läuft ein Laienhelfer-Kursus, und ich muß den theoretischen Teil leiten, d. h. den Bau des menschlichen Körpers erklären – also viel Arbeit.

Doch nun ein anderes Thema. Die Nehnewiesen waren im Herbst überschwemmt und bilden jetzt eine riesige spiegelglatte Eisfläche. Jeden Nachmittag tummelt sich dort die Dorfjugend auf Schlittschuhen. Oft fassen sie sich an den Händen und bilden lange Ketten, oder sie nehmen ein großes Tuch als Segel und gleiten im Wind blitzschnell übers Eis. Nun drängen Sie immer, daß ich mit ihnen laufen soll. Da ich keine Schlittschuhe besitze, lieh mir eine Schülerin welche. Deshalb bin ich neulich mit Frau Berkan bei Mondenschein heimlich aufs Eis gegangen. Es ging besser als gedacht, und wir haben viel Spaß gehabt. Wir haben zweimal bis nach Mitternacht geübt, es war romantisch in der nächtlichen Stille.

Übrigens ist es wieder sehr kalt – 30 Grad minus. Die Pumpe funktioniert nicht mehr. Wir müssen das Wasser aus dem Brunnen holen. Der war zugefroren, da bin ich auf einer Leiter und mit einer Axt hinuntergeklettert und habe ein Loch ins Eis geschlagen. Das war spannend.

Hat Vater etwas von seiner Entlassung gehört oder Wolfgang von seiner Einberufung zum Militär? Daß Hans Klefisch gefal-

len ist, wußte ich noch nicht. Die armen Eltern – das einzige
Kind, und sie haben sich nichts gegönnt, nur um ihn studie-
ren zu lassen.

Ihr lieben Eltern!

Mein Plan setzt Euch alle in große Aufregung, aber da ist nun
nichts mehr zu ändern. Heute bekam ich einen Tisch, einen
Stuhl und Bettzeug, ein Bettgestell folgt noch. Schickt mir
bitte alles, was Ihr erübrigen könnt. Eine kleine Pfanne wäre
schön.
Sonntag war ich zur Heldengedenkfeier in Laukischken. Man
hat mir wieder ein Amt andrehen wollen, aber ich habe energisch abgelehnt. Montag kam ein Telegramm von Paula, ich
möchte sofort zu ihr kommen. Sofort Urlaub für Dienstag
erbeten und mit dem Rad hin. Die Fahrt war grausam anstren-
gend, ich hätte mich manchmal am liebsten in den Schnee
zum Schlafen gelegt. Es war dunkel, wie ich in Weidlacken
ankam. Paula war nicht in ihrem Zimmer. Ich habe bei der
netten Lehrersfrau gewartet; sie erzählte mir, Paula sei in den
Wald gelaufen. Sie kam und kam nicht heim, wir waren voller
Sorgen, aber wo suchen! Es wurde 22 Uhr, wir waren alle todmüde. Die Lehrersfrau bot mir das freie Ehebett – ihr Mann ist
Soldat – zum Schlafen an. Es stand in einem richtigen Schlaf-
saal, in dem auch alle ihre sechs Kinder schliefen. Trotz meiner
Sorge bin ich sofort eingeschlafen, und wie ich morgens
erwachte, war Paula da.
Ihr Bruder ist bei Stalino gefallen. Sie hing so besonders an
ihm und war ganz verzweifelt. Stundenlang war sie durch den
Wald geirrt. Das waren traurige Stunden, so hilflos steht man
vor dem Schmerz. Ich mußte immer an Wolfgang denken –
nein, ich kann mir das überhaupt nicht vorstellen.

Gertlauken, 25. März 1942

Meine lieben Eltern und Wolfgang!

Tausend Dank für Eure Briefe. Ich sehe, welche Aufregung meine Umsiedlung bei Euch hervorgerufen hat. Wenn ich in den Osterferien bei Euch in Köln bin, werde ich alle Fragen beantworten.

Heute nachmittag ist Laienhelfer-Kursus. Morgen nachmittag unterrichte ich die Kleinen, und übermorgen ist wieder Kursus. Außerdem sind noch Berichte an den Schulrat fällig. In der vergangenen Woche waren Entlassungszeugnisse zu schreiben. Wie lange hatte ich mich schon darauf gefreut, zehn Kinder weniger! Als es endlich soweit war, hätte ich beinahe mit den Kindern geheult. Wie mag das erst sein, wenn man eine Klasse acht Jahre geführt hat.

Von den Angriffen auf Köln habe ich gehört. Das muß wieder ganz schrecklich gewesen sein. Ich bin in ständiger Sorge um Euch. Wenn Vater nicht entlassen wird, so soll wenigstens Mutter hierher kommen. Sie kann dann für uns beide kochen. In Eile!

Gertlauken, 16. April 1942

Meine lieben Eltern und Wolfgang!

Es war gut, daß ich nach Köln gefahren bin und Euch alle wiedergesehen habe. Meine Rückreise verlief ohne Zwischenfall. In Berlin erreichte ich den Königsberger Zug um 8.16 Uhr in Charlottenburg. War das ein Betrieb! Vom selben Gleis fuhr ein Zug nach Krakau und ein paar Minuten später einer nach Wien und dann einer nach Warschau. Unser Zug leerte sich hinter Dirschau. Man merkte, daß man wieder in kältere Zonen kam, wenn der Schnee auch bis auf einen schmutzigbraunen Rest verschwunden ist. Im Warthebruch und ebenso hier stehen weite Strecken Land unter Wasser.

Mein Zimmer war schön sauber und geheizt. Das war Frau Berkans Werk. Sie hatte auch ein Fuhrwerk zur Bahn geschickt. Ich sank um Mitternacht todmüde ins Bett und fühlte mich nach den Tagen bei Euch sehr einsam.

Am Mittwoch sollte der Unterricht beginnen. Wie ich in die

Klasse kam, war alles mäuschenstill. Ich schaute nach vorn. Das Pult war geschmückt mit einer Girlande aus Tannengrün, mit Kätzchen und Birkenzweigen. Auf dem Pult standen Vasen mit weißen Schneeglöckchen und lila Leberblümchen, und dazwischen lagen, kunstvoll aufgebaut, schön in Seidenpapier gewickelt und mit bunten Bändern zugebunden, Päckchen und Tüten.

Was sollte ich tun? Ich war überrascht und einfach sprachlos, und dann kamen die Kleinen an, es war richtig rührend. Jedes wollte mir die Hand reichen und zum Geburtstag gratulieren, meistens hielten sie in der anderen Hand krampfhaft einen Blumenstrauß, Schneeglöckchen und Leberblümchen, einer hatte sogar von einem Kaktus drei rote Blüten abgeschnitten. Einige schenkten mir ein Bildchen, ein Kind das Foto seiner Mutter. Außer den Unmengen von Blumen gab es auch handfeste Sachen: 109 Eier, 3 Pfund Schinken und Speck, ein halbes Pfund Wurst, ein Pfund Butter, zwei kleine Vasen und eine Schachtel mit selbstgebackenen Plätzchen. Frau Stachel backte mir einen Kuchen, und Frau Berkan lud mich zum Essen ein.

Über die Blumen habe ich mich riesig gefreut, bei den anderen Sachen wußte ich nicht genau, wie ich mich verhalten sollte. Ich dachte an Vater: »Nur nichts annehmen!« Ich sprach mit den beiden Lehrersfrauen darüber. Beide sagten, ich müßte die Geschenke behalten, andernfalls wären die Leute beleidigt.

Gertlauken, 25. April 1942

Meine lieben Eltern und Wolfgang!

Ich kann mir denken, daß Ihr in hellster Aufregung seid. Aber bitte, lieber Vater, das Schimpfen hat hinterher doch keinen Sinn. Und Du machst es Dir und Wolfgang nur unnötig schwer, von Mutter gar nicht zu reden. Er hat es einfach nicht gewagt, Dir zu gestehen, daß er sich freiwillig zur Waffen-SS gemeldet hat. Erst kommt ja jetzt die Grundausbildung. Wartet mal ab. Zeig ihm jetzt Deine Liebe und Sorge und nicht Deinen Ärger und Zorn.

Mein Rad kam heil in Labiau an, und ich bin sehr froh, daß

ich es endlich habe. Habt Dank fürs Schicken. Ich fuhr gleich
von Labiau heim damit und sah unterwegs die ersten Störche.
Man sieht sie allerorts, allein in unserem Dorf sind 26 Nester.
Der Frühling ist einzigartig schön hier. Im Wald, auf den
Wiesen an der Nehne, überall reges Leben!
Das Kochen macht mir Spaß. Täglich erhalte ich einen halben
Liter Vollmilch. Wohlschmeckende Schlagsahne kann man
übrigens folgendermaßen bereiten: 1 Teelöffel Weizenmehl,
2 Teelöffel Zucker mit einem viertel Liter Magermilch kochen,
24 Stunden stehenlassen und dann schlagen.
Habt Ihr Kartoffeln? Wie steht es mit dem Fliegeralarm?
Schreibt mir, vor allem von Wolfgang!

Gertlauken, 1. Mai 1942

Meine liebe Mutter!

Wie wird Dir wohl zumute sein? Ich muß immer an Euch
denken. Ihr werdet wohl nach Wolfgangs Fortgang ganz nie-
dergedrückt sein. Kopf hoch! Erst kommt ja mal die Ausbil-
dungszeit. Ausgerechnet in Berlin. Wolfgang wird noch Augen
machen, aber wie war das doch: »Nur nicht unterkriegen
lassen!« Meine liebe Mutti! Ich denke ganz stark an Euch und
Wolfgang und bin auf seine erste Nachricht gespannt.
Morgen ist schulfrei. Paula und ich wollen zeitig früh mit dem
Zug nach Memel fahren. Jetzt denkt Vater sicher: »So ein
Flittkepott, sie sollte lieber lernen, das hat sie nötiger!« Doch
durch unsere Fahrten lernen wir Land und Leute viel besser
als aus Büchern kennen.
Am letzten Samstag war ich bei Paula, und am Sonntag radelten wir schon um 5 Uhr früh los. Unser Ziel war Gumbinnen,
wo Paulas Schwager im Lazarett lag; in welchem, wußte sie
nicht. Wir hatten ein schönes Paket für ihn zurechtgemacht.
So ein früher Morgen ist wunderbar. Kein Mensch war auf den
Straßen, der Wald duftete. Wir fuhren über Wirbeln, über den
Pregel nach Norkitten und kamen dort auf die Landstraße
nach Gumbinnen. Nicht weit davon liegt Groß-Jägersdorf, wo
1757 die Russen die Preußen schlugen. Zuerst kamen wir
durch Insterburg, das einen freundlichen, lebendigen Eindruck machte, viel Militär, ein großer Marktplatz mit ein paar

hübschen Giebelhäusern und einer Kirche, auch eine Burg
gibt es. Wir hielten uns jedoch nicht lange auf und fuhren flott
weiter. Übrigens heißt der Pregel erst ab Insterburg so, dort
fließen die Inster von Norden, die Angerapp von Süden und
die Pissa von Osten zusammen. Gumbinnen liegt an der Pissa.
Von der Stadt sahen wir leider nicht viel. Wir wurden von
einem Lazarett ins andere geschickt, aber keines hatte den
Namen von Paulas Schwager in seinen Büchern, bis wir ganz
zum Schluß doch in einem Lazarett erfuhren, daß er freitags
zuvor in den Westen transportiert worden war – für uns eine
Enttäuschung, für ihn sicherlich gut.

Gertlauken, 7. Mai 1942

Meine lieben Eltern!

Vaters Bericht von den Zerstörungen in Köln ist entsetzlich.
Ich bin mit Euch durch die Trümmer gewandert. Karthäuser-
kirche heil, das Finanzamt ausgebrannt, Maria im Frieden und
Sankt Pantaleon zerstört ... Wie froh bin ich, daß in der Cimbernstraße noch alles steht!
Da ist es ein Glück, daß die Kiste vom Kaufhof heil hier angekommen ist. Ich mußte sie vom Bahnhof Schlicken abholen.
Das schöne Geschirr, wie freue ich mich darüber! Herzlichen
Dank. Die Kiste habe ich gleich zum Schreiner gebracht,
damit er mir einige Querbretter hineinbaut und ich sie dann
als Geschirrschrank und Speisekammer benutzen kann.
Das Wochenende in Memel war herrlich. Paula und ich fuhren
am Samstag mit dem ersten Zug von Mauern bis Tilsit, das
wir uns zuerst anschauen wollten. Tilsit – Königin Luise,
Napoleon. Die Königin-Luise-Brücke wird hier die schönste
Brücke Deutschlands genannt. Tilsit ist eine kleine Stadt mit
einem großen Denkmal Max von Schenkendorfs, des Frei-
heitsdichters (»Freiheit, die ich meine ... «), und einem schönen Park, Jakobsruh. Hier läßt es sich leben, dachte ich und
wäre gern noch ein bißchen länger geblieben. Natürlich besuchten wir auch das Luisenhaus, wo sich die Preußenkönigin
mit Napoleon traf.
In Memel fanden wir gegenüber vom Theater ein gutes Hotelzimmer und fühlten uns fürstlich. Auf dem Platz steht der

Simon-Dach-Brunnen – Ihr wißt ja, der Dichter des Liedes von Ännchen von Tharau. Memel liegt am Ausgang des Kurischen Haffs. Die Kurische Nehrung, der schmale Land- und Dünenstreifen, der Haff und Ostsee trennt, ist hier zu Ende. Eine Fähre verbindet die Stadt mit Sandkrug auf der Nehrung. Wir fuhren hinüber, und so habe ich zum ersten Mal das Meer gesehen, endloses Wasser, das mit dem Himmel zusammenstößt. Ich war überwältigt, konnte mich kaum trennen. Mir gefällt das Land, mir gefallen die Menschen, sie sind so freundlich. Das Litauische spielt in der ganzen Gegend eine große Rolle. Das Leben wirkt hier so ruhig, wie in tiefsten Friedenszeiten – da kommen Eure Berichte aus einer anderen, schrecklichen Welt.

Gertlauken, 16. Mai 1942

Meine lieben Eltern!

Es ist Samstag, 22.55 Uhr. Eigentlich bin ich todmüde, will Euch aber doch noch für Eure liebe Post danken. Bist Du, Vater, nun entlassen und für immer zu Haus? Habt Ihr Nachricht von Wolfgang? Schreibt mir bitte sofort. – Nein, es geht nicht mehr. Ich bin zu müde und halte kaum noch die Augen offen. Ich hatte heute Hausputz, habe Küche und Zimmer aufgeräumt und gewischt – ein Glück, daß morgen Sonntag ist!

17. Mai

Natürlich wachte ich wie immer um sechs Uhr auf und konnte auch nicht wieder einschlafen bei dem herrlichen blauen Himmel, den ich vom Bett aus sehen kann, der strahlenden Sonne und dem lärmenden Vogelgezwitscher. Auch gestern abend saß ich doch noch eine Viertelstunde am offenen Fenster und habe gehorcht. Es klang wie Nachtigall – aber es gibt so eine Abart, Sprosser nennen die Leute sie.
Um acht war Paula bei mir. Wir sind nach Labiau geradelt, aber nicht auf der Hauptstraße, sondern durch das Deimetal. Die Deime fließt nach Norden ins Haff. Im Weltkrieg sprach man vom »Wunder an der Deime«, weil hier die Russen zum Stillstand kamen. Das Deimetal ist wunderschön. Das Land ist etwas hügelig, und zwischen den Hügeln fließt die Deime in

vielen Windungen dahin, gesäumt von saftigen, in der Sonne fett glänzenden Wiesen. Auf Feldern und Wiesen das leuchtende Grün und an den Straßenrändern die hellen Birken mit dem zarten Grün ihrer Blätter – über Nacht waren sie da.

In Labiau besichtigten wir das Rathaus, das Schloß und im Schloß das Heimatmuseum; dort gibt es eine Fischerstube von der Nehrung mit farbenfrohen Möbeln, außerdem sahen wir die bunten Trachten der Fischer mit ihren kunstvollen Handarbeiten. Labiau ist geschichtsträchtiger Boden. Zweimal wurden bei Labiau die Litauer von den Heeren der Ordensritter geschlagen, und 1656 schloß der Große Kurfürst in Labiau jenen Vertrag mit den Schweden, der ihn zum Herrn Ostpreußens machte.

Von Labiau fuhren wir am »Großen Friedrichsgraben« entlang zum Haff, nach Haffwerder. Der Kanal wurde im 17. Jahrhundert gegraben. Auf der Deichstraße läßt sich prima radeln. Die Holzhäuser der Fischer liegen direkt hinterm Deich und tragen am Giebel gekreuzte Pferdeköpfe wie in Niedersachsen. Zu jedem Haus gehört ein Boot. Zweimal mußten wir uns mit unseren Rädern in schwankenden Bötchen über die Deime und den Friedrichsgraben setzen lassen. Das war fein! Um den Fährmann zu rufen, mußte man an eine große Glocke schlagen. Je weiter man nach Norden zum Haff kommt, in die Memelniederung, desto mehr spielt sich das Leben auf dem Wasser ab. Es gibt Ortschaften, Gilge zum Beispiel, die man nur zu Wasser erreichen kann. Die schlimmste Zeit des Jahres ist der »Schacktarp« im Herbst und im Frühjahr, wenn das Eis auf dem Wasser noch nicht oder nicht mehr fest genug ist zum Gehen, aber zu stark für einen Kahn. Dann sind die Menschen dort oft wochenlang von der Umwelt abgeschnitten. Eine Kameradin aus Dortmund ist in einem solchen Dorf gelandet, Elchwerder, früher hieß es Nemonien. Meine lieben Eltern, es war ein schöner, unendlich friedlicher Tag, daß man den ganzen schrecklichen Krieg mit all seinem Elend vergessen konnte. Daß solche Gegensätze bestehen können – im selben Land, zur gleichen Zeit. Wie wir am Haff saßen und unsere Butterbrote verzehrten, vor uns auf dem Wasser ein Keitelkahn mit dem charakteristischen bunten, handgeschnitzten Holzwimpel am Mast, haben wir uns langgelegt, in Himmel und Wasser geschaut und Walter Flex zitiert.

Meine lieben Eltern!

Tante Lies' Tauchsieder kam heute, und ich habe mir erstmals
eigenen Muckefuck gekocht. Dazu noch das große und das
kleine Päckchen aus Colonia! Ihr könnt Euch meine Freude
überhaupt nicht vorstellen. Ich war den ganzen Tag in einer
Laune, daß ich ständig hätte singen können. Am Nachmittag
mußte ich bei strömendem Regen die zehn Kilometer nach
Laukischken zum Fleischer, der unsrige ist eingezogen worden. Auf der Rückfahrt kehrte ich noch bei Herrn Schulz ein
und habe mich zwei Stunden verquasselt. Frau Berkan hatte
sich schon Sorgen gemacht. Wie ich klitschnaß heimkam,
sagte sie: »Ach, und da singt sie auch noch!«
Also, über alle Sachen habe ich mich riesig gefreut. Nun habe
ich eigene Tassen und Teller, zwei Kummen und eine große
und eine kleine Kanne. Von Frau Berkan habe ich noch einen
Topf geliehen, aber Tante Lies will mir bald einen schicken.
Besteck, vor allem ein Holzlöffel, fehlt noch und auch ein paar
alte Lappen zum Aufwaschen und Putzen.
An Lebensmitteln habe ich hier ja mehr als Ihr. Vielleicht
könnt Ihr mir etwas Süßstoff schicken, ich koche oft Grieß-
pudding und esse viel saure Milch. Um nicht zu viel Strom zu
verbrauchen, koche ich mir einmal am Tag einen ganzen Pott
voll Kaffee, meistens am Nachmittag, dann behalte ich etwas
in der Kanne, den trinke ich kalt. Den Rest schütte ich in meine
Thermosflasche, so habe ich immer warmen Kaffee zur Hand.
Die Bonbons hebe ich mir für die Kinder auf, wenn sie mal
bei mir erscheinen, mir etwas bringen, etwas helfen oder was
zu fragen haben.
Vom Muttertag muß ich Euch erzählen. Die Kleinen lernten
ein Gedicht. Wir übten es in der Schule mit Knicks und
Diener beim Aufsagen. Dann sagte ich ihnen, sie sollten im
Wald so viel Blumen pflücken, wie sie nur tragen könnten, und
damit Mutters Stuhl schmücken, aber alles ganz heimlich. Wie
ich nachmittags zur Post fahre, treffe ich Gisela Schwarz und
Waltraud Pahlke, jede mit einem riesigen Karton unterm Arm.
Kurz darauf begegnen mir vier weitere Kinder, auch mit
Kästen und Körben, und schließlich nochmals zehn – alle
unterwegs in den Wald zum Blumenpflücken. Kaufmann

Schustereit erzählte mir, sein Ladentisch sei ständig von Kindern umlagert, die Geschenke zum Muttertag kaufen wollten. Und wie ich später Günter Buttkus traf, ein freundlicher, wohlerzogener Junge, blieb er stehen, sah sich vorsichtig um und zeigte mir einen giftgrünen Gürtel für seine Mutter. »Einsfuffzig«, sagte er. Ich verriet nichts von meinen Zweifeln, ob seine Mutter überhaupt hineinpasse.

Gertlauken, 21. Mai 1942

Meine lieben Eltern!

Nur noch einen kurzen herzlichen Gruß zu Pfingsten. Möge der Tommy Euch in Ruhe lassen und Ihr schöne Tage verleben.

Vorhin zog ein starker Sturm auf, es fing an zu regnen und es sah aus, als wollte es nie wieder aufhören. Da hatte ich schon gehofft, ich brauchte heute abend nicht nach Krakau zum Sport. Doch nun hat es aufgehört, der Himmel ist blau wie Seide, Wald und Wiese glänzen vor Frische, alle Vögel singen und die Luft ist wunderbar rein. Jemand hat mal gesagt, in Ostpreußen dürfe man nie ohne Kleiderschrank ausgehen, damit man sich dem rasch wechselnden Wetter sogleich anpassen könne.

Von meinem Fenster habe ich einen wunderbaren Blick. Durch die sattgrünen Wiesen schlängelt sich die Nehne, und am Horizont hebt sich der Wald scharf und dunkel in den Himmel. Seit ein paar Tagen ist die Wiese übrigens übersät von Sumpfdotterblumen und sieht von weitem wie ein gelbes Meer aus. Dazu ertönt den ganzen Tag das »Kuckuck-Kukkuck« aus dem Wald.

22.15 Uhr. Soeben kam ich nach Haus. Der Sturm heult. Der Mond steht im ersten Viertel, da war es nicht ganz so dunkel. Die Wolken jagten dahin, und sehr geheimnisvoll hob sich der schwarze Wald vom etwas helleren Himmel ab. Wie ich so dahinradelte, fühlte ich mich recht glücklich. Ich habe nur zuviel Arbeit und weiß nicht, ob ich sie richtig anpacke. Ich möchte den Kindern mehr geben können. Es bleibt mir sowenig Zeit zum Nachdenken. Aber eins weiß ich: Daß ich gern allein bin oder nur in einem engen Kreis von Menschen. Daß ich am liebsten still und unauffällig für mich lebe und nicht gern an die Öffentlichkeit trete. Auch im BDM ist es schrecklich: An der Spitze stehen, vormachen, befehlen, nein, das liegt mir nicht, und als folgsames Schaf in einer großen Herde – dazu bin ich wieder zu kritisch veranlagt. Man sollte Menschen wie mich in Frieden lassen.

Gertlauken, 31. Mai 1942

Meine lieben Eltern!

Hier ist es inzwischen Sommer geworden. Man kann sich nicht satt schauen am Grünen und Blühen. Auf den Wiesen stehen die Kühe bis zum Bauch im Gras. Erst waren es die gelben Sumpfdotterblumen, jetzt leuchten einem rote Meere entgegen, denn es blüht der Bachnelkenwurz. Aber auch im Garten, im Wald und an den Gräben blüht es: rot, blau, weiß, gelb. Ich gehe nur noch mit meinem Blumenbestimmungsbuch raus.

Wir hatten heute unseren Reichssportwettkampf. Dabei habe ich mir einen Sonnenbrand geholt, ist aber noch erträglich. Gestern hatte ich große Wäsche, Paula half mir. Ihr müßt entschuldigen, daß ich so durcheinander schreibe, doch ich bin zum Umfallen müde. Andererseits bin ich voll von dem, was ich hier täglich an Neuem und Schönem erlebe, daß ich stundenlang schreiben möchte.

Vom Sportfest fuhr ich zu dem Bauern, der mir das Bett geliehen hatte. Ich wollte nur fragen, ob er es vielleicht verkaufen würde. Leider nein. Doch ich mußte dort zu Mittag essen. Es gab Stintenflinsen. Das kennt Ihr gar nicht. Stinte sind winzige, etwa 6 cm große Fische, die mit Kopf und Schwanz gegessen werden. Sie kommen im Haff und in den masurischen Seen vor. Als Flinsen werden sie eingesalzen, mit Mehl vermengt und in der Pfanne gebraten.

Neulich hatten wir eine Lehrertagung vom NSLB (Nationalsozialistischer Lehrerbund) in Labiau. Es wurden allgemeine Reden geschwungen über die Bedeutung der Altmaterialsammlung, den Kampf gegen die Juden und dergleichen, wo sowieso niemand zuhörte. Am Ende der Tagung ließ mich der Schulrat kommen. Ich sei doch Segelfliegerin, sagte er, ob ich

nicht Lust hätte, an einem Kursus für Flugmodellbau teilzunehmen. Er findet vom 26. Juli bis zum 8. August in Ferndorf, Bahnstation Kreuztal, im Siegener Land statt. Was sagt
Ihr nun? Ist das nicht reizend vom Schulrat? Ich habe zugesagt.

Gertlauken, 1. Juni 1942

Meine lieben, lieben Eltern!

Was ist bei Euch los? Ich habe doch kein Radio und lasse
morgens immer zuerst den Wehrmachtsbericht aus der Zeitung vorlesen. Da hörte ich von dem Großangriff auf Köln. Ich
bin ganz durchgedreht. Das muß ja fürchterlich gewesen sein.
Gebt mir bitte ein Lebenszeichen! Ich muß ständig an Euch
denken. Laßt bald von Euch hören.

Gertlauken, 5. Juni 1942

Lieber Vater und liebe Mutter!

Heute erst erhielt ich Euer Telegramm vom 1. Juni. Ob es
inzwischen noch stimmt? Es ist entsetzlich! Meine Gedanken
sind immer bei Euch. Wenn Ihr doch hierher kommen könntet. Ich bin auf Vaters ausführlichen Bericht gespannt. Es ist
nur gut, daß Vater wieder zu Hause ist und Ihr zusammen seid.
Und, lieber Vater, ärgere Dich nicht über Kränkungen von
dummen Leuten. Steh drüber.
Wie ist es mit der Verpflegung? Ich denke den ganzen Tag
ans Futtern und würde Euch so gerne abgeben. Kommt doch
hierher, wenn es eben möglich ist.
Ihr wißt, daß ich zu Pfingsten in Danzig war. Es ist nicht zu
begreifen, daß es zur gleichen Zeit unvorstellbare Not, Angst
und Schrecken gibt, während auf der anderen Seite Menschen
Schönheit, Frieden, Ruhe »trinken« können. Ich mag kaum
von den märchenhaften Pfingsttagen erzählen, man schämt
sich fast. Danzig ist die schönste Stadt, die ich bisher kenne.
Ich bin noch ganz voll davon.
Helgas Bekannte hatten uns ein feudales Hotelzimmer mit
Bad und Telefon besorgt. Wie Helga und ich morgens durch
eine enge Altstadtgasse gingen und vor uns den hohen, back-

steinroten, leuchtenden Turm der Marienkirche sahen, war ich überwältigt. Ich kenne unseren Dom – wie anders dagegen diese Backsteingotik, schlicht, wuchtig und doch zart mit den vielen spitzen Türmen und den großen Fenstern. Der Kölner Dom steht frei, der Danziger inmitten der Altstadt, umgeben von Häusern, die winzig wirken, obwohl sie doch drei- und viergeschossig sind und wundervolle Giebel haben. Im Dom-Innern wandelt man durch einen Säulenwald unter Sternendecken.

Im Gegensatz zum wehrhaften Turm der Marienkirche wirkt der Turm des Rathauses zierlich. Und auf dem Langen Markt reihen sich die schönsten Giebelhäuser, hoch und schmal, nur zwei oder drei Fenster breit, aber überraschend tief. Eins habe ich besichtigt, das Uphagenhaus mit seiner Einrichtung aus dem 18. Jahrhundert. Ihr könnt Euch die Pracht und Heiterkeit nicht vorstellen. Solch ein Rats- und Kaufherr lebte wie ein Fürst.

Neben dem Rathaus steht der Artushof, er entspricht unserem Gürzenich, ein Festhaus der Bürger im späten Mittelalter. Romantisch ist die Langgasse; zu jedem Haus führt eine Treppe hinauf, so vier bis fünf Stufen. Und dann das Zeughaus; zuerst dachte ich, es sei ein Schloß mit seinen Treppentürmen und prächtig verzierten Giebeln, überhaupt nicht mit unserem schlichten, dunklen Bau in der Komödienstraße zu vergleichen.

Zur Mottlau führen viele Tore, eines heißt Milchkannenturm mit Sahnekännchen, doch das Wahrzeichen ist natürlich das Krantor. Wenn man am Wasser steht und auf die vielen Speicherhäuser schaut, auf das wehrhafte Krantor und die alle Häuser überragende Marienkirche mit ihrem eckigen, wuchtigen Turm – also Vater, das müßtest Du sehen! Es ist an Schönheit, wenn auch ganz anders, nur mit unserem geliebten abendlichen Köln zu vergleichen – Köln von der Sünnerterrasse aus mit der kilometerlangen Lichterkette am Rhein, dem angestrahlten Dom, dem Stapelhäuschen und den Türmen von Sankt Martin. Dabei weiß ich gar nicht, ob das alles in Köln überhaupt noch steht. Ich warte auf Deinen Bericht.

Am Pfingstsonntag holten uns Helgas Bekannte ab, ein kinderloses, nettes Ehepaar. Wir fuhren zuerst nach Oliva und besuchten die dortige Kirche. Der Eingang sieht merkwürdig

aus: zwei riesige, schmale, aber dennoch massige Backstein-
türme mit Schießschartenfenstern und spitzen Dächern und
dazwischen die ebenso hohe und schmale barocke Schaufront
mit Prunkportal und hohem Fenster. Weiter fuhren wir nach
Zoppot. Die Sonne schien, und alle Welt war auf den Beinen.
Eine Musikkapelle spielte zur Saisoneröffnung. Ein langer
Steg führt vom Kurhaus in die Ostsee. Die Menschen flanier-
ten oder sonnten sich in Liegestühlen. Weiter Himmel, blaue
See, heitere Menschen, nichts von Krieg, ein schöner Tag!
Helga fuhr am nächsten Tag nach Konitz. Ich hatte noch einen
Tag Zeit und wollte still für mich durch Danzig bummeln. Und
nun hört: An der Mottlau liegt neben dem Krantor Geschäft
an Geschäft, in denen man noch herrliche Bernsteinketten
einfach so kaufen kann. Ich kaufte mir eine Kette und einen
kleinen Anhänger. Helga hätte auch gern ihre Schwestern und
ihre Mutter beschenkt und nach kurzer Beratung über die
Finanzierung der einmaligen Gelegenheit beschlossen wir
folgendes: Eingedenk der R-Gespräche und der telegrafischen
Geldüberweisung seitens meines Vaters überließ ich Helga
meine gesamte Barschaft und war bereit, die gemeinsame
Hotelrechnung zu bezahlen – nach besagter Überweisung.
Am nächsten Morgen fuhr Helga strahlend ab, und ich begab
mich aufs Hauptpostamt, wo ein Mordsbetrieb herrschte.
Dort erfuhr ich, daß Wehrmachtsgespräche Vorrang haben
und ich mit acht Stunden Wartezeit rechnen müsse. Ich war
verzweifelt und sah mich schon als Zechprellerin im Kittchen.
Doch da geschah ein Wunder: Die Bekannte von Helga war
zufällig im Postamt, entdeckte mich, sah mein verzweifeltes
Gesicht und lieh mir hundert Mark. Ich war selig, kaufte zuerst
einen dicken Rosenstrauß für sie und genoß danach meinen
Stadtbummel um so mehr.

Gertlauken, 8. Juni 1942

Meine lieben, lieben Eltern!

Eben erhielt ich Eure Briefe vom 2. und 4. Juni. Es ist entsetzlich. Was habt Ihr nur mitgemacht. Ich habe beim Lesen
geheult, nichts wie: zerstört, kaputt, ausgebrannt, vernichtet,
in Trümmern, tot ... Und was mag inzwischen schon wieder

passiert sein. Bekommt man endlich Nachricht, weiß man noch lange nicht, ob das alles noch stimmt. Ihr müßt mit den Nerven völlig fertig sein. Wie klappt es denn mit der Ernährung, mit der Unterkunft für die vielen Obdachlosen? Und das unbeschreibliche Leid für so viele Familien, und all die Werte, die vernichtet wurden. Die Apostelkirche und Groß-Sankt-Martin waren meine Lieblingskirchen. In der Antoniterkirche wurde ich konfirmiert. Und Deutz hat auch so schlimm gelitten, rund um Euch herum muß es gebrannt haben. Geht es nicht, daß Ihr beide zur Erholung hierher kommt? Ich habe immer ein schlechtes Gefühl, wenn ich daran denke, in welcher Gefahr Ihr schwebt und in welcher Sicherheit ich hier bin. Ich verlebe unglaublich friedliche, stille Tage in Gertlauken. Ich schäme mich, Euch zu erzählen, wie gut ich wieder den vergangenen Sonntag verlebt habe. Samstags kam Paula zu mir. Sonntag standen wir um fünf auf und radelten nach Labiau. Dort bestiegen wir einen Dampfer und fuhren übers Haff, vorbei an Rossitten und Pillkoppen nach Nidden, ein höchst malerisches Dorf, Lieblingsaufenthalt von Künstlern. Es herrschte starker Badebetrieb. Am Strand der Sand ist ganz fein. Auch der Segelflugschule statteten wir einen Besuch ab. Zum Schluß bestiegen wir die hohen Dünen und hatten einen erhebenden Blick auf das stille blaue Haff und die weite grüne Ostsee. Mit Riesenschritten die Dünen hinunter zu laufen und tief in den Sand zu sinken, ist ein herrliches Vergnügen.

Meine Wäsche kann ich nicht rausgeben. Die Waldarbeiterfrauen haben etwas Vieh und Ackerland und viele Kinder und reißen sich nicht um meine Wäsche und auch nicht um das Geld. Denn sie verdienen genug, besonders wenn ihre Männer eingezogen sind. Wie sieht es in unserem Garten aus? Ich habe am Samstag den ersten Salat geerntet und ihn mit Zucker und saurer Sahne angemacht.

Gertlauken, 17. Juni 1942

Meine lieben Eltern!

Nur ganz kurz heute. Wir hatten in Hindenburg am Haff eine Junglehrertagung. Zuerst unterrichtete eine im Dienst ergraute Lehrerin. Aber der Schulrat war gar nicht zufrieden damit und zeigte das auch unwirsch. Danach kam eine hübsche, blonde Junglehrerin dran, also, so besonders gut fand ich sie nicht, aber der Schulrat war ganz reizend zu ihr und entschuldigte alle ihre Fehler, was ich wiederum nett fand, denn sie war sicher sehr aufgeregt. Aber mir scheint doch, daß junge, hübsche Frauen es bei den Männern einfacher haben als alte. Das stimmte mich ziemlich nachdenklich. Im Unterricht dagegen haben es männliche Kollegen leichter. Allein ihrer Stimme wegen. Wenn eine Frau laut spricht, klingt das leicht nach Kreischen. Die Männer haben auch alle ihre Eigenart: Der eine zieht an den Haaren, der andere kneift in die Backen, und dem dritten rutscht leicht die Hand aus – alles ziemlich wirksam, wie ich beobachtet habe.

Stellt Euch die ostpreußische Gastfreundschaft vor – nein, sie ist unvorstellbar. Ich war mit dem Rad gekommen, hatte einen weiten Rückweg und nach der Tagung Hunger. Die dortige Junglehrerin ißt im Krug und nahm mich mit. Die Wirtin sagte, sie hätte nicht viel, aber wenn wir damit vorliebnehmen möchten, und sie stellte eine Waschschüssel mit Aal und Soße auf den Tisch, dazu Kartoffeln und Pudding in Mengen, wir schafften es nicht! Und ich durfte nicht einmal etwas bezahlen, denn ich war Gast von ihrem Fräulein.

Gertlauken, 29. Juni 1942

Meine lieben, lieben Eltern!

Hier gibt es Unmassen von Walderdbeeren, klein, aber lecker, und so aromatisch! Aus dem Garten habe ich den ersten Spinat geerntet. Das Wachsen ist ein Wunder. Es steht alles bestens, Erbsen, Bohnen, rote Bete, und rechtzeitig vor dem Regen haben wir Kohlpflänzchen versetzt.

Der Schulrat hatte gemeint, wir sollten im eigenen Dorf bei der Ernte helfen, »damit das jeder sieht«. Als ob man es deswegen täte. Jedenfalls habe ich die Kinder gefragt, ob ich irgendwo beim Heuen helfen kann. Nun war ich auch schon ein paarmal draußen, beim ersten Mal auf einer wunderschön gelegenen Wiese mitten im Wald. Am nächsten Tag hatte ich Hunderte von Mückenstichen an Beinen, Armen, Hals und Schultern. Scherzeshalber habe ich die Stiche an einem Oberschenkel gezählt: es waren über fünfzig. Ich kenne ein fabelhaftes Mittel zur Selbsterziehung: Nicht kratzen, auch wenn man meint, man müßte in die Luft gehen.

Mit den Leuten im Dorf komme ich gut aus. Ich weiß freilich nicht, ob mein strenger Vater mit allem einverstanden wäre, was seine Tochter so treibt. Da bekomme ich schon mal Kuchen, Milch, etwas Sahne, Eier, etwas Butter, Käse (Kochkäse mit Kümmel, lecker!) oder Speck. Anfangs habe ich mir Gedanken gemacht, ob ich es annehmen darf. Weil die Eltern dafür kein Geld wollen, klebe ich den Kindern Sparmarken in ihr Heft.

Neulich abends habe ich bei der Kaufmannsfrau, Frau Schustereit, Geburtstag gefeiert. Sie hat nur eine Tochter, aber die ist aus der Schule. Frau Schustereit ist eine so liebe, gutmütige, aber leider kranke Frau. Sie leidet an zu hohem Blutdruck. Einmal habe ich gesehen, wie ihr der Arzt Blutegel ansetzte, die sich vollsaugten und dann von selbst abfielen. Diese Prozedur muß von Zeit zu Zeit wiederholt werden.

Zum Geburtstag gab es ein Abendessen, von dem ich Euch lieber nichts vorschwärme, und natürlich jede Menge starke Sachen zum Trinken, aber betrunken war keiner. Es war eine Riesengesellschaft. Die Leute hier sind äußerst sangesfreudig. Jedes Fest endet mit stundenlangem Singen: Wanderlieder, Schlager, Volkslieder, »Wenn ich den Wanderer frage ...«, alles wird mit derselben Begeisterung gesungen. Von mir als Kölnerin sind die Leute sicherlich ein bißchen enttäuscht, weil ich keine Stimmungskanone bin und auch nicht groß im Singen.

Joniec, 14. Juli 1942

Meine lieben Eltern!

Wir sind hier zum Ernteeinsatz. Aber ich will Euch der Reihe nach erzählen.

Am Mittwoch vor Ferienbeginn hatte ich einen Schulausflug angesetzt. Die Kinder waren rein aus dem Häuschen. Für die Kleinen hatte ich einen Pferdewagen organisiert, alle anderen fuhren mit den Rädern; es ging über Laukischken zum Haff, das sie zum ersten Mal sahen. Das war dann ein Erzählen

und Geschnatter und Gefutter. Wir saßen am Wasser und
haben Spiele gespielt. Ich war allerdings froh, wie ich mit allen
wieder heil daheim war. Die großen Schüler fuhren sehr rück-
sichtsvoll und machten öfter Pausen, damit die Jüngeren sich
erholen konnten. Für alle war der Ausflug ein Erlebnis.

Am 10. Juli gab es Ferien. Am Morgen hatte ich die Zeugnisse
verteilt und gegen Mittag bin ich von Gertlauken losgeradelt.
Meinen Koffer hatte ich mit dem Milchmann zur Bahn gegeben. In Königsberg erhielten wir von der HJ-Bannführung
Privatquartiere. Meine Gastleute waren sehr fürsorglich.
Abends wollten wir (drei Junglehrerinnen aus dem Kreis
Labiau) ins Kino, doch alle waren überfüllt, und so landeten
wir im Café Alhambra, einem Musikcafé, brechend voll mit
Offizieren und eleganten Frauen. Am nächsten Morgen ging
die Fahrt weiter über Allenstein nach Hohenstein. Dort wurden wir in einer Jugendherberge untergebracht. Wir waren
insgesamt zweihundert BDM-Führerinnen aus Ostpreußen,
sechzehn aus Düsseldorf und dazu wir Junglehrerinnen.

Hier wurden wir auf unseren Arbeitseinsatz in einem Gebiet,
das bis 1939 zu Polen gehört hatte, vorbereitet. Schmutz, Faul-
heit, Primitivität, Flöhe, Läuse und Krätze seien dort allgemein, wurde uns gesagt. Wir sollen nun Kultur bringen. Ich
kam mir ganz komisch vor als »Kulturträgerin«.

Am Sonntag besuchten wir das Reichsehrenmal in Tannen-
berg. Es wirkte wie eine Art Heiligtum, zu dem ständig gewall-
fahrtet wird. Mit seinen mächtigen Türmen und den Ehren-
wachen vor den Gräbern machte es einen gewaltigen Eindruck.

Am Montag fuhren wir ab. Ich gehörte zu einem Trupp, der
nach Joniec ging. Die Fahrt führte über Zichenau nach Nasielsk. An Häusern und Feldern erkennt man sofort, wo früher
die deutsch-polnische Grenze verlief. Nasielsk ist ein elendes
Nest mit kleinen schmutzigen, verkommenen Häusern mit
flachen Dächern, vielen Panjewagen, gezogen von kleinen,
zähen Pferden, vielen »Galanteriegeschäften«, einem ordent-
lichen deutschen Café und einem auffallend prächtigen
Gebäude, der Synagoge. Von den siebentausend Einwohnern
sollen vier- bis fünftausend Juden gewesen sein. Überall
begegnet man jenen Gestalten, die man von Bildern aus dem
Osten kennt, die Frauen mit Kopf- und großen Umschlag-
tüchern und meistens barfuß.

Von Nasielsk fuhr ein Bummelzug weiter. In Wkra stiegen wir aus und marschierten die zwei, drei Kilometer bis Joniec zu Fuß. Von unserer Unterkunft wurden wir angenehm überrascht. Wir sind in der Schule untergebracht, einem Backsteingebäude, und haben nagelneue Bettgestelle und Strohsäcke; auch Küche, Waschraum, Turnhalle und so weiter sind blitzsauber. Im Dorf leben etwa 50 polnische und vier deutsche Familien, ähnlich ist es in der ganzen Umgebung. Die Häuser der Polen sind einfache Holz- und Lehmhütten.

Heute haben wir zum ersten Mal Dienst gehabt. Ich arbeite bei Volksdeutschen vom Bug, einer Familie Restau. Fabelhaft sauber und sehr nett. Eine fünfzehnjährige Tochter lebt hier, die Söhne stehen im Feld. Zum Teil wissen die Leute gar nicht, was sie mit uns anfangen sollen und behandeln uns wie Sommerfrischler.

Joniec, 22. Juli 1942

Meine lieben Eltern!

Bei Familie Restau bin ich wie ein Kind im Haus. Arbeiten darf ich gar nicht. Sie möchten nur immerzu, daß ich ihnen von unserem Leben erzähle, dazu gehört auch unsere Geschichte. So habe ich die ganze Nibelungensage erzählt und dankbare Zuhörer gehabt, und dann von der Völkerwanderung und von Karl dem Großen – quer durch unsere Geschichte. Es mutet seltsam an, daß sie nie davon gehört haben. Wenn ich mich nützlich machen will, und wenn's nur Spülen ist, heißt es gleich: »Ach nein, lieber erzählen!«

Manchmal flechte ich eine Ballade ein, zum Beispiel »Die Nibelungen« von Agnes Miegel, aber auch alles, was ich sonst an Gedichten auswendig kann: Eichendorff, Mörike, Fontane, Storm. Ich glaube aber auch, daß die Leute sich gern ablenken lassen, denn sie haben Sorgen und fühlen sich nicht wohl.

Sie haben ihre Heimat am oberen Bug verlassen und dachten, in einem deutschen Dorf angesiedelt zu werden. Nun leben sie unter Polen. Die Polen mußten ihre Höfe an die Deutschen abtreten. Aber Restaus brachten es nicht fertig, den ehemaligen Besitzer vom Hof zu vertreiben. Nun arbeitet er als Knecht auf dem Hof, der ihm einstmals gehörte. Restaus haben ein

ausgesprochenes Unrechtsgefühl ihm gegenüber. Ich finde
das schrecklich für beide. Restaus können doch nicht zurück,
und der Pole muß sie doch hassen. Der Pole fuhr mich mal mit
dem Pferdewagen zu unserem Lager, der Schule. Stumm
spannte er das Pferd ein und half mir stumm auf den Sitz.
Wir fuhren durch das Dorf, die Männer, Frauen und Kinder
standen vor den Häusern, auch sie schwiegen und guckten
mich an. Ich bekam richtig Angst und habe mich auch ge-
schämt.

Wir gehen morgens zu unseren Familien und sind um fünf
Uhr wieder im Lager. Frühstück gibt's in der Schule, zuvor
Frühsport, dann Waschen und Fahnehissen. Wir sind zehn
Mädels. Jeden Tag zieht eine andere die Fahne hoch, eine
zweite sagt den Tagesspruch, dann singen wir gemeinsam ein
Lied. Also, ich weiß nicht, es kommt mir seltsam vor, wenn
wir in der Frühe so allein, fast verloren, diese Zeremonie voll-
ziehen – da war es doch ganz anders im Segelfluglager,
schwungvoller, fröhlicher.

Nach Arbeitsschluß sind wir ein paarmal an den Fluß gegangen, an dem Joniec liegt; er ist ziemlich breit und klar. Ein
einfacher Holzsteg mit Geländer führt hinüber, das Ufer ist
wunderschön. Ein ganzes Stück vom Dorf entfernt haben wir
eine geschützte Stelle gefunden und sind nackt ins Wasser
gegangen. Nie habe ich das Wasser so weich und schmeichelnd
empfunden, es war eine Lust zu schwimmen.

Im Zug, 26. Juli 1942

Meine lieben Eltern!

Da staunt Ihr! Ich weiß gar nicht, wo anfangen. Also: Donnerstag erhielt ich Post von Wolfgang aus Döberitz vom Trup-
penübungsplatz mit der Nachricht, daß er bald fortkommt. Da
kam mir der Gedanke, ihn auf der Fahrt nach Westen zu besuchen. Der Einsatz in Joniec war am Sonntag zu Ende, da
habe ich gebeten, schon am Samstag fahren zu dürfen, das
wurde bewilligt.

Der Zug schaukelt so schön, ich habe viel Zeit vor mir. Bevor
ich Eure Neugier über Wolfgang befriedige, muß ich noch von
einer Fahrt nach Plöhnen (es hieß in polnischer Zeit anders)
erzählen; es ist die Kreisstadt von Joniec.

Unsere Lagerführerin hatte dort zu tun, und zu zweit sollten wir dort einen Rock beim Schneider abholen. Sie setzte uns in der Stadt ab, aber der Rock war noch nicht fertig, so daß wir durch ein paar Straßen bummelten.

Stellt Euch vor, Ihr geht durch Straßen, vorbei an Häusern, wo alle Fenster und Türen von außen dick mit Brettern vernagelt sind, und doch herrscht dahinter ein unentwegtes Geräusch – Gemurmel und Bewegung. Dann kommt zwischen den Häusern ein langer Bretterzaun, der nicht ganz bis zur Erde reicht, und darunter sieht man Füße, zahllose Füße, nackte, in Pantoffeln, in Sandalen, in Schuhen. Das Stimmengewirr schwillt an, es riecht nach vielen Menschen, und wenn du dich auf die Zehen stellst und über den Zaun blickst, siehst du kahle Köpfe. Dann geht es einem plötzlich auf, daß das ein Getto ist und die zusammengepferchten Menschen dahinter Juden sein müssen. Wir sind ganz schnell zu unserem Schneider zurückgegangen, und er erzählte uns, daß er auch Jude ist und das Getto tagsüber zum Arbeiten verlassen darf. Er bügelte gerade mit unendlicher Behendigkeit eine Hose mit einem Eisen, in das ein glühender Bolzen kam. Er spuckte auf den Kniff und bügelte blitzschnell: Spucken – bügeln – spucken – bügeln ... Wir lobten ihn, und er lächelte uns traurig an. Ich war sehr froh, als Plöhnen endlich hinter mir lag.

Nun zu Wolfgang. Ich hatte ihm ein Telegramm nach Döberitz gesandt mit meiner Ankunftszeit in Berlin. Der Zug lief ein, Menschengewimmel, die Menge verlief sich, kein Wolfgang. Ich stehe auf dem Bahnsteig, kein Mensch außer einem Soldaten, der in jedes Abteilfenster guckt. »Dem geht's wie mir«, denke ich, »der sucht auch jemanden.« Dann erkennen wir uns, es ist Wolfgang. Ihr würdet ihn gar nicht wiedererkennen, aus dem schmalbrüstigen langen Jungen ist ein Mann mit breiten Schultern geworden. Er meinte, ich sei wirklich gut: Einfach so ein Telegramm zu schicken mit »Ankomme dann und dann ...« Der Spieß habe gelacht und ihm einen Urlaubsschein gegeben – zum Orthopäden nach Berlin! Ein netter Spieß.

Dann suchten wir erst eine Übernachtungsmöglichkeit für mich. Gar nicht einfach, offenbar glaubte man uns das Geschwisterpaar nicht, sondern hielt uns für ein Liebespaar. Wir liefen von Hotel zu Hotel, die Füße schmerzten, wir hatten

Hunger. Endlich zeigte man uns einen riesigen Dachboden
mit aufgestapelten Tischen und Stühlen, Kisten und Kästen
und in der äußersten Ecke eine Liege: »Wenn Sie die wollen?«
Was blieb mir übrig. Wolfgang und ich aßen unten im Lokal
zu Abend, und ich zog nach einer Weile auf den Dachboden
hinauf, während Wolfgang sich auf den Weg in die Kaserne
machte. Am nächsten Tag erhielt Wolfgang ab Mittag frei, so
daß wir den ganzen Nachmittag zusammen waren und viel
erzählen konnten. Wir fanden ein winziges Café, in dem wir
ungestört saßen. Es war richtig schön – worüber wir gesprochen haben, erzähle ich daheim. Der Abschied war schwer.
So, nun will ich versuchen, ein wenig zu schlafen. Morgen
beginnt der Flugmodellbaukursus in Ferndorf.

Ferndorf, 29. Juli 1942

Ihr lieben Kölner!

Bald bin ich bei Euch, dann werde ich alles erzählen, beson-
ders von Wolfgang. Am liebsten hätte ich ihn mitgenommen.
Ich hab ihn ja so lieb. Euch müssen doch immer die Ohren
geklungen haben, so viel wurde von Euch gesprochen. Eure
Briefe und der Kuchen sind am Sonntagmorgen eingetroffen.
Ich schreibe jetzt in der Mittagspause. Sie ist gleich vorbei.
Paula ist auch hier, und das ist schön. Wir sägen und leimen am
Vormittag und am Nachmittag – ob die Dinger dann auch flie-
gen, darauf werden Wetten abgeschlossen.
Landschaftlich ist es hier herrlich. Von Hagen ging die Fahrt
über Hohenlimburg, Finnentrop, Altenhundem nach Kreuz-
tal. Heute, Mittwoch, haben wir um vier Uhr dienstfrei und
fahren gemeinsam nach Siegen. Samstagnachmittag steigt ein
Ausflug nach Hilchenbach. Mittwoch, 5. August, ist Schluß.

Osnabrück, 22. August 1942

Meine lieben, lieben Eltern!

Hier habe ich Tante Lies überrascht. Die Straßenbahn in Richtung Lotterstraße fuhr wieder, zur Iburger Straße noch nicht.
In Osnabrück sieht es nach den Angriffen auch ganz schlimm

aus. Am Bahnhof stehen nur noch ein paar Häuser. Die Post ist ganz kaputt. In der Herrenteichstraße sind alle Häuser eingestürzt oder ausgebrannt. Die Große Straße sieht fürchterlich aus. Ein Teil des Doms, das Theater, die Kirche am Hermannsbrunnen, Krankenhaus, Hebammen-Lehranstalt sind stark oder ganz zerstört. Bei der Brotfabrik Wischmeyer fehlt die ganze Ecke, beim Kriegerwaisenhaus fehlen vierzig Häuser. In der Meller Straße, beim Polizeirevier, am Petersburgerwall und in der Schepplerstraße sind alle, aber auch alle Häuser ausgebrannt und eingestürzt. Bei der Drogerie Meyer an der Volksschule sind drei Häuser zusammengestürzt, dort gab es 13 Tote, nur die Tochter des Drogisten wurde gerettet. Ich will aufhören mit der Aufzählung. In der Stadt riecht es noch überall nach Brand.

Tante Lies ist immer die Alte. Sie verwöhnt mich. Wie ich kam, aß sie gerade zu Abend: trockenes Brot mit rote Bete drauf. Jetzt holt sie aus Küche und Keller das Beste hervor, junge Erbsen, mein Leibgericht, aus ihrem Gärtchen eingemacht, und Fleisch. Ich kann sie nicht hindern. Gestern war ich zuerst bei Tante Lina. Die haben auch allerlei mitgemacht, die arme Mumi! Die obere Hauswand ist abgerissen, Löcher in der Decke im 4. Stock, in allen Stockwerken Fenster und Türen beschädigt – viel Arbeit und Dreck mit dem Ausbessern.

Gertlauken, 25. August 1942

Lieber Vater und liebe Mutter!

Die Tage in Osnabrück waren trotz allem schön. Am Samstagnachmittag haben Hildegard und ich Bösmanns im Kloster Ohrbeck besucht. Auch dort redet man nur von dem furchtbaren Angriff. Gertrud und ihre Eltern leiden immer noch sehr stark unter dem Tod von Hans-Hermann und Karl-Heinz. Das Leid ist schlimm. Der kleine Karl-Heinz sieht seinem Vater und Tante Lina ähnlich und ist aller Freuden- und Trostspender.

Mein Zug fuhr Sonntagnachmittag. Tante Lies brachte mich zur Bahn. Sie weinte, wie der Zug abfuhr. Tante Lies sorgt immer nur für andere, sie denkt nie an sich. Es ist scheußlich, wenn man jemanden so allein lassen muß – Ihr alleine in Köln,

Tante Lies in Osnabrück, Wolfgang in Berlin und ich hier in
Ostpreußen. Jetzt, da ich wieder bei Euch war, empfinde ich
das doppelt schlimm.

In Berlin war Wolfgang nicht am Bahnhof. Nach endloser
Lauferei, Fragerei und Fahrerei (es gibt zwei Lichterfelde!)
marschierte ich schließlich durch endlos eintönige Straßen zu
den ehemaligen Kadettenanstalten hinaus. Tante Lies hatte
mir Kuchen, Butterbrote, Zigaretten, Bonbons, Pfirsiche und
Äpfel für Wolfgang mitgegeben. An der Wache rief ihn der
Wachhabende heraus. Ich wartete ziemlich lange, dann kam
Wolfgang endlich. Wolfgangs Gang kenne ich unter Hunder-
ten. Er wiegt so ein bißchen. Die Freude war groß, die Zeit
kurz, wir wußten gar nicht, wo mit dem Erzählen anfangen. Sie
hatten einen Nachtmarsch hinter sich und waren erst am
Sonntagmittag in die Kaserne zurückgekommen. Er hatte im
Kino gesessen, wie man ihn rief, im Turnzeug, und hatte sich
erst noch umziehen müssen. Leider mußte er nach kurzer Zeit
wieder in die Kaserne zurück. Im Waschraum am Bahnhof
Zoo habe ich mich dann eine halbe Stunde lang aufgefrischt,
was nach dem heißen Tag auch bitter nötig war.

Kurz vor Mitternacht fuhr mein Zug. Ich bekam noch einen
Sitzplatz und hatte zwei nette Reisegefährtinnen, eine wasch-
echte Kölnerin und eine Hamburgerin. In Elbing stieg ein
junger, ausnehmend schöner Bahnbeamter ins Abteil. Da
flüsterte mir die Hamburgerin, die mit ihrem alten Vater reis-
te, der nur Platt verstand, zu: »Das wär doch ein Mann für Sie.«
Ich mußte lachen. »Aber so ein schöner Mann«, wiederholte
sie ganz hingerissen.

Um 8.14 Uhr trafen wir glücklich in Königsberg ein. Ich wusch
mich im Waschraum, trank Kaffee und machte Besorgungen
in der Stadt, bestellte Schulbücher und so weiter. Ich verging
bald vor Hitze in meinem Kostüm. In Mauern sodann begegnete mir ein Schornsteinfeger, ich betrachtete ihn als Glücks-
bringer. Danach holte ich mein Fahrrad ab, ich laß es immer in
einem der drei Häuser am Bahnhof stehen, zog mich schnell
um und radelte erst einmal bis Krakau zu Schulz, traf ihn
jedoch leider nicht an. Bei seiner Frau mußte ich natürlich
tüchtig essen, und danach gab sie mir auch noch vier Scheiben
Brot mit fingerdick Butter und Schinken mit. Ihr Sohn ist ein
intelligentes Bürschchen und kann stundenlang Fragen stel-

len, und das kleine Mädchen ist nun fünf Monate alt und ein
süßes Kind.

Während meiner Ferien waren Herr Stachel, Herr Berkan und
Herr Kippar auf Urlaub hier gewesen. Ich hätte sie gern
kennengelernt. Meine Wohnung sieht schlimm aus. Überall
Staub, Staub, Staub und Fliegendreck. Am Fenster wimmeln
Hunderte kleiner Fliegen. Jetzt heißt es putzen.

Heute morgen kamen die Schulanfänger. Es sind nur elf. Ich
habe lediglich die Personalien aufgenommen, ein wenig mit
ihnen erzählt und sie danach auf morgen bestellt. Jetzt muß
ich die Post durchgehen, einige Meldungen sind fällig und
meine Vorbereitungen aufs neue Schuljahr.

Unser Bäcker Radtke ist sehr krank, doppelseitige Lungenentzündung, nun muß auch das Brot aus Laukischken geholt
werden. – Wißt Ihr, wie ich nach so langer Abwesenheit wieder
auf meinem Rad saß und durch die Felder und den Wald nach
Gertlauken fuhr, die Leute mich freundlich grüßten und ich
meine Kinder wiedersah, da war mir doch ganz froh ums Herz.

Gertlauken, 28. August 1942

Meine lieben, lieben Eltern!

Ganz scheußlich ist mir zumute. Ich könnte immerzu heulen.
Die Schularbeit wächst mir über den Kopf. Ich werde nicht
fertig. Das Putzen fällt mir schwer, weil ich kein Material habe.
Am Abend. Nehmt es nicht tragisch. Wahrscheinlich lag alles
nur an meinem leeren Magen. Ist er voll, sieht die Welt ganz
anders aus. Weil ich so deprimiert war, fuhr ich zur Familie
Schulz – und bekam körperliche und seelische Hilfe. Erst
mußte ich kräftig essen, dann habe ich mit Herrn Schulz über
die Schularbeit gesprochen. Er rät immer wieder, jeden Stoff
nur ganz kurz zu behandeln, nur das Wichtigste, nur mit dem
Realienbuch zu arbeiten, keine anderen Bücher hinzuzuzie-
hen und, was ich nicht weiß, wegzulassen. Andernfalls würde
ich mit der Stofffülle nicht fertig. Frau Schulz gab mir Brot,
Honig und Eier mit. Auf dem Heimweg traf ich Frau Neumann; von ihr erhielt ich Kartoffeln. Was für ein Tag, nun lege
ich mich ins Bett!

Mit den Kindern klappte es heute. Zu Mittag briet ich mir Kartoffeln mit Speck und Ei, danach aß ich noch eine Möhre aus dem Garten. Im Garten steht überhaupt alles bestens. Was mach ich nur mit den vielen Kohlrabi? Gut gestärkt griff ich mir nachher Schulbesen und Putzzeug und habe das Zimmer gründlich gewischt. Nachher will ich noch für die Schule arbeiten, nach den Ratschlägen von Herrn Schulz.

Gertlauken, 14. September 1942

Meine lieben Eltern!

Das Wochenende habe ich bei Paula verlebt. Es war so richtig gemütlich, und das Erzählen tat uns gut. Das Wetter war sonnig, und wir liefen einige Stunden durch Feld und Wald. Dabei sangen wir einfachste Volks- und Wanderlieder. Ich werde dann ein wenig sicherer. An manche Lieder wagen wir uns sogar zweistimmig. Solche Stunden sind unbeschwert und machen froh. Unfaßbar ist nur, daß zur gleichen Zeit Krieg herrscht und Menschen unsäglich leiden müssen. Natürlich kommen wir letztlich immer wieder auf den Krieg zu sprechen, denn Paulas Brüder und Vettern stehen ebenso wie Wolfgang und meine Vettern an der Front oder sind, wie einer ihrer Brüder, gefallen.

Paula fühlt sich gar nicht wohl hier. Auch kümmert ihr Schulrat sich viel zu wenig um die Junglehrer. So hat sie zum Beispiel noch immer kein Bett, sondern schläft in einer Hängematte oder auf dem Boden. Wie sie sich deswegen an den Schulrat wandte, hat er sie angeschnauzt, weil sie ihn wegen solcher Kleinigkeit belästige. Da ist unserer doch viel menschlicher. Helfen kann er zwar auch nicht viel, aber er zeigt wenigstens Verständnis.

Mich besuchte er im Unterricht nur zweimal. Die Anfahrt ist zu weit. Nie werde ich den Schock bei seinem ersten Auftauchen vergessen. Wir sangen gerade im 1. und 2. Schuljahr recht laut und falsch: »Hääänsel und Gretel verirrten sich im Wald, eees war so dunkel und auch so bitter kalt ... « (Das kann man so schön ziehen). Wahrscheinlich ist er sehr unmusikalisch, denn er fand das Singen nicht schlecht. Wie dann die Großen an die Reihe kamen, stand Geschichte auf dem Stundenplan – Bismarck und die Gründung des Reiches. Nun ist Geschichte mein Lieblingsfach, seins offensichtlich auch. Schließlich übernahm er den Unterricht, ich brauchte bloß noch zuzuhören. Als er ging, drückte er mir seine Zufriedenheit aus, was mir mächtig gut tat. Jetzt aber wurde er wieder eingezogen und ist an der Front. Wir haben einen neuen Schulrat bekommen.

Gertlauken, 17. September 1942

Meine lieben Eltern!

Ihr kommt nicht darauf, wer mich Dienstagnachmittag überraschte – Dora Krell mit einer Freundin aus Linz. Ich glaube, sie fanden meine Wohnung doch sehr primitiv und machten sich schon am nächsten Tag zur Nehrung auf, wo wir uns in Pillkoppen treffen wollen. Hoffentlich wird das Wetter besser, es gießt in Strömen.
Übrigens fliegen die Russen auch schon mal nach Königsberg. Unser Dorf liegt auf der Strecke. Hier ist es gut eine Stunde früher dunkel als im Westen. Man hört sie manchmal schon um neun Uhr surren, ein komisches Gefühl, wenn man keine Flak dabei hört.

21. September

Ich wollte mich doch mit Dora und ihrer Freundin in Pillkoppen treffen. Seit Mittwoch voriger Woche hatten wir ein S…wetter, Sturm und Regen und Kälte. Ich hoffte auf Sonne am Sonntag. Um 4.30 Uhr rappelte der Wecker, draußen heulte der Sturm ums Haus, klatschte der Regen gegen die Scheiben; es war stockfinster, genau das Wetter, um sich mit Genuß zu strecken und auf die andere Seite zu drehen. »Soll ich aufstehen oder nicht?« – »Die sehen ja, wenn du nicht auf dem Dampfer bist!« – »Ja, aber ich hab es doch versprochen.« Also raus, Katzenwäsche, aber wenn man erst kurz nach sechs mit dem Rad losfährt, kann man natürlich den Zug um halb sieben nicht mehr erwischen. In Laukischken frage ich, ob der Zug nach Königsberg schon durch ist. Er ist noch nicht, Mensch, was für ein Glück, trampeln, trampeln, trampeln, da kommt er, da bin ich am Gleis – da setzt er sich auch schon in Bewegung, ohne mich. Was tun? Zehn Kilometer weitertrampeln? Es regnet, ich habe Gegenwind. Im Wartehäuschen an der Straße stehen ein paar saudumme Bengels und verfolgen grinsend meinen Kampf mit dem Wind. Die Tasche rutscht immer wieder nach vorn. Ärgerlich will ich sie zurückschieben, da geschieht es. Das Rad rutscht auf dem sandigen Boden weg, ich liege der Länge nach auf der Straße. Die Jungen lachen laut auf. Ein faustgroßes Loch im Strumpf, das Knie blutet, der Mantel schmutzig, die Lenkstange verbogen. Ich reinige mich so gut ich kann, biege die Lenkstange zurecht, fahre mit Gleichmut weiter, bin sicher, daß ich den Dampfer in Labiau auch nur noch von hinten sehen werde. Doch als ich zwei Minuten vor acht in Labiau über die Adlerbrücke und dann über den Markt fahre, ist er noch da. Mein Rad in den Schuppen und hinauf aufs Schiff!

An Deck außer mir noch zwei Frauen, sonst nur Soldaten. Der Kapitän schickte uns gleich nach unten, weil uns sonst das Wasser wegspülen würde. Ich bin bisher nur bei gutem Wetter übers Haff gefahren und war neugierig auf eine stürmische Überfahrt.

Bei den Soldaten ging es hoch her. Der Spieß hatte Geburtstag. Er hatte gute Augen und ich dachte, daß er eine gute Kompaniemutter sein könnte. Auf seine schönen, treuen, braunen Augen bildete er sich nicht wenig ein, wie ich später feststellte. Die Soldaten hatten mindestens zehn Liter Wein an Bord gebracht, und bald ging die Singerei los. Was denkt Ihr wohl? »O du schönes Sauerland« und »Ich möt zu Foß noh Kölle jonn« – alles Kölner und Westfalen! Und dazwischen die Witze von Tünnes und Schäl, und die Pulle machte immer die Runde. Die Haffwellen haben es in sich, mir machten sie nichts aus, aber einem Teil der wackeren Krieger bekam die Schaukelei gar nicht. Die lustige Seefahrt verging im Nu, ich mußte in Rossitten von Bord, weil der Dampfer bei diesem Seegang in Pillkoppen nicht anlegte.

Dora war natürlich nicht zu sehen. Dabei hatte sie mit ihrer Freundin in Rossitten Quartier beziehen wollen. Ich klapperte sämtliche Gasthäuser ab, nichts. Sie müssen privat gewohnt haben. Schließlich war's mir egal. Ich wollte zur Ostsee, und dort war es genau, wie ich es mir ausgemalt hatte – nur noch viel schöner. Ein Rauschen und Toben und überall weiße Schaumkronen. Ich war ganz allein am Strand, mutterseelenallein. Dann besuchte ich die Vogelwarte – immer wieder interessant mit ihren seltenen Vögeln. Am beeindruckendsten war ein prächtiger Seeadler, der mir in seinem Käfig leid tat.

Vor der Rückfahrt wollte ich mich etwas aufwärmen und kehrte im Gasthof »Zur Mole« ein. Dort war die Stube voll von den Soldaten vom Schiff. Mit ihren mutwilligen Scherzen brachten sie die dicke Wirtin zur Verzweiflung. Sie reagierte sauer, und obwohl sie mir leid tat, mußte ich oft herzlich lachen. Gnade einem Gott vor einem so mutwilligen Haufen, wenn man keinen Spaß versteht und nicht schlagfertig ist.

An Bord traf ich Hauptmann Larsen, alter Deutzer. Seine Frau ist im Feuerbestattungsverein, Mutter war mal dort, und Vater hat er öfter in Hohenlind gesehen. Sein einziger Sohn hat Jura studiert und war immer mit Hans Unterberg im »Jägerhof« zu finden. Während der ganzen Fahrt saßen wir zusammen. Er sprach, richtiger: er flüsterte ununterbrochen von seiner Arbeit, seinem Zuhause, seinem Sohn, vor allem von seinem Sohn. Er scheint sich ziemlich abseits zu halten und war froh, einmal reden zu können. Aber er bewegte gerade nur die Lippen, so daß ich bei dem Motorengeräusch kaum die Hälfte verstand, das meiste erraten mußte, doch trotzdem immer zustimmend mit dem Kopf nickte ... Für die Radfahrt heim nahm ich mir Zeit. Sie wurde schön. Der Sturm hatte sich gelegt, Mond und Sterne stiegen hoch, die Welt war still.

Heute nachmittag bat mich Frau Strupat zu sich. Ihr Bruder lebt in Chicago und hat ihr schon im März 25 Worte durch das Rote Kreuz geschrieben, in Englisch, ich mußte es ihr übersetzen und gleich auch die Antwort dazu. Übrigens gibt es kaum eine Familie in Gertlauken, die nicht nahe Verwandte in Amerika hat.

So, und jetzt werde ich schlemmen. Ich bekam 5 Pfund Äpfel und Kruschken – das sind ganz kleine Birnen. Außerdem habe ich mir Dickmilch aufgestellt, die Sahne aber abgeschöpft und mit Zucker vermischt – herrlich! Noch eins, zur Beruhigung von Vater: Ich hatte auf meiner Fahrt ein zweites Paar Strümpfe dabei, und das Loch im Knie wurde mit Heftpflaster ver-

klebt. Ich sah also doch einigermaßen anständig aus. – Eben
erfuhr ich, daß heute der berühmte Jagdflieger Galland in
Gertlauken war, zur Jagd. Er wohnt im Nachbarforst Sternberg.

Labiau, 25. September 1942

Meine lieben Eltern und Wolfgang!

Der Lehrgang ist aus, die Herbstferien sind da, und ich bin
auf großer Ostpreußenfahrt.

Der Lehrgang war nett und interessant, es tat gut, mal nur mit
Kollegen zusammen zu sein. Man bekommt nicht nur Spaß
und gute Unterhaltung und Ratschläge, auch die vielen Typen
sind beobachtungswert. Manche korrekt und sauber, etwas
steif, mit ihnen kann man sich am besten unterhalten. Sinn für
Humor haben die meisten. Dann ist da noch eine andere
Sorte, zum Beispiel Roddek aus Mauern. Lang, schmal,
schnodderig, immer 'ne Pfeife im Mund, mit ungebügelten
Hosen, hat über alles 'ne Bemerkung, ist zu allen nett und
kann sich kindlich freuen. Sein Kennzeichen: unrasiert und
lange Haare! Gestern schon dachte ich: »Junge, dich müßte
Vater mal sehen mit solchen Stoppeln!« Und heute hatte er
sie immer noch, ein ganzer Wald war es.

Dann ist ein Lehrer Bauer da, dick, mit Glatze und Brille und
dröhnendem Lachen. Er geht auf jeden los, ohne Hemmung.
Nun aber Schluß. Ich will mit der Kleinbahn nach Tapiau
fahren.

Also, jetzt ist es 20.15 Uhr, ich sitze mittlerweile im »Schwarzen Adler« in Insterburg, habe ein Doppelzimmer und 4,90
RM dafür bezahlt. Beinahe hätte ich in Labiau das Bimmel-
bähnchen nach Tapiau verpaßt; wißt Ihr, so eine richtige
Kleinbahn mit einer Bimmellokomotive und zwei Wägelchen
dahinter. In solch einem Bähnchen sieht man mehr von der
Landschaft und kommt auch enger mit den Leuten zusammen. In der Mitte zwischen Labiau und Tapiau liegt das Dorf
Goldbach. Als ich seinerzeit mit Frau Neumann nach Nautzken fuhr, kamen wir hier durch, und es heimelte mich sogleich
an. Die Kirche liegt auf einer winzigen Anhöhe, die in dieser
Ebene allerdings fast wie ein Berg wirkt, sie ist umgeben von

Bäumen, über die der spitze Kirchturm ragt, während durchs Laub die weißen Mauern leuchten. Unsere Bahn fuhr mit so viel Schneid und Gebimmel durchs Dorf, auch legte sie sich so schief in die Kurve, daß sie sich doch wohl ein bißchen überanstrengte und ziemlich asthmatisch weiterschnaufte. In Nautzken kam mir wieder die Nautzkenfahrt in den Sinn, wo wir im Straßengraben Rast machten und Frau Neumann aus ihrer Tasche gebratene Hühnerkeulen, Schinkenstullen, Eier und Äpfel zauberte. Meine gute Laune aber wurde dann in Tapiau doch sehr gedämpft, als ich auf dem Bahnsteig einen vollen Lazarettzug sah, die weißen Betten mit stillen Verwundeten, und andere Verwundete, die mit ihren Verbänden auf dem Bahnsteig standen. Immer wieder packte mich die Frage, warum trifft es die einen und warum geht es anderen gut. Es ist die gleiche Frage, die ich schon mit meinen Religionslehrern diskutierte, und auf die mir keiner eine Antwort geben konnte.

Eigentlich wollte ich ja nach Trakehnen, aber in Insterburg stieg alles aus, der Zug endete hier. So ging ich auf Hotelsuche. Im ersten wurde ich abgewiesen, im zweiten fluppte es gleich. Ich wünsche Euch also eine gute Nacht.

Trakehnen, 26. September 1942

Die Reise ist schön, nur Eure Post vermisse ich sehr. Augenblicklich sitze ich in Trakehnen auf dem Bahnhof und warte auf das Postauto, das mich zum Hauptgestüt bringen soll. Ein Zimmer habe ich dort schon telefonisch bestellt und auch bekommen.

Um drei Uhr sollte die Post öffnen. Außer mir wartete noch ein Junge, so ein richtiger, mit kurzen Buxen und einer tollen Haarmähne und wieselflinken Augen. Er zeigte mir einen Knopf und sagte: »Drücken Sie mal.«

»Das kannst du doch auch tun.«

»Nee, isch weiß ja nich, wofür der da is.«

»Da soll ich das wohl für dich ausprobieren?«

»Ejo, isch bin doch nich von hier.«

»Ne, das hört man, du bist sicher aus dem Rheinland?«

»Ejo, us Kölle.«

Da haben wir noch eine Viertelstunde geklönt, bis es dem
Schalterbeamten endlich gefiel, aufzumachen.

27. September

Gestern bin ich mit dem Postauto nach Trakehnen gefahren
und wohne im Hotel »Elch«. Es gefällt mir. Zweimal schon
habe ich eine Omelette mit Pfifferlingen gegessen, ganz hervorragend! Mit den Lebensmittelkarten komme ich gut aus.
Heute, am Sonntag, ist keine Besichtigung. Vielleicht habe ich
morgen Glück und kann das Gelände und die Ställe
anschauen. Eben habe ich einen Spaziergang mit einer Wiene-
rin gemacht. Außer uns wohnen hier noch zwei Herren, der
eine soll ein Sohn von Feldmarschall Keitel sein. Jetzt regnet
es. Ich bleibe im Hotel, wo es warm und gemütlich ist. Ein
Buch habe ich ja immer bei mir. Ich komme mir richtig »in
Ferien« vor, brauche an nichts zu denken, keine Arbeit, lange
schlafen, bei Tisch verwöhnen lassen, richtig herrlich!
Gestern habe ich mir Insterburg nochmals angesehen. Es ist
eine Garnisonstadt mit städtischem Verkehr, schönen alten
Häusern, einem Museum, einer Kirche, die von außen schlicht
aussieht, innen aber sehr hübsch ist, und mit einer reichen
Geschichte. In alter Zeit soll hier eine heidnische Burg der
Litauer gestanden haben, später nahmen die Ordensritter
diese Gegend in Besitz und gründeten die Stadt. Noch später
machten hier Polen, Schweden, Russen und Franzosen die
Gegend unsicher. Am schlimmsten wütete die Pest von 1709,
bis dann König Friedrich Wilhelm I. von Preußen Evangeli-
sche aus der Schweiz, der Pfalz und insbesondere aus dem
Salzburgischen in Ostpreußen ansiedelte. Das Denkmal des
Soldatenkönigs steht vor dem Regierungsgebäude in Gumbinnen.

28. September

Abends, nach einem schönen Tag. Leider konnte ich nicht in
die Ställe und fand auch niemanden, der mir etwas über Pferde
und Pferdezucht beibrachte. Bei Fragen über Pferde wird man
hier, wo jeder was von Pferden versteht, für blöd gehalten.
Aber trotzdem – ich bin einfach durch die Gegend gebum-
melt, über weite Wiesen und Koppeln und habe wunderbare
Pferde gesehen. Sie alle tragen als Brandzeichen eine sieben-

zackige Elchschaufel. Es gibt ausgedehnte Ställe und Wirtschaftsgebäude. Der Landstallmeister residiert im sogenannten Schloß, das in einem schönen Park mit weiten Rasenflächen und hohen, alten Bäumen liegt, und vor dem Schloß steht das Denkmal eines Pferdes. Nach der Pest war das Land um Trakehnen menschenleer, der König ließ es durch seine Soldaten entwässern, ließ Weiden anlegen und Ställe bauen, und 1732 zog hier mit tausend Pferden das »Königliche Stutamt« ein.

Goldap, 6. Oktober 1942

Meine lieben Eltern und Wolfgang!

Goldap macht überhaupt keinen Eindruck auf mich. Auffallend ist der riesige Marktplatz mit verhältnismäßig neuen Häusern. Es gibt alles, was wichtig ist: Kirche, Post, Rathaus und Hotels. In einem fand ich Unterkunft, graulte mich aber, wie ich einen Blick in die Küche warf – so was hast Du noch nicht gesehen! Der Boden war lebendig von lauter dunklen Krabbeltieren, großen Biestern, ich glaube Kakerlaken. Und vor meinem Fenster störte mich am nächsten Morgen das gegenüberliegende Haus, ein häßlicher Kasten. Wie schön war es doch dagegen in Trakehnen, wo ich vom Bett in den Park hinaussehen konnte und das Rauschen der Bäume hörte.
Am Mittwochmorgen fuhr ich mit dem Postauto nach Rominten. Es waren 24 Kilometer. Die Fahrt ging über Berg und Tal, durch Dörfer und vorbei an zwei Seen, bis wir durch einen hölzernen Torbogen aus schweren Stämmen fuhren, auf dem in Rot etliche Runen, auch das Hakenkreuz und das SS-Zeichen, eingeschnitten waren, sowie die Inschrift: ROMINTER HEIDE NATURSCHUTZGEBIET.
Jetzt ging es zehn Kilometer lang durch den schönsten Wald – Fichten, Kiefern, auch Laubholz, wunderschön gewachsene Bäume. Im Ort Rominten fällt einem zuerst die Bauart der Häuser auf. Sie bestehen aus dunkelrotem und braunem Kiefernholz, ihre Dächer sind geschwungen und mit seltsam anmutenden Drachenköpfen verziert. Schon vorher hatte ich Bilder vom kaiserlichen Jagdschloß Rominten gesehen, so wußte ich, daß dieser Stil aus Norwegen stammt. Kaiser Wil-

helm II. hatte es um 1890 erbauen lassen. Die ganze Gegend
aber trägt ihren Namen nach dem Flüßchen Rominte.
Zuerst sah ich mir das Jagdschloß an. Es besteht aus einem
niedrigen Mitteltrakt mit zwei höheren Seitenflügeln und
besitzt schöne Holzveranden. Ein freundlicher alter Förster
führte mich und erzählte sehr interessant. Übrigens gab es hier
viele Soldaten, alle von der »Division Hermann Göring« mit
den weißen Kragenspiegeln.
Danach wanderte ich zum Marinowosee – ein kleiner See,
ganz umschlossen von dunklen Wäldern. Dort gibt es ein Kurhaus, aus Holz erbaut und auf Pfählen stehend, sowie einen
großen Pavillon mit Tanzfläche, im Frieden muß da viel
Betrieb sein. Jetzt lagen auch hier Soldaten. Schließlich
entdeckte ich am Wasser drei Kähne, und als ich fragte, ob man
einen mieten könnte, sagte man: »Ja, die Stunde eine Mark.«
Hinter mir stand plötzlich ein junger Leutnant, der sagte, halb
im Scherz und halb im Ernst: »Warten Sie bitte, ich fahre mit.«
Ich natürlich sofort: »Nein, ich möchte lieber allein fahren!«
Aber Ihr wißt ja, wie das so ist, wenn man immer allein ist und
niemanden zum Reden hat, da wäre ein bißchen Unterhaltung
vielleicht ganz schön. Deshalb fragte ich: »Wollen Sie wirklich
mitfahren?« Darauf der Leutnant: »Ja, gern, ich habe dienstfrei.« Er war schlank und hatte schöne blaue Augen mit langen, seidigen, nach oben gebogenen Wimpern. Er war mit
seinem Burschen und dessen Freund zusammen, und so stiegen wir zu viert in den Kahn und glitten über den stillen See,
das Wasser war ruhig und beinahe tiefschwarz, fast unheimlich, und dazu am Ufer die dunklen Tannen. Am sogenannten
Teehäuschen der Kaiserin landeten wir und strolchten durch
die unberührte Gegend, sehr einsam war es dort. Wir bahnten
uns durchs Unterholz einen Weg zu einem kleinen Hügel
hinauf, als plötzlich in langen Sätzen zwei Rehe davonsprang-
gen.
Als wir wieder am Kurhaus landeten, war es schon zu spät für
meinen Bus zurück nach Goldap, und so mietete ich das einzige freie Zimmer im Kurhaus (die anderen waren alle von
Soldaten belegt). Die Wirtsleute waren ganz reizend, Tetzlaff
hießen sie, die Frau groß und stark mit wuscheligen Haaren, er
lang, hager, mit Brille und guten braunen Augen. Sie verstanden es beide, Wohlbehagen um sich zu verbreiten. Eine ein-

ladende Handbewegung: »Bitte, nehmen Sie doch Platz.«
Und dann läßt man sich in dem kleinen Privatzimmer neben
der Gaststube in den Sessel sinken und bekommt Plätzchen
und Wein angeboten. Ich blieb sechs Tage dort und telefonierte jeden Abend mit dem Goldaper Hotel, um mein Zimmer wieder um einen Tag zu verlängern.

Aber allmorgendlich um sechs ging's los. »Kompanie, auf-
stehn!« In dem Holzhaus knallten die schweren Soldatenstie-
fel wie kleine Explosionen. Ich stand dann auch auf und genoß
den wunderschönen Morgen, den Sonnenaufgang und den
Blick auf den See vom Balkon aus. Tagsüber bin ich in der
Gegend herumgelaufen, nachmittags habe ich sogar noch im
See gebadet, doch das Wasser war schon sehr kalt. Abends saß
ich oft bei Tetzlaffs, sie hatten ihren eigenen Wagen, haben im
Frieden viel Geld verdient und sind durch ganz Deutschland
gereist. Sie konnten wundervoll erzählen. Abends haben wir
oft Karten gespielt, dabei wurden Plätzchen und Bonbons
herumgereicht. Nachts hörte man oft die Hirsche röhren, es
war noch Brunftzeit. Kurz: es waren Tage der Ruhe und des
Ausspannens. Ich staunte, wie ich eine Woche lang ohne all die
Sachen aus dem Koffer auskommen konnte. Seife und Handtuch lagen ja im Zimmer, aber Lockenwickler habe ich mir aus
kleinen Ästchen gemacht. Wie ich nach Goldap zurückkam,
hatte man meinen Koffer in eine Kammer gestellt, aber ich
brauchte die Tage nicht zu bezahlen.

Johannisburg, 7. Oktober 1942

Meine lieben Eltern und Wolfgang!

In Lyck war das Wetter so trostlos grau, kalt und regnerisch,
daß ich mir schrecklich verlassen vorkam, wie ich dort auf der
Brücke stand und über den weiten, ebenfalls grauen See blickte. Die Stadt, Hauptort von Masuren, hat im letzten Krieg sehr
gelitten. Sie war ein paarmal von den Russen besetzt. Nach
dem Krieg wollten die Polen sie haben, doch bei der Volksabstimmung von 1920 bekamen die Polen von achttausend
Stimmen nur ganze sieben.

Doch obwohl Lyck sehr schön gelegen ist, stimmte es mich
schwermütig, und so fuhr ich rasch weiter nach Johannisburg.

Wenn schon nicht bei Euch, so wäre ich wenigstens gern bei
Tetzlaffs in Rominten gewesen. Rührend fand ich Eure Frage
am Telefon: »Hast du auch Geld genug?« Diesmal habe ich
mein Postsparbuch mitgenommen. Doch ich will schließen.
Hoffentlich vergrault der Tommy Wolfgang nicht den ganzen
Urlaub. Ich denke viel an Euch – Ihr hoffentlich auch ein
wenig an mich.

Angerburg, 10. Oktober 1942

Meine lieben Eltern und Wolfgang!

Entschuldigt die Schrift, aber meine Hände sind so kalt, daß
ich den Bleistift kaum halten kann. Ich fuhr also zeitig am
nächsten Morgen von Johannisburg nach Rudczanny, immer
durch herrlichste Fichten- und Kiefernwälder. Es war lausig
kalt und hatte gefroren. Aus meiner großen Wanderung rund
um den Niedersee wurde nichts, weil mir eine Frau im Wartesaal, wo ich zum Aufwärmen saß, die jüngsten Räuberge-
schichten von erschlagenen, beraubten und verschwundenen
Männern erzählte, wobei es mir kalt über den Rücken rieselte.
Als aber der Nebel schwand und die Sonne durchbrach, machte ich mich auf den Weg zum Kurhaus. Es liegt direkt am
Niedersee, ist großzügig angelegt, hat fünfzig Betten, und es
herrscht dort auch noch ziemlich reger Betrieb, alles Leut-
chen, die sich gut stehen müssen. Ich frühstückte ganz groß.
Mein Nachbar am Nebentisch war ein Major von Platen, der
sich von einer Dame vorlesen ließ. Tiefste Friedenszeit!
Wie die Sonne dann höher stieg, wurde es richtig warm, der
See glänzte und glitzerte, und ich konnte nicht widerstehen
und fuhr zwei Stunden mit dem Kahn. Der See ist ganz zau-
berhaft, ganz von Wald umschlossen, mit vielen Inseln, und
umfährt man eine solche, weitet sich der See erneut mit vielen
neuen Inseln, die zum Immerweiterfahren verlocken – und
dazu Stille und unberührte Einsamkeit. Nachmittags unternahm ich noch einen kleinen Spaziergang zur Königseiche
und zu einer Schleuse. Es war interessant zu beobachten, wie
die vielen Holzflöße den Höhenunterschied zwischen zwei
Seen überwanden. Am Abend fuhr ich ganz glücklich von dem
schönen Tag zurück nach Johannisburg und »erstand« mir

dort im wahrsten Sinne des Wortes eine Kinokarte zu dem Film »Die große Liebe«.

Am folgenden Tag ging die Reise weiter nach Lötzen. Doch das Wetter war so scheußlich, es regnete den lieben, langen Tag und war entsetzlich kalt, so daß ich nur einen kleinen Spaziergang zum Löwentiensee machte, aber trotz des elenden Wetters konnte ich mir das schöne Bild der Stadt im Sonnenschein ausmalen.

Hier in Ostpreußen habe ich das Gefühl, freier atmen zu können, während man bei uns zu Haus immer das Gefühl hat, man guckt dem Nachbarn in den Kochpott. Das Land ist still, schön, weit – die Städte haben große Marktplätze und kleine Häuser und meistens sehenswerte alte Backsteinkirchen. In Masuren haben viele Städte durch den Russeneinfall im Weltkrieg gelitten, deswegen sieht es in manchen noch so neu aus. Natürlich besuchte ich in Lötzen auch die Festung Boyen, die von den Russen eingeschlossen war.

Von Lötzen nach Angerburg sind es 35 Kilometer. So stieg ich nachmittags mit meinem Köfferchen in den Zug, wollte am Spätnachmittag von Angerburg aus den Heldenfriedhof Jägerhöhe am Schwenzaitsee besuchen, am nächsten Morgen von Angerburg nach Königsberg fahren und am Nachmittag wieder in Gertlauken sein.

Also gut, der Zug fährt ab. Nur hatte ich bald das Gefühl, er wolle zurückrollen, um bei dem Sturm und Regen im Stall zu bleiben. Bei seinem Tempo hätte ich auch nebenher gehen können. Wie er dann auch noch an jeder Haltestelle stundenlang rangiert wurde, merkte ich intelligentes Mädchen, daß ich in so eine Art Güterzug geraten war. Es wurde dunkel und dunkler, erst um acht landete ich in Angerburg. An ein Ausgehen und Besichtigen war nicht mehr zu denken.

Um sechs Uhr war ich bereits auf den Beinen und wanderte durch die noch schlafende Stadt und an den Kasernen vorbei hinaus zum Schwenzaitsee. Es war lausig kalt, und dabei fällt mir ein, daß ich Euch sehr dankbar wäre, könntet Ihr mir noch ein paar Wollhandschuhe besorgen. Meine Kleiderkarte ist in Köln. Sonst hätte ich mir hier auch schon mal eine Regenkapuze gekauft, die ich sehr entbehre.

Der Heldenfriedhof Jägerhöhe liegt auf einer Anhöhe über dem See, und der Blick schweift weit hinaus über das Land

und das Wasser, und man ahnt, wie sich hier See an See reiht
– ein wahrhaft guter Platz für einen Soldatenfriedhof. Von der
Landstraße muß man rechts abbiegen und geht dann auf
sandigen Feldwegen durch eine kahle Hügellandschaft – solche runden, kleinen Berge ganz ohne Wald, nur mit Gras
bewachsen, muten fremdartig an und öde und verlassen. In
der Mitte des Friedhofs ragt ein hohes Holzkreuz empor, und
auf einer Tafel steht:

> Sie starben – und leben noch.
> Sie schlummern – und wachen doch.
> Sie ruhen – zu neuer Tat
> Der Zukunft Saat!

Rund um das Kreuz liegen die Toten. Deutsche und Russen.
Es ist immer wieder erschütternd zu lesen: HIER RUHT EIN
UNBEKANNTER DEUTSCHER SOLDAT – 35 UNBE-
KANNTE RUSSISCHE SOLDATEN UND EIN RITTMEI-
STER – DREI UNBEKANNTE DEUTSCHE SOLDATEN.
Mancher Mutter wäre es vielleicht ein winziger Trost, zu wis-
sen, wo das Grab ihres Sohnes liegt und wie gut es gepflegt
wird.
Lange stand ich versunken im Anblick der Gräber und des
Sees zu meinen Füßen. Leichte Nebelschwaden lösten sich
auf. Und dann entdeckte ich unten am Seeufer einen Fischer
bei seinem Boot, der mir zuwinkte. Ich winkte zurück. Als ich
mich später zufällig umdrehte, bemerkte ich, daß er auf das
Kreuz zukam. In dem Maße, wie er zum Kreuz hinaufstieg,
bewegte ich mich zurück, zum Schluß rannte ich. Erst als ich
wieder die Landstraße erreicht hatte, fühlte ich mich in Sicherheit. Gewiß habe ich dem Mann unrecht getan, aber ich hatte
plötzlich eine schreckliche Angst.
Dann lockte auf der anderen Straßenseite ein kleiner Berg,
bloß ein Hügelchen, aber bewaldet. Ich kletterte hinauf und
stand oben auf der Kuppe vor ein paar verfallenen Gräbern.
Auf einem Kreuz konnte ich gerade noch entziffern: »...Bier-
mann, geb. 30. Dez. 1794 ...«

Meine lieben Eltern und Wolfgang!

Diese Nacht verbringe ich auf besonders aparte Weise: im
Wartesaal! Erst in vier Stunden fährt der Zug nach Mauern.
Gestern abend um sechs kam ich in Königsberg an. Ein Hotelzimmer zu bekommen war am Samstag und so spät unmöglich. So fuhr ich nach kurzer Stärkung im Wartesaal mit der
Straßenbahn los und erkundigte mich nach einem Kino. Mit
mehr Glück als Verstand ergatterte ich noch eine Karte – es
war ein lustiger Film, »Der vertauschte Großvater«. Seit 22.30
Uhr bin ich nun im Wartesaal und hoffe, daß Ihr nicht im Luft-
schutzkeller sitzen müßt. Die Menschen hier schlafen, dösen,
erzählen leise, spielen Karten oder lesen – wie ich. Die Luft ist
entsetzlich stickig, voller Tabaksqualm.

Gertlauken, 12. Oktober 1942

Meine lieben, lieben Eltern!

Während der ganzen Reise habe ich mich auf die Post gefreut,
die sich in meiner Abwesenheit hier ansammeln würde. Ich
wurde nicht enttäuscht und danke Euch herzlich für die vier
lieben Briefe, Wolfgangs Foto, das schöne Paket und das
Kleeblatt.
Bei der Zwetschenernte hätte ich nach alter Art gern mitge-
holfen. Sie muß ja blendend ausgefallen sein. Hier gibt es
wenig Obst, das meiste ist erfroren. Es wäre schön, wenn Ihr
die Bombenschäden bald beseitigen und das Geld für den
Wiederaufbau des Gartenhauses bekommen könntet.
Meine Erkältung ist wieder fort. Mit Eurem lieben Paket kam
auch eines von der Löwenapotheke mit einer Unmasse von
Medikamenten aller Art. Hat Ursel Ristenpart mir das so
eingepackt? Jetzt habe ich selber eine Apotheke, in der nichts
fehlt, und das ist ein beruhigendes Gefühl.
Natürlich habe ich mir meinen Beruf anders vorgestellt. Eben
habe ich die Monatspläne im Großen und den Wochenplan im
Detail aufgestellt. Die Hausarbeit ist schon eine Belastung,
andererseits lenkt sie jedoch auch ab und ist insofern erfreulich, weil man immer gleich die Ergebnisse sieht. Was werde

ich im Frieden nicht alles ausprobieren im Kochen und Bak-
ken! Ich werde in der ersten Zeit maßlos sein.

Gertlauken, 16. Oktober 1942

Meine lieben Eltern!

Von Neumanns zurückkehrend, wo ich leckere Waffeln essen
mußte, will ich jetzt Eure Briefe zu Ende beantworten.
Über Wolfgangs Bild habe ich mich unsagbar gefreut. Ich habe
es gleich in einen Rahmen gesteckt, nun habe ich alle meine
Lieben beisammen. Das Foto ist gut. Wolfgang hat nur nicht
die geringste Ähnlichkeit mit einem rauhen, gefühllosen SS-
Mann (wie man sie doch immer hinstellt), viel eher sieht er wie
ein verträumter Jüngling aus, der Eichendorff und Brentano
liebt.
Daß Franz Bücker gefallen ist, kann ich überhaupt nicht fassen. Ich muß es immer wieder lesen, ob ich mich da auch
nicht irre. Das ist erschütternd. Die armen Eltern! Gut, daß wir
nicht in die Zukunft sehen können. 1938 haben wir noch Kar-
neval zusammen gefeiert. Franz lag doch vor Stalingrad – ist
er dort gefallen? Nein, ich kann es nicht fassen. Den zweiten
Sohn schon verloren, und Franz hatte gerade erst sein Studium beendet. In seinem letzten Urlaub saß er fast immer in
der Küche, er hatte keine Lust rauszugehen – als hätte er es
geahnt. Zwei Söhne innerhalb eines Jahres zu verlieren!
Den Durchschlag des Briefs an Deine Cousine Martha habe
ich gelesen. Sie wird sich freuen, daß ihr Neffe das Ritterkreuz
bekommen hat. Hoffentlich kommen ein paar Männer aus
diesem furchtbaren Krieg heim.
Hier wird es jetzt mit Macht Herbst. Es stürmt und regnet
schrecklich. Besonders stark höre ich das Heulen oben bei mir,
weil das Haus ganz frei steht und der Wind von allen Seiten
kommen kann. Ich heize schon.
Eben bekam ich Post von Wolfgang. Der arme Junge liegt
immer noch mit Diphtherie im Lazarett.

Meine lieben Eltern und Wolfgang!

Ich nehme an, daß Wolfgang jetzt zu Hause ist. Ihr müßt mir
genau erzählen, wie das zuging, wie überrascht Ihr wart, als er
in der Tür stand. Hoffentlich habt Ihr ruhige Nächte in Köln.
In Osnabrück muß es wieder sehr schlimm gewesen sein, wie
Tante Lies schrieb.

Das Wetter ist wunderbar, goldener Herbst. Vor einem Jahr
schneite es um diese Zeit. Am 28. Oktober habe ich mein
»Einjähriges« in Gertlauken gefeiert. Nach dem Unterricht
war ich zuerst beim Bürgermeister und dann beim Oberforstmeister; es geht um das Rohkostfrühstück, das in allen Schulen in den Pausen verabreicht werden soll. Dazu soll ich einen
Zentner Kappes einkellern; ich muß sehen, wo ich ihn her
kriege, und auch, wo ich ihn im Keller lagere.

Danach habe ich stundenlang in der Post versucht, den Schulrat in Wehlau zu erreichen, der jetzt für uns zuständig ist, doch
vergebens. Es war dunkel, wie ich nach Haus kam. Ganz fix
wollte ich noch bunte Wäsche waschen, aber der Strom blieb
mal wieder weg, so daß ich mich in der Stockfinsternis beinahe
in die Seifenlauge gesetzt hätte. Kerzen habe ich auch keine
mehr, also ertastete ich einen Arm voll Flick- und Stopfzeug
und stolperte die Treppe runter zu Frau Berkan, die eine Petroleumlampe besitzt. Da haben wir bis Mitternacht gestopft.
Wie gegen elf das Licht wieder anging, holte ich den Rotwein
runter, den Frau Kerwath, die Krugfrau, mir mal vor langer
Zeit in eine Sprudelflasche gefüllt hatte, und wir machten uns
jeder zwei Gläser Glühwein heiß und aßen dazu Frau Berkans
Pfefferkuchen. So verlief das »Einjährige«. Was mag wohl im
nächsten Jahr sein?

Alleinstehende Frauen ohne Kinder sollen nun alle zum
Kriegseinsatz. Frau Kippar fürchtet, daß sie nach Laukischken
dienstverpflichtet wird. Deshalb wollen wir mit dem Schulrat
sprechen, ob sie nicht im 1. oder 2. Schuljahr unterrichten darf.
Da sie aus einer uralten Lehrerfamilie stammt und sehr ge-
schickt ist, macht der Schulrat vielleicht eine Ausnahme. –
Manchmal kann ich mir gar nicht vorstellen, mein ganzes
Leben lang Lehrerin zu bleiben.

Gestern war die erste Parteiversammlung in diesem Jahr. Um

acht Uhr begann sie. Wie ich losradelte, war es draußen so dämmrig-dunkel, daß man nicht genau Weg und Wiese unterscheiden konnte. Ich fuhr ein halsbrecherisches Tempo; weshalb, überlasse ich Eurem Scharfsinn, Ihr kennt ja meinen Sinn für Pünktlichkeit. Mit einem Mal sehe ich alles nur noch verschwommen und erahne gerade noch einen der riesigen Steinhaufen, die an vielen ostpreußischen Landstraßen liegen. Viele Felder sind voll mit diesen Steinen, die der Teufel aus seinem Sack verlor, wie er über Ostpreußen flog; die Bauern sammeln sie und schichten sie an den Straßenrändern auf. Also, da sause ich auch schon mit Karacho gegen einen solchen Haufen, mit so viel Schwung, daß ich mich am dahinterstehenden Baum hinauf direkt in den Himmel fliegen sah, die Engelchen streckten mir schon die Hände entgegen. Wie ich mich von meinem Erstaunen erholt hatte, betastete ich zuerst Knie und Arme, aber alles war gut gegangen, nur die Lenkstange war mal wieder arg verbogen. Ein paar Minuten später fuhr ich auch schon weiter.

Am Abend war der Mond herausgekommen und badete alles in seinem silbernen Licht. Solche Fahrten sind große Erlebnisse, die ich nie vergessen werde. Nur dachte ich gestern: »Noch schöner und vor allem sicherer wäre es, hättest du einen Revolver in der Tasche.« Denn es sind immerhin zehn Kilometer durch Feld und Wald und Einsamkeit.

Gertlauken, 1. November 1942

Liebe Eltern und Wolfgang!

Über tausend Kilometer weit entfernt sitzt Ihr jetzt gemütlich in der Küche und habt Euch viel zu erzählen. Es ist hell und warm bei Euch, vielleicht ist der Tisch noch gedeckt mit Kaffee und Kuchen, von dem Wolfgang beim Erzählen so nebenbei Stück für Stück verschwinden läßt. Ich dagegen sitze über dem Atlas und fahre mit dem Finger die Strecke Königsberg–Berlin–Köln ab.

Ich will Euch noch schnell das Rezept für Kartoffelhörnchen schreiben: 250 Gramm Mehl, 250 Gramm gekochte, geriebene Kartoffeln, 1 Backpulver, 1 Ei, 50 Gramm Fett, 125 Gramm Zucker. Alles durchkneten, ausrollen, in Quadrate stechen, einen Marmeladenklecks drauf und zusammenrollen. Es kann auch ruhig weniger Fett und Zucker sein ... Und nun noch ein mir empfohlener Brotaufstrich, den ich morgen ausprobieren will: 2 Zwiebeln in einem Eßlöffel Fett glasig werden lassen, 8 Eßlöffel Paniermehl, darein für 20 Pfennig Hefe bröckeln, etwas Salz, Pfeffer und, so man hat, Majoran dazu, alles mit Milch verrühren und aufkochen lassen. Es soll wie Leberwurst schmecken und lange reichen.

Gertlauken, 6. November 1942

Meine lieben Eltern und Wolfgang!

Hier kann man seit gestern singen: »O, wie ist es kalt geworden ...« Und der Wind heult.

Gestern fiel der Unterricht aus, weil wir in Liebenfelde eine Lehrertagung hatten, die um zwölf Uhr begann. Zwei Lehrproben wurden gehalten und besprochen, um fünf war Schluß. Fräulein Eggert aus Laukischken organisierte für einige von uns besonders leckeren Kuchen für besonders wenig Marken, und wir saßen noch gemütlich zusammen, denn unser Zug fuhr erst gegen acht. Solche Treffen sind wirklich schön. Obgleich ich schon ein Jahr hier bin, lerne ich meine Kollegen nur langsam kennen. Manche sitzen in den abgeschnittensten, entferntesten, einsamsten Dörfern, manche haben nicht einmal elektrisches Licht und erhalten bloß einen Liter Petroleum im Monat.

Der neue Schulrat scheint gar nicht so übel zu sein. Er erkennt wenigstens an, daß die Arbeit für uns junge Anfängerinnen nicht einfach ist, und meinte, daß mit der Schwere der Aufgabe vielfach auch die Kraft wüchse. In einem Bauernroman aus dem Böhmerwald, den ich gerade lese, steht: »Das Leben ist nicht ein hingeworfenes Ding, das man in sattem Staunen besehen und wenden und drehen kann, es will täglich und stündlich neu verdient und erlebt sein. Wie einer sein Leben trägt, so ist es auch.« Ein gutes Bild auch: »In der Stunde seiner Heimkehr saß der Bub bei den Alten, und seine Seele hatte Feiertag. Und das tat ihm wohl, denn eines jeden Menschen Seele braucht solche Feiertage, in denen das Grelle und Laute, alles, was nicht von ganz zuinnerst kommt, schweigen muß.«

Doch jetzt will ich zum Schluß kommen, Wolfgang liest diesen
Brief sonst gar nicht durch.

Heute morgen hatte ich etwas Ärger in der Schule. Ich muß
von Zeit zu Zeit die Köpfe der Kinder nach Läusen und Nissen
untersuchen. Sie sind nicht völlig wegzubekommen, aber ich
möchte nicht, daß sie sich ausbreiten. Der Kampf dagegen ist
immer eine unheimlich lästige Prozedur. Man muß behutsam
vorgehen. – Eine Schlafmütze bekam einen Klaps. Später
sprach ich mit der Mutter darüber; sie meinte, daß ihr Junge zu
Hause mehr als andere Kinder helfen müsse, darum dürfe er in
der Schule schon mal ein Schläfchen tun. Das ist wirklich ein
Problem, besonders, wenn die Väter Soldat sind, dann ersetzen die älteren Jungen eine ganze Arbeitskraft. Manchen
Eltern liegt allerdings auch wenig an der Schulweisheit. –
Enttäuscht war ich von drei Jungen, die schlimmsten, die ich
habe. In Stachels Keller haben sie sich an einem Glas Kirschen
und einer Flasche Kirschsaft vergriffen. Jungenstreich oder
Anfang von Schlimmerem?

Nach der »Winterzeit« ist es schon um vier Uhr stockduster.
Aber der Abend ist dadurch herrlich lang. Der Ablauf der Jah-
reszeiten wird hier zu einem Erlebnis, das ich besonders
durchs Radfahren intensiv »erfahre«: bei jedem Wetter, Wind
und Sturm, Regen und Sonnenschein, Schnee und Eis ...
Gestern abend zum Beispiel: von Liebenfelde bis Mauern mit
der Bahn, dann zehn Kilometer mit dem Rad nach Gertlauken
in einer schwarzen Dunkelheit, daß man die Hand nicht vor
Augen sehen konnte, kein einziger Stern am Himmel.

Gertlauken, 10. November 1942

Liebe Eltern und Wolfgang!

Junge, Junge, Wolfgangs Stimmung kann ich mir vorstellen –
wenn man nur mit vierzehn Tagen Urlaub rechnet und dann
drei Wochen erhält! Lieber Wolfgang, wirst Du anschließend
jetzt im Winter an die Front kommen? Am liebsten möchte ich
die Zeit anhalten, damit sie nicht so rennt. Habt Ihr mein
Paket bekommen, und war der Inhalt noch gut? Vater schildert
so überaus anschaulich, wie es war, als Wolfgang plötzlich auf
Urlaub kam. Mir ist, als wäre ich dabei gewesen. Hoffentlich
läßt Euch der Tommy in Ruhe.

Samstag kam Paula zu mir. Wir haben gut gelebt und gekocht, auch den Brotaufstrich versucht, er schmeckt wirklich gut, es muß nur viel Milch rein. Dann haben wir Quarkkuchen gebakken – der wäre etwas für Wolfgang!

Sonntag fiel der erste Schnee. Höllisch kalt war es. Gegen halb vier radelte Paula fort. Sie hatte eisigen Gegenwind und wird erst im Stockdunkeln in Weidlacken sein.

Jetzt ist alles weiß draußen, und so kalt, daß ich am liebsten in den Ofen kröche. Sicher kriege ich wieder Frost an Händen und Füßen.

Gertlauken, 16. November 1942

Meine lieben Eltern und Wolfgang!

Am Samstag fuhr ich gleich nach der Schule zu Paula. Das Wetter war so einigermaßen. Ich hatte mich dick angezogen. Der Weg war schön. In der klaren, harten Luft hoben sich alle Farben scharf voneinander ab: das Schwarz der Wälder, das Blau des Himmels, das Weiß der Felder und hier und da, wo kein Schnee mehr lag, das dunkle Braun der Ackererde. In der Nacht taute es dann, am Sonntag stürmte und regnete es erst, bis es gegen Abend erneut fror.

Gestern nach der Schule habe ich zuerst mein Zimmer geputzt und dann den gelben Pullover, die schwarze Jacke und zwei große Wolldecken gewaschen. Danach sollten meine Haare drankommen, aber es kam Reinhard Neumann und holte mich zur Mutter, die gerade Gänse ausnahm, wobei ich schon immer mal zusehen wollte. Natürlich bekam ich auch etwas zum Kochen mit.

Nun habe ich noch eine Bitte. Ich möchte in diesem Jahr in der Schule eine kleine Weihnachtsfeier veranstalten. Schickt mir doch bitte, was Ihr an Weihnachtspapier, Glanzpapier, bunten Bändern und dergleichen ergattern könnt. Es muß aber bald sein.

Nun seid nicht allzu traurig, wenn Wolfgang wieder fort ist. Wir wollen lieber hoffen, daß wir uns alle gesund wiedersehen und daß Wolfgang diesen Krieg übersteht.

Meine lieben Eltern!

Wenn erwartete Post nicht kommt, wird man ganz kribbelig
und unruhig. Es ist, als sei ein Teufelchen in einen gefahren,
das einen unlustig und gereizt macht. Kommt dann endlich
Post, so wie heute, ist man plötzlich ein ganz anderer Mensch,
und nichts kann einen mehr erschüttern. Jetzt zum Beispiel
haben wir wieder einmal kein Licht. Ich schreibe bei Kerzen-
schein. Der Sturm, der entsetzlich heult und faucht, hat wohl
irgendwo eine Leitung zerrissen.

Lieber Vater, zu dem, was Du über Demokratie sagst, kann ich
nichts sagen. Damit habe ich mich noch nie beschäftigt. Vielleicht habe ich eine falsche Vorstellung davon und bin zu
wenig reif – oder ich stehe zu sehr in der nationalsozialistischen Weltanschauung. Du sprichst von vollendeter Demokratie. Sofort war ich versucht zu fragen, hat denn der Mensch
schon jemals »Vollendetes« geschaffen? Da es niemals vollendete Menschen geben wird, kann es da eine vollendete
Demokratie geben? Demokratie, Volksherrschaft, viele Köpfe, viele Sinne, gute und schlechte, kluge und dumme – wer hat
das letzte Wort? Ach, ich rede zuviel. Ich habe ja noch nie über
Demokratie nachgedacht.

Da Du von einer Aussprache mit Wolfgang sprichst, so hoffe
ich, daß sie nicht zu ernster Art war und Euch keinen Tag der
kurzen Urlaubszeit verdorben hat. Aus all Deinen Briefen lese
ich immer nur Deine Sorge um Wolfgang und seine Zukunft.
Aber Dein Wort: »Ich glaube an ihn« klingt wie ein Bekennt-
nis.

In zweieinhalb Wochen gibt es Weihnachtsferien. Aber Arbeit
habe ich mehr als genug. Morgen soll gegen Diphtherie
geimpft werden. Heute nachmittag erhielt ich über hundert
Karteikarten meiner Schüler, in die ich Namen, Geburtstag
und -ort, Krankenkasse und so weiter eintragen muß. Damit
hätte man auch früher kommen können. Zwei Drittel habe ich
schon fertig. Beim Rest können mir morgen meine großen
Mädchen helfen.

Meine lieben Eltern!

Nur ein kurzer Gruß. Gestern war ich den ganzen Tag für die Viehzählung unterwegs. Es hatte geschneit, und Weg und Steg waren nicht mehr von Äckern und Wiesen zu unterscheiden. Oftmals bin ich bis zu den Knien eingesunken. Von der Zählung, von den Menschen und dem Vieh, könnte ich Euch Romane erzählen! Doch so vollgepfropft ich mit Geschichten auch bin, es geht heute nicht; ich muß noch Meldungen schreiben und achtzig Hefte durchsehen. Heute nachmittag habe ich mit meinen Kindern unser selbstgeschriebenes Weihnachtsspiel noch einmal geübt. In einer Woche, am 12. Dezember, soll es aufgeführt werden.

Seit ein paar Tagen unterrichtet Frau Kippar im 1. und 2. Schuljahr. Dadurch habe ich eine wesentliche Erleichterung und bin nicht mehr so k.o., wenn die Schule aus ist. Frau Kippar ist gewissenhaft und hat eine nette Art, mit den Kleinen umzugehen. Aber aller Anfang ist schwer!

Liebe Eltern!

Es ist jetzt elf Uhr. Ich habe die Wahl ins Bett zu gehen, da ich morgen zu einer Tagung und daher schon um halb fünf aus den Federn muß (zumal ich gestern erst um halb vier ins Bett gekommen bin), oder Euch zu schreiben. Ich will Euch schreiben, habt also Verständnis für Fehler und schlechte Schrift. Vater wird sowieso sagen: »Von Anne sind wir schon allerlei gewohnt, mich wundert nur, daß man Menschen mit so miserabler Handschrift als Lehrer herumlaufen läßt!«

Gestern erhielt ich Euren lieben Brief vom 4. Dezember. Er war besonders schnell hier. Gewöhnlich läuft ein Brief fünf, oft auch sechs Tage. Und außerdem lag auf der Post auch noch ein Wertpaket für 1200 Reichsmark. Frau Stachelowski war ganz aufgeregt. 1200 Mark! Was mag da nur drin sein? So etwas hat es in Gertlauken noch nie gegeben. Aber was habt Ihr Euch auch für Arbeit und Mühe gemacht. All das schöne Papier und die Hefte und die vielen bunten Bleistifte – wie

habt Ihr das nur organisieren können? Das wird bei der Weihnachtsfeier eine Überraschung geben. Schreibt mir bitte, was
Ihr ausgelegt habt. Meine Kinder haben für 38,80 Mark Ei-
cheln und Kastanien gesammelt, davon bestreiten wir die Ausgaben. Und dann brachte Herr Neumann am Abend auch
noch den Schrankkoffer von der Bahn – das war fast zuviel für
einen Tag!
Beim Kofferöffnen wurden meine Augen größer und größer,
was habt Ihr da aber auch alles reingetan! Alles ist heil angekommen, sogar die Lampe und die Einmachgläser. Wunderbar sind auch die Kerzen, kein Stümpchen hatte ich mehr im
Haus, und der Strom bleibt oft weg. Ich bin in der allerbesten
Laune. Und dazu noch die Freude auf die Ferien!
Nach den Herbstferien hatte ich Ärger wegen der Verdunke-
lung. Es war schwierig, an das schwarze Verdunkelungspapier
heranzukommen, und noch schwerer, die Rollos dann so
anzubringen, daß auch wirklich kein Lichtschimmer nach
draußen dringt. Die Leute nehmen das hier, wo nie etwas
passiert, viel genauer als in Köln. Ich habe mich geärgert, daß
ich angezeigt wurde und eine »allerletzte Vermahnung«
erhielt – und das als Lehrerin! Ich hatte eine Stinkwut im
Bauch und wollte keinen Menschen mehr sehen, vor allem
nicht den Stachelowski von der Post, der mich mehrmals
ermahnt hatte, und den Naujok, der die Anzeige erstattete.
Aber als mir die Pumpe vom Rad geklaut wurde und ich ganz
verzweifelt war, meinte Frau Stachelowski, vielleicht könne
ihr Mann mir eine besorgen, und so geschah es denn auch, und
außerdem lud mich Frau Stachelowski zum Abendessen ein.
Da war das Kriegsbeil begraben. Den dicken Naujok jedoch
hätte ich am liebsten nach wie vor übersehen, doch ich mußte
ja wegen der Viehzählung zu ihm. Wie ich hinkomme, treffe
ich ihn zum Glück nicht an, nur seine Frau; sie ist sehr freundlich, weiß aber über den Viehbestand nicht genau Bescheid.
»Na«, sagte ich, »macht nichts, muß ich eben noch mal wiederkommen.« – »Aber extra wiederkommen bei dem Wetter«,
sagte sie. – »Macht nichts«, wiederholte ich, »ich komme am
Abend.« Doch am Abend war er wieder nicht da, hatte aber
alles genau aufgeschrieben. Ich nehme die Angaben und haue
ab. Vorgestern will ich beim Bäcker Radke – der wieder gesund
ist – meine alten Brotmarken gegen neue umtauschen und

falle aus allen Wolken, wie Frau Radke mir sagte, ich hätte noch drei Pfund Brot gut und außerdem hätte der Herr Naujok gesagt, wenn das Fräulein, also ich, außerdem noch ein kleines Brot gebrauchen könnte, solle sie es mir geben ...

Augenblicklich stecke ich bis zum Hals in den Vorbereitungen für unsere kleine Schulweihnachtsfeier. Wie ich in Vaters Brief etwas von »Organisation« las, habe ich mich hingesetzt und ein ordentliches Programm aufgestellt. Es sieht so aus:

1. Lied (alle): »Leise rieselt der Schnee«.
2. Gedicht: »Vorweihnacht« (ein großes Mädchen).
3. Lichtersprüche (mehrere Jungen und Mädchen). Dabei wird der Adventskranz angezündet (die Kerzen natürlich!).
4. Lied: »Hohe Nacht der klaren Sterne« (Oberstufe).
5. Gedicht: »Winter« (Mädchen der Mittelstufe).
6. Lied: »A a a, der Winter der ist da« (1. und 2. Schuljahr).
7. »Wichtelmanns Wunschzettelsorgen« (ein kleines Spiel, 4 Min.).
8. Gedicht: »Knecht Rupprecht« (Mittelstufe).
9. Lied (alle): »Laßt uns froh und munter sein«.
10. Spiel: »Knecht Rupprecht fährt zur Erde« (haben wir selbst zusammengebastelt).
11. Der Nikolaus kommt (Herr Neumann). Ich habe mich als Dichterin betätigt und kleine Reimchen auf jedes Kind zusammengestümpert.
12. Schlußlied (alle): »O du fröhliche«.
Dauer: 2 Stunden.

Ursprünglich hatte ich nur an die Kinder gedacht, aber jetzt wollen auch die Erwachsenen kommen. Drückt mir die Daumen! Freitagnachmittag ist Generalprobe, am Samstag um 17 Uhr steigt die Feier.

Richtet Euren nächsten Brief bitte an Wolfgang in Berlin, denn in einer Woche werde ich bei ihm sein – und in zwei Wochen bei Euch zu Hause!

Meine lieben Eltern!

Ganz schnell. Die Weihnachtsfeier war ein Erfolg. Aber mir
war in den letzten Tagen gar nicht gut, eine Erkältung, ein
bißchen Fieber – oder ich kann das fette Essen nicht vertragen,
zu dem man jetzt in der Schlachtzeit hier überall eingeladen
wird. Mittwoch früh werde ich fahren. Ich freue mich auf
Wolfgang und Euch!

Im Zug nach Königsberg, 27. Januar 1943

Meine lieben Eltern!

Die Reise nach Berlin habe ich gut überstanden, bloß eins
hat mich scheußlich gequält: der neue Strumpfhalter. Er hat
gepikst und gestochen. Das Ding ist ein Folterinstrument aus
dem Mittelalter!
Um 17.30 Uhr Ankunft in Berlin. Es regnete und war stockfinster, der Mond kam erst später. Durch Pfützen und Regen
zur Handgepäckaufbewahrung, dann zu Familie Ribback, den
Eltern einer Kollegin. Ich konnte dort auf der Couch schlafen.
Ich zog mich fix um, nahm die Hausschlüssel und ab. Ohne
Mutters Taschenlampe wäre ich verloren gewesen. Gegen
19.30 Uhr war ich dann in der Kaserne in Lichterfelde. Ich kam
zur Pause. Das Fest fand in einem großen Saal statt, er war
mit Fahnen geschmückt und brechend voll, Hunderte von
Soldaten, da war es unmöglich, Wolfgang zu finden. Auf der
Bühne rollte das vollständige Wintergarten-Programm ab.
Zum Schluß tanzten die Geschwister Höpfner den Kaiser-
walzer.
Wie dann alles dem Ausgang zuströmte, paßte ich höllisch auf,
doch vergebens, es war ein zu großes Gedränge. Plötzlich
kriegte mich jemand um die Schultern, und Wolfgang strahlte
mich an. Zwei Kameraden, dazu die Mutter von Heinz Goldammer und die kleine Schwester Erna aus dem Lazarett waren
bei ihm. Die Jungens hatten Ausgang bis um zwei, da wollten
wir alle zusammen was unternehmen. Erst standen wir noch
eine Weile in der Kaserne herum; Schwester Erna ist ja allgemein bekannt, wurde von allen freudigst begrüßt, und es hieß

nur Kurtchen und Hänschen und Häschen – aber Wölfchen hatte sie besonders ins Herz geschlossen.

Schließlich beschlossen wir, erst mal zur Straßenbahn zu wandern, dort setzten wir die Beratung eine weitere Viertelstunde fort und vertagten sie dann bis zum Alexanderplatz, wo wir um halb zwölf ankamen, aber da gab's nichts mehr zu unternehmen.

Am Sonntag mußte ich unbedingt bei Ribbacks zu Mittag essen und kam erst gegen halb drei bei Wolfgang an. Er hatte Ausgang bis Mitternacht. Er zeigte mir die Reichskanzlei und erzählte allerlei vom Dienst. Wir warteten die Wachablösung an der Reichskanzlei ab, sie ist sehenswert, besonders dann, wenn hin und wieder jemand von den eigenen Lieben daran beteiligt ist. Aber es war scheußlich kalt, und wir hatten eisige Hände und Füße, als hätten wir selbst zwei Stunden Wache geschoben. Nun trieb uns der Kohldampf zum Haus Vaterland. Dort warteten wir eine Weile in der Schlange, weil es wegen Überfüllung polizeilich geschlossen war. Deshalb versuchten wir unser Glück in anderen Lokalen, wo überall der gleiche Andrang herrschte. Endlich fanden wir noch zwei Plätze in einem schönen, großen Speisehaus am Bahnhof Friedrichstraße. Da wärmten wir uns auf und aßen Spinat oder Grünkohl, auf alle Fälle mit markenfreier sandiger Beigabe. Dazu bekam jeder drei Pellkartoffeln, davon waren zwei faul, aber wir aßen warm und hatten uns viel zu erzählen.

Am Montag trafen wir uns noch einmal von sechs bis acht Uhr in der Kantine der Kaserne, und Dienstagmittag habe ich mich von ihm verabschiedet. Hinterher, wenn ich wieder allein bin, habe ich immer einen fürchterlichen Katzenjammer. Nun hoffe ich, bei der Regierung in Königsberg meine Fragen, wie besprochen, vorbringen zu können.

Gertlauken, 28. Januar 1943

Meine lieben, lieben Eltern!

Gut gelandet! Herr Beckmann holte mich ab. Seine Frau hatte noch einen warmen Pelz mitgeschickt, so daß ich nicht fror. Hier ist es bedeutend kälter als bei uns im Westen. In meinem Zimmer waren Wasser und Tinte eingefroren. Habe sofort

Feuer angezündet und bin dann zu Frau Stachel gegangen. Sie
nahm mich lieb auf, ich mußte gleich mitessen, auch Kaffee
trinken, es gab Bohnenkaffee und Mokkatorte, und zum
Abend Brot und Spirkel, das ist ausgelassener Speck und
schmeckt hervorragend.
Nun zum Besuch bei der Regierung. Eine Versetzung nach
Köln kommt jetzt nicht in Frage, und ein Studium ist überhaupt kein Grund. Es waren ja nur Fragen, aber ich war doch
sehr niedergeschlagen über die Art, wie es gesagt wurde:
»Unsere Soldaten kämpfen in Stalingrad, und Sie wollen
Fahnenflucht begehen!« Stellt Euch das vor. In so entsetzlicher Kater- und Heimwehstimmung war ich noch nie. Ich
wollte keinen Menschen sehen und lag um 6 heulend im Bett.

Gertlauken, 31. Januar 1943

Meine lieben Eltern und Wolfgang!

Bitte, Wolfgang, schick diesen Brief sofort weiter. Vater und
Mutter warten auf Post.
Gestern habe ich oft an Dich gedacht. Wahrscheinlich hast
Du Ehrenwache stehen müssen. Hast Du die Stalingrad-
ansprachen von Göring und Goebbels gehört? Man schöpft
immer wieder Hoffnung, aber Vater und Mutter sehen doch
sehr schwarz.
Am Freitag begann der Unterricht wieder. Es hat sich so viel
Post angesammelt, Meldungen sind fällig, dann der Sparkas-
sendienst, und außerdem sind 55 Bücher für die Volksbücherei eingetroffen. Vom BDM kam ein Bescheid, ich solle die
Gruppe Laukischken übernehmen, es wäre sonst niemand da,
auch ginge es auf den Sommer zu und da könnte ich die Arbeit
auch von Gertlauken aus machen, es sei eben Krieg und da
müsse jeder zusätzliche Pflichten übernehmen. Aber ich huste
denen was. Erstens ist es noch längst kein Sommer, und zweitens kann ich nicht alle zwei Tage nach Laukischken fahren!
Samstag nach dem Unterricht putzten Frau Stachel, Frau
Kippar, Olga und ich mein Zimmer, und ich erhielt von ihnen
ein paar Decken und Kissen, damit das Zimmer wohnlicher
aussieht. Ich ekle mich nur so vor den Mäusen. Trotz der
großen Säuberungsaktion fand ich heute morgen wieder
Mäusedreck in einer Tasse. Muß mir eine Falle besorgen!

Am Nachmittag erhielt ich ein halbes Pfund Butter und ein Huhn, das ich aber Frau Stachel gab, um mich erkenntlich zu zeigen. Von dem halben Pfund Butter backe ich einen Kuchen für Wolfgang. Und nun bin ich bei Frau Stachel zum Hühnerbraten eingeladen.

Gertlauken, 3. Februar 1943

Meine lieben Eltern!

Die Menschen sind wirklich nett zu mir – für Sonntag bin ich zu einer Fahrt mit dem Pferdeschlitten durch den Wald eingeladen. Neulich sprach ich mit einem hiesigen Bauern, der sektenhaft fromm und mir etwas unheimlich ist. Doch er ist der belesenste und klügste, aber auch geizigste Mann im Dorf. Er weiß viel Interessantes aus den früheren Zeiten des Dorfes zu erzählen. Wie ich ihm erzählte, daß meine Heimatstadt Köln schon im Jahr 38 vor Christus von den Römern gegründet und 50 nach Christus von Agrippina, der Mutter Kaiser Neros, zur Stadt erhoben wurde, schlug er die Hände überm Kopf zusammen: »Was, vor Chrrristi Geburt? Nein, so was! Ich weiß so gut wie alles, aber das habe ich doch nicht gewußt!« Heute morgen entschuldigte ein reizendes sechsjähriges Mädchen ihre achtjährige Schwester folgendermaßen: »Ich wollte meine große Schwester entschuldigen. Sie muß zu Hause meine kleine hüten.«

Gertlauken, 12. Februar 1943

Meine lieben Eltern!

Aus unserer Schlittenfahrt wurde nichts, das Wetter war zu schlecht. Außerdem kam am Samstag Paula mit dem Rad durch Sturm, Regen und Schnee, über aufgeweichte Straßen. Frau Kippar lud uns zum Kaffee ein, anschließend gingen wir in meine Wohnung. Wenn Paula und ich zusammen sind, philosophieren wir andauernd über das Leben und den Sinn des Lebens, über unsere Arbeit und den furchtbaren Krieg. Paula ist ein sehr ernster Mensch. Ich komme über alles viel leichter hinweg.

Montagmittag wanderte ich nach Krakau, als mich der Franzose vom Bauern Buttkus mit dem Fuhrwerk überholte und mich zum Einsteigen einlud. Er gab mir sogar die Zügel. Es war schon lange mein Wunsch gewesen, einen Pferdewagen zu lenken. Bei den friedlichen Ackergäulen und den schnurgeraden Landstraßen ist das ziemlich einfach. Der Franzose war unterwegs zum Bahnhof, um Frau Buttkus abzuholen. Die französischen Kriegsgefangenen werden hier wie Einheimische behandelt. Sie ersetzen in der Arbeit und im Haus voll den eingezogenen Mann und gehören zur Familie.

Frau Schulz und ihr Mann nahmen mich wie immer unendlich freundlich auf. Er ist ein richtiger Ostpreuße – vor allen Dingen verläßlich. Voller Stolz zeigte er mir eine mit Kaninchenfell gefütterte neue Weste. Er legte sie auf seine Knie, ließ sie bewundern, streichelte sie liebevoll, zog sie dann an, obgleich im Zimmer eine Bullenhitze herrschte, und zog sie auch den ganzen Tag nicht mehr aus.

Kurz vor sieben trat ich den Rückmarsch an. Es war dunkel, nicht Mond noch Stern zu sehen. Der Wind rauschte mächtig in den Baumkronen und blies mich auf freiem Feld beinahe um. Wenn ich draußen bin und mächtig ausschreite, wenn ich ganz allein bin, dann fühle ich mich am freiesten und wohlsten und vergesse alle Sorgen und sammle Kraft fürs Kommende. Außerdem gehe ich immer gestärkt von Herrn Schulz weg, nicht nur körperlich, auch seelisch.

Ich habe wieder eine Aufforderung bekommen, die BDM-Arbeit zu übernehmen. Mag sein, daß Vater recht hat, daß diese Arbeit bei meiner Beurteilung wichtiger als die Schularbeit sein könnte, aber ich übernehme sie trotzdem nicht. Ich bin voll mit der Schularbeit ausgelastet, die Entfernungen sind zu groß; außerdem wäre es gut, wenn man bei der Gestaltung der Heimabende gut singen kann – was ich bekanntlich nicht kann. In der Schule helfe ich mir mit dem Akkordeon, aber wie soll ich es auf dem Fahrrad bei Wind und Wetter befördern? Außerdem ist mir das Kommandieren in der Seele zuwider. Da ist es mir entschieden wichtiger, die Eltern meiner Kinder kennenzulernen, in den Familienverhältnissen Bescheid zu wissen. So habe ich für morgen einige Frauen aus dem Dorf zum Kaffee bei mir eingeladen. Nun will ich gleich noch backen: Obsttorte und Kartoffelhörnchen.

Gertlauken, 15. Februar 1943

Meine lieben Eltern!

In Eile, wie geht es Euch? Soeben hörte ich von Frau Stachel, daß über Köln wieder acht Bomber abgeschossen wurden. Hoffentlich hattet Ihr Glück und ist Euch nichts passiert!

Mir geht es gut. Am Samstag war der große Kaffeeklatsch: Frau Neumann, Frau Strupat, zwei Frauen Beckmann und Frau Buttkus. Bei Frau Stachel hatte ich am Freitagnachmittag gebacken. Erstens einen Topfkuchen (ein Pfund Grieß, ein Pfund gare, geriebene Kartoffeln, ein halbes Pfund Zucker, zwei Eier und ganz wenig Fett), zweitens eine Stachelbeertorte (dazu opferte ich ein Glas von Euch), drittens Kartoffelhörnchen, viertens eine Puddingtorte (dazu habe ich den letzten Kakao von Euch verbraucht).

Meine Gäste glaubten offenbar, bei mir verhungern zu müssen und brachten selber Kuchen mit: zwei Sandkuchen, einen Hefekuchen, eine Käsetorte. Da könnt Ihr euch vorstellen, wie wir geschwelgt haben! Bald war ein munteres Gespräch im Fluß – kein Wunder bei sechs Frauen. Zum Abendessen hatte ich nichts gerichtet, sondern kochte gegen sieben Uhr zum zweiten Mal Kaffee und reichte nochmals den Kuchen rum. Um halb neun verabschiedeten sich meine Gäste – es war wirklich schön.

Als sie weg waren, erschienen Frau Stachel, Frau Kippar, Olga und ein junger Unteroffizier, der bei Stachels zu Besuch ist, um, wie sie sich ausdrückten, »mich zu schädigen und markenfrei Kuchen zu vertilgen«. Auch das war nett.

Sonntagnachmittag hatte Frau Kippar uns alle eingeladen, und dazu noch Frau Kerwath, die Krugfrau, und Herrn von Cohs. Er ist Oberförster und ein Kollege ihres Mannes. Frau von Cohs weilt gerade auf Besuch bei ihren Eltern an der Mosel. Der Unteroffizier, ein Vetter von Frau Stachel, weihte uns in die Geheimnisse eines Kartenspiels ein – Doppelkopf. Hier spielen alle leidenschaftlich gern Karten – ich auch. Ich sehe im Geiste, wie Vater die Stirn runzelt.

Meine lieben, lieben Eltern!

Heute erhielt ich Euren lieben Brief vom 17. Februar. Ich bin überglücklich, von Euch zu hören, daß mit Euch alles in Ordnung ist. Aber was Vater schreibt, ist furchtbar. Hohe Pforte und Thieboldsgasse – die am engsten bewohnten Viertel. Und dieses junge Mädchen, aufrecht unter Schutt begraben, mit abgerissenem Kopf. Die Hängebrücke hat es also auch schwer getroffen. Daß die Grundmauern Eures Hauses wankten, kann ich mir vorstellen, und ebenso Eure Angst. Geht doch besser in den Bunker. Ich wünschte so sehr, ich könnte Euch teilhaben lassen an meinen friedvollen Abenden. Tiefe Stille herrscht im Haus. Ich hocke am Kachelofen und schreibe.

Euer schönes Paket habe ich mit tausend Dank erhalten. Handtücher und Nachthemden kann ich gut gebrauchen, von dem leckeren Saft habe ich gleich getrunken. Auch aus der Löwenapotheke kam wieder ein Päckchen.

Meine lieben Eltern!

Ich schreibe in der Schule, während des Unterrichts. Da staunt Ihr! Aber heute, morgen und auch noch am Montag werde ich faule Tage haben. Wir sollen nämlich pro Kind in der Oberstufe fünfzig Briefumschläge für unsere Soldaten an der Front herstellen. Gestern bin ich rumgesaust und habe Papier besorgt, meistens Packpapier, aber auch einseitig bedrucktes. Wir haben zweitausendfünfhundert Umschläge zu liefern. Ich habe die Kinder in drei Gruppen eingeteilt: eine zum Zeichnen, eine zum Schneiden und Knicken und eine zum Kleben. Gestern hatte ich sechs Unterrichtsstunden, von halb drei bis vier war Buchausleihe, dann saß ich eine Stunde vergebens auf der Post und wartete auf mein Gespräch mit Labiau, das aber nicht kam, und um 6.15 Uhr machte ich mich mit dem Rad nach Laukischken zur Versammlung. Es war sehr dunkel und mein Licht kaputt, selbst Stachelowski konnte es nicht in Ordnung bringen. Der Weg war verschlammt und in der Mitte löcherig, am Rand aber traue ich mich seit meinem Sturz über den Steinhaufen nicht mehr zu fahren. Um sieben sollte die Versammlung beginnen, wurde jedoch auf acht verschoben. Wieder eine Stunde rumhocken! Den Rückweg traten wir zu dritt an, einer hatte Licht am Rad. Das ist doch gleich ein ganz anderes Fahren.

Vorgestern hatte ich Urlaub, um nach Labiau zu fahren und mir endlich meine Kennkarte zu besorgen. Morgens fuhr ich mit dem Milchwagen. Es ist schön, durch den beginnenden Tag zu rollen. Überall sieht man Rauch aus den Schornsteinen steigen, die Menschen grüßen noch ganz verschlafen.

Ihr seht, unser Leben läuft so friedlich und ruhig dahin. Wenn ich dagegen an Euch denke – keine Nacht ohne Fliegeralarm. Für Mutters lieben Brief danke ich vielmals. Daß Bruno Kahl das Ritterkreuz erhalten hat, hat seine Mutter gewiß sehr stolz gemacht.

Gertlauken, 2. März 1943

Meine lieben Eltern!

Das Radio – Ihr lest richtig, ich habe seit ein paar Tagen einen kleinen Volksempfänger – schreit, krächzt oder schweigt, ganz wie es ihm gefällt. Wahrscheinlich ist der Sturm daran schuld. Das ganze Haus zittert, als führen ständig große Lastwagen vorbei.

Euer Telegramm erhielt ich Samstag früh. Da war ich doch ruhiger, ich hatte solche Angst um Euch. Nun warte ich auf Vaters neuen Bericht. Man sollte meinen, daß es in Köln nichts mehr zu zerstören gibt. Soeben hat der Sturm den Balken unseres Ziehbrunnens mit einem Riesenkrach abgerissen.

Vater, Du warnst vor der Leidenschaft des Kartenspielens – so ist das nun nicht! Aber ich gebe zu, daß mir diese Stunden wegen der Gespräche und der Heiterkeit und des Lachens viel Spaß machen und ich mich auf sie freue. Im nächsten Monat werde ich 22 Jahre alt. Etwas Geselligkeit und ein bißchen Freude muß sein, trotz der schweren Zeit. All diese jungen Frauen hier haben ihre eigenen Sorgen: Ihre Männer stehen an der Front, Brüder und Vettern sind oftmals gefallen, so helfen sie sich gegenseitig und unterstützen sich – also mir imponiert das! Ich finde sie stark. Übrigens kann gemeinsames Lachen wie Medizin sein.

Ich habe mir eine Aufgabe vorgenommen: Ich möchte eine Art Dorfbuch oder Dorfchronik schreiben, Geschichte, Sitten und Gebräuche (der Aberglaube spielt dabei auch eine interessante Rolle), die Menschen hier und ihre Schicksale – und auch das Schicksal der gefallenen Dorfbewohner möchte ich festhalten.

Die BDM-Arbeit habe ich wiederum abgelehnt – wie sollte ich unterwegs sein, wo der Sturm tagelang schon heult. Dazu ist fortwährend etwas anderes los. Samstag findet eine »Kampfversammlung« statt, Erscheinen ist Pflicht. In der Woche darauf ist Heldengedenkfeier in Laukischken, am 28. März findet die feierliche Aufnahme der Jungen und Mädchen in die Hitlerjugend und in den Bund Deutscher Mädchen statt, und vorher ist noch Konfirmation.

Gertlauken, 10. März 1943

Meine lieben Eltern!

Eine ruhige Woche ist vergangen – hoffentlich für Euch auch. Frau Kippar fehlt, sie hat Grippe. Ich habe sie gestern und heute ein Stündchen besucht. Danach habe ich in den Büchern geschmökert, die ich vergangene Woche für die Jugendbücherei geschickt bekam. Meine Kinder sind äußerst eifrige Leser, darauf bin ich ganz stolz! Der Schulbetrieb klappt und macht mir augenblicklich Freude – ob der Schulrat dasselbe sagen würde, weiß ich allerdings nicht. Heute war es besonders schön. Wir haben nach langer Winterzeit wieder eine Stunde draußen geturnt. Die Kinder waren außer Rand und Band. Zum Schluß haben wir den Volkstanz »Hab' den Wagen vollgeladen« geübt.

Vergangenen Sonntag habe ich in »Kunstschrift« (gotisch, wie wir es auf der Hochschule gelernt haben) die Ehrenliste der Gefallenen unseres Dorfes in das Dorfbuch eingetragen. Bis jetzt sind es 23 Namen aus dem jetzigen Krieg, 36 aus dem Ersten Weltkrieg, einer von 1870/71 und keiner von 1813. Über die Namen habe ich Worte von Walter Flex geschrieben:

Wir sanken hin für Deutschlands Glanz,
Blüh, Deutschland, uns als Totenkranz.
Der Bruder, der den Acker pflügt,
Ist mir ein Denkmal, wohlgefügt.
Die Mutter, die ihr Kindlein hegt,
Ein Blümlein überm Grab mir pflegt.
Die Büblein schlank, die Dirnlein rank
Blühn mir als Totengärtlein Dank.
Blüh, Deutschland, überm Grabe mein
Jung, stark und schön als Heldenhain!

Gertlauken, 15. März 1943

Meine lieben, lieben Eltern!

Heute mittag erhielt ich zwei Briefe, einen von Euch, einen
von Wolfgang. Jetzt weiß ich, daß er zum Einsatz gekommen
ist. Das gab mir einen mächtigen Schlag, genau wie Euch.
Arme Mutter, Du wirst die ganze Nacht durchweint haben.
Mir hat Wolfgang in der letzten Zeit oft ganz verzweifelt geschrieben, daß er den Kasernenbetrieb kaum noch aushält
und mit seinen Gedanken ständig an der Front ist. Es drückte
ihn nieder, daß er nicht draußen war.
Daß Mutter bei Alarm in den Bunker geht, beruhigt mich sehr.
Wenn Du, Vater, auch gingest, wäre ich noch beruhigter!
Am Freitag hatten wir eine Tagung in Labiau. Sie begann um
zehn, gegen acht war ich da, gab mein Rad am Bahnhof ab
und besuchte nach langer Zeit wieder einen Friseur. Aufge-
putzt und aufgekratzt erschien ich zum großen Treffen von
Ortsgruppenleitern, NSV-Leuten, Ortsbauernführern und
Lehrern. Ein Gauredner sprach im allerbreitesten Astprei-
ßisch über die »Lebensbilanz Ostpreußens«. Für mich ist das
Schönste an solchen Versammlungen das anschließende Treffen mit jungen Kollegen im Café Riemann. Während Hanne-
lore Ribback mein Rad bis Mauern auf ihre Fahrkarte mit
zurücknahm, fuhr ich um vier nach Königsberg. Telefonisch
hatte ich ein Zimmer bei Frau Kinder am Roßgärter Markt
bestellt – es liegt sehr günstig im Mittelpunkt der Stadt und
ist das Absteigequartier unseres Dorfes und der Umgebung.
Alle Förster und Lehrer übernachten hier. Am Abend war
ich natürlich im Kino.

Samstagmorgen suchte ich das Kraft-durch-Freude-Haus auf, um dort den Gauvolksbildungswart wegen der Ausgestaltung unseres Gertlaukener Dorfbuchs zu sprechen. Ich wurde an eine Kaserne verwiesen, wo er als Oberstabsintendant Dienst tut, und verabredete mich mit ihm für zwei Uhr am Kraft-durch-Freude-Haus. Beim Mittagessen im »Berliner Hof« kam ich an meinem Tisch mit zwei Oberärzten ins Gespräch. Sie wollten anschließend ins Kino, tauchten aber um zwei am Kraft-durch-Freude-Haus auf, weil sie keine Karten bekommen hatten. Ich sagte ihnen gleich, daß ich um vier meine Freundin vom Bahnhof abholen würde und verschwand mit dem inzwischen angekommenen Gauvolksbildungswart oder Oberstabsintendanten im Haus. Dort zeigte er mir seine Aufzeichnungen zur ostpreußischen Landesgeschichte und versprach mir, mit Rat und Tat zu helfen. Er stammt aus einem Dorf bei Angerburg und kennt sich aus in seiner Heimat. Ich schied voll Dankbarkeit von ihm, zum Platzen mit Arbeitseifer geladen.

Um vier Uhr war ich am Bahnhof. Wer nicht kam, war Paula! Dafür warteten dort schon die beiden Ärzte. Wir schoben in die Stadt und verlebten eine anregende Kaffeestunde. Beide waren Lehrersöhne und konnten viel aus Finnland, Schweden und Norwegen erzählen. Der eine hieß Göring und hatte einen hintergründigen Humor. Sie waren auf der Durchreise zur Ostfront und mußten am nächsten Morgen fahren.

Am Abend war ich im Kino und um zehn Uhr, als das Kino aus war, was denkt Ihr, da holten die beiden mich doch wahrhaftig ab. Bis zur Polizeistunde saßen wir bei einer Flasche Wein im Berliner Hof. Ich fühlte mich in ihrer Gesellschaft sehr wohl und gut aufgehoben. Jawohl, lieber Vater, da brauchst Du gar nicht den Kopf zu schütteln über Deine Tochter, die mit zwei unbekannten Herren den ganzen Abend verbringt.

Sonntag stand ich um sieben Uhr wieder auf dem Bahnhof, weil ich hoffte, Paula käme vielleicht mit dem ersten Zug. Nein! Dann gab ich kurz nach neun meinen Freunden das Abschiedsgeleit. Hinter Gefaßtheit und Humor verbargen sie Wehmut, ich auch.

Die Sonne schien so schön. Ich schlenderte zum Schloß, um an der Führung um zehn Uhr teilzunehmen, und wen treffe ich da – Paula! Sie war Samstagabend um halb acht gekommen.

Nach der Schloßbesichtigung, wobei mich am meisten ein Zimmer ganz aus Bernstein, das berühmte »Bernsteinzimmer«, beeindruckte, fuhren wir in den Tiergarten. Er ist wesentlich kleiner als unser Kölner Zoo. Um 19.17 Uhr fuhr leider mein Zug heimwärts. Auf der Fahrt von Mauern nach Gertlauken schien der Mond. Um zehn war ich wieder in meiner Behausung. Frau Stachel hatte mollig geheizt.

Gertlauken, 17. März 1943

Meine lieben Eltern!

Ein kurzer Gruß nur. Ich glaube, wir denken alle das gleiche – an Wolfgang. Wie mag es ihm gehen, wo mag er sein, wann sehen wir uns wieder?

Ich habe nichts Besonderes zu schreiben. Ich möchte jetzt nur gern bei Euch sein. Die Zeit fließt, ehe ich mich versehe, ist wieder ein Tag rum. Bald werde ich 22. Wie mag das Leben weitergehen?

Am Sonntag ist Konfirmation im Dorf. Da gibt es gutes Essen. Könntet Ihr doch daran teilhaben.

Wie verlebst Du, Vater, Deinen Urlaub? Hoffentlich habt Ihr nicht jede Nacht Alarm, und hoffentlich habt Ihr weiterhin Glück. In Essen soll es ja ganz wüst aussehen.

Anschließend gehe ich noch zu Frau Kaiser. Sie hat zwei Söhne im Krieg verloren und will mir Fotos, Briefe und ihre Lebensbeschreibung für unser Dorfbuch geben.

Gertlauken, 25. März 1943

Meine lieben, lieben Eltern!

Heute vor acht Jahren wurde ich konfirmiert. Wie gut, daß man nicht in die Zukunft schauen kann. Bis wir von Wolfgang hören, wird wohl noch eine Weile vergehen. Ich vermute, daß er in der Gegend von Charkow eingesetzt ist.

Nun wollt Ihr hören, wie ich die vergangene Woche verlebt habe. Vor dem 21. März standen alle Tage im Banne der Einsegnung. Da wurde überall gebacken, gebraten und gekocht. Alle Verwandten stifteten Zutaten, schon seit Monaten ist auf das Fest gespart worden.

Am Sonntagmorgen stand ich um sieben auf. Man kann jetzt sowieso nicht lange schlafen, frühmorgens singen mit Macht die Vögel, und vom klaren Himmel strahlt verlockend die Sonne. Ich bügelte noch schnell mein Kleid, fegte mein Zimmer und sauste ab nach Laukischken. Um zehn sollte die Heldengedenkfeier beginnen, sie begann jedoch erst um elf. Was war das für ein Betrieb! Zwanzig, dreißig Pferdewagen standen vor der Kirche und dem Deutschen Haus und weitere auf den Bauernhöfen ringsum. Bei der Heldengedenkfeier sprach Herr Schulz aus dem Herzen und ergriff die Zuhörer. Mit der Kranzniederlegung war die Feier beendet. Und wie wir vom Friedhof zurückkamen, strömten auch gerade die Kirchenbesucher aus dem Gotteshaus. Im Kirchspiel Laukischken wurden 128 Kinder eingesegnet, 72 Jungen und 56 Mädchen, aus Gertlauken waren elf dabei. Aber dann hättet Ihr den Wagenzug sehen sollen! Es waren gewiß achtzig bis hundert, und überall die festlich gekleideten, frohen Menschen, ein Begrüßen und Sprechen und Rufen und Lachen und Gratulieren. In Krakau sprang ich noch schnell bei Familie Schulz vorbei – und mußte natürlich zum Mittagessen bleiben, obwohl ich eigentlich bei Lemkes eingeladen war (doch in dem Trubel fällt einer mehr oder weniger sowieso nicht auf).

Gegen zwei Uhr war ich daheim, und eine Stunde später zogen wir los: Frau Stachel, die zur Konfirmationsfeier bei Kaisers, Frau Kippar, die beim Förster Appel, und ich, die ich bei Strupats eingeladen war. Doch wie wir uns in Frau Stachels Küche trafen, platzten wir wie auf Kommando vor Lachen heraus – ich hatte nämlich meinen Hut aufgesetzt und die beiden anderen ebenfalls. Wir kamen uns so fremd vor, daß wir die Dinger kurzerhand wieder absetzten.

Bei Strupats waren dreiundzwanzig Gäste, die Tische hatte man in Hufeisenform gestellt, und sechzehn Torten standen auf dem Tisch! Buttercreme- und Sahnetorten, Käse-, Mohn- und Topfkuchen. Wie sehr habe ich es bedauert, daß ich so schnell satt war. Dazu gab es richtigen guten, starken Bohnenkaffee. Ich habe immer an Mutter denken müssen.

Gegen sechs zog ich zu Lemkes und kam natürlich nicht so schnell wieder zu Strupats zurück, wie ich es vorhatte. Natürlich mußte ich zum Abendessen bleiben. Bei Lemkes war viel Jugend; sechs Töchter sind im Haus, zwei in meinem Alter, dazu die Freundinnen. Herr Lemke ist jetzt Oberfeldwebel. Er hatte ein paar Kameraden mitgebracht. Da wurde viel gescherzt und gelacht, schließlich wurden Pfänderspiele gespielt, so mit Kirschenessen und Küßchengeben; die Stimmung war hoch, dazu der selbstgebraute Schnaps und Likör in Mengen, und da dachte ich: Achtung, Marianne, aufpassen! Um zehn brach ich trotz Protest auf und schaute nochmals zu Strupats rein. Da kam ich aber in eine sangesfreudige Gesellschaft. Ein Lied nach dem andern, der Reihe nach mußte jeder eins anstimmen, und immer wieder ging es in der Runde. Ich finde das schön. Es war ein ganzes Stück nach Mitternacht, als ich ging.

Aber daß es auch großen Kummer gibt im Dorf, erfahre ich, wenn ich wegen des Dorfbuchs unterwegs bin. Neulich war ich abends bei der Familie Mauritz. Er hat ein Baugeschäft und ist ein stiller, ruhiger Mensch. Vor zwei Monaten ist sein einziger Sohn gefallen, 19 Jahre, ein fleißiger, freundlicher Junge. Er war Hitlerjugendführer und wurde im April 1942 eingezogen. Ich habe ihn gekannt. Er hatte die Gesellenprüfung und arbeitete im Geschäft des Vaters. Jetzt sind nur noch zwei Töchter, 17 und 6 Jahre alt, da. »Das Vaterland darf jedes Opfer fordern«, sagte die Mutter ganz still, aber sie und ihr Mann weinten dabei. Ich glaube, daß sie etwas Trost im Glauben finden, denn sie scheinen sehr fromm zu sein, vor Tisch wurde gebetet und danach wieder.

Gestern fiel der Unterricht aus, weil sich alle Lehrkräfte des Kreises in Labiau einer Röntgendurchleuchtung unterziehen mußten, Beginn: 7.15 Uhr. Um vier Uhr standen wir auf, um 5.30 Uhr fährt der erste Zug von Mauern. Frau Kippar und ich planten, um elf weiter nach Königsberg zu fahren, um uns zu »amüsieren«. Wie Fräulein Eggerth das hörte, rief sie: »Kinder, da fährt schon um acht ein Triebwagen, seht zu, daß ihr schnell drankommt, dann könnt ihr schon um zehn in Königsberg sein!« Sie sorgte dafür, daß wir sofort drankamen, und um halb acht waren wir fertig. Ein ganzer, langer Tag lag vor uns!

Wir hatten noch Zeit, uns im Café Riemann zu stärken, und waren um zehn wirklich in Königsberg. Um elf fing das Kino an, »Damals«, ein Film mit Zarah Leander. Bis zum nächsten Stück um zwei fanden wir gerade noch Zeit zum Mittagessen:

»Meine Freundin Josephine«. Beim Kaffee wurde dann unter
viel Lachen überlegt, ob wir uns erlebnishungrig auch noch
einen dritten Film ansehen sollten. Wir Kinoratten entschieden uns für noch einen Film, nachher aßen wir gut zu Abend,
und um 19.27 Uhr ging unser Zug heimwärts nach Mauern.
Wir stellten fest, daß uns zum Abschluß des schönen Tages
eigentlich bloß noch ein romantischer Mondscheinspaziergang fehlte.

In Mauern angelangt, wollten wir unsere Fahrräder vor dem
Bauernhof am Bahnhof abholen – aber Pustekuchen! Haus
und Hof waren verschlossen, da half kein Rütteln und Schütteln und Rufen, die Tür öffnete sich nicht. Es war 21.10 Uhr. Da
kamen wir doch noch zu unserem Mondscheinspaziergang.
Doch in Laukischken kamen wir am Deutschen Haus vorbei,
dort fand ein Militärkonzert statt. Das nahmen wir vergnü-
gungssüchtigen Marjells natürlich auch noch mit. Der Saal war
pickevoll. Alle hohen Vertreter der Partei und ihrer Gliede-
rungen waren da und sicherlich auch unser Fahrradbauer. Bis
zum Ende hörten wir zu. Erst wurden Operettenmelodien
gespielt, dann Tanzmusik.

Am Schluß gab es noch ein lautes Begrüßen und Hallo. Herr
und Frau von Cohs waren auch da mit ihren Rädern. Auf dem
Heimweg machten wir es so: Herr und Frau von Cohs fuhren
auf ihren Rädern ein Stück vor, stellten ihre Räder an irgend-
einen Baum und gingen zu Fuß weiter. Wenn wir dann den
Baum samt Rädern erreichten, fuhren wir ein Stück, überholten die Cohs und stellten irgendwann die Räder wieder an
einen Baum, gingen weiter und ließen uns von den beiden
Cohs überholen – so ging es bis Gertlauken, wo wir um halb
zwölf landeten. Dort trommelten wir noch Frau Stachel aus
den Federn, um ihr alles zu erzählen – ja, so treibt es Eure
vergnügungssüchtige Tochter.

Jetzt muß ich noch Entlassungszeugnisse schreiben, außerdem muß ich sowieso schließen, weil das mein letzter Brief-
bogen ist. Gerne würde ich einen breiteren Rand lassen, doch
das Papier ist zu knapp.

Liebe Eltern!

Ja, an Wolfgang denke ich auch oft und hoffe auf baldige Nachricht. Sollte er Euch Feldpostmarken für ein Päckchen schikken, davon bekommt er jeden Monat zwei, so schickt sie mir doch bitte. Ich weiß, daß Ihr auch gern ein Päckchen schicken möchtet, aber ich kann ihm an nahrhaften Sachen mehr schikken als Ihr. Ich habe schon eine kleine Dauerwurst, Speck und andere Dinge zurückgelegt. An Kuchen würde ich ihm eine Sandtorte backen, die sich lange frisch hält, und Haferflockenmakronen, die er gern ißt.

Tante Lies schrieb, daß Hermann im Lazarett liegt und bald auf Genesungsurlaub kommt. Auch Willi war zu Besuch, er ist jetzt Gefreiter. Und Rolf Hellmann ist gefallen.

Sonntag, nach der Überweisung der Jungmädel in den BDM, fuhr ich noch zu Schulz. Dort verbrachte ich den ganzen Tag, dabei wollte ich eigentlich so viel fürs Dorfbuch und die Schule arbeiten. Aber wir kamen ins Erzählen. Herr Schulz sprach vom Feldzug in Polen und in Frankreich, dann von Ahnenforschung, und nach dem Abendessen wollte er noch unbedingt Karten spielen, 66 und Herzblättchen, aber wenn man Doppelkopf gelernt hat, kann man sich nur noch dafür erwärmen.

Wie ich nach Haus kam, fiel mir ein fremdes Fahrrad auf – richtig, Paula war gekommen. Den ganzen Nachmittag hatte sie allein in meinem kalten Zimmer gesessen. So was Ärgerliches. Wir haben noch eine Stunde geklönt, bevor sie wieder fuhr, doch morgen will ich gleich nach der Schule zu ihr nach Weidlacken fahren.

31. März

Ich habe den Brief nochmals geöffnet, weil ich die Fleischmarken herausnahm, die verfallen wären, bevor der Brief Euch erreicht. Ich lasse sie mir hier gutschreiben und besorge dafür eine Dauerwurst.

Gestern fuhr ich gleich nach dem Unterricht zu Paula; ich habe die 21 Kilometer trotz schlimmem Gegenwind in zwei Stunden geschafft. Wir haben dann einen riesigen Waldspaziergang gemacht, es war wunderschön. Die Wälder sind voller

Anemonen und Leberblümchen, Lungenkraut und wildem
Flieder, Goldsternen und Milzkraut, es ist ein unbeschreiblich
üppiges Blühen. Am Abend lasen wir von Walter Flex »Klaus
von Bismarck«, und um fünf Uhr heute morgen hieß es dann
aufstehen. Pünktlich zum Unterricht war ich wieder hier.

Gertlauken, 5. April 1943

Meine lieben Eltern!

Eben erhielt ich Euren Brief Nr. 38 vom 31. März. Herzlichen
Dank! Ich warte mit Euch auf Post von Wolfgang. Ihr dürft
aber nicht so ungeduldig sein. Er ist ja erst am 16. März aus-
gerückt, und mit fünf bis sechs Wochen müßt Ihr immer rechnen, ehe Post von ihm kommen kann. So lange dauert es bei
Herrn Kippar und bei Olgas Bruder.
Hier führe ich ein so gutes Leben, daß es fast mein Gewissen
belastet. Soeben höre ich den Wehrmachtsbericht. Wie sach-
lich kühl und militärisch knapp das klingt: »Der erwartete
Gegenangriff der Sowjetarmeen auf den Kubanbrückenkopf
setzte gestern ein. Die Kämpfe dauern fort...« Und was steckt
an Not und Tod und Leid und Härte und Mut dahinter. Das
kann man in Worten nicht ausdrücken...

Gertlauken, 8. April 1943

Meine lieben Eltern!

Heute erhielt ich eine Karte von Wolfgang: »Die besten Grüße
sendet Dir Wolfgang. Mir geht es sehr gut! Feldpostnummer
041124 A.« Ich nehme an, daß Ihr ebenfalls Post bekamt. Da
werdet Ihr nun endlich Eure Briefe los, und er wird sich freuen,
so viel Post auf einmal zu erhalten. Frau Neumann gibt mir
eine Feldpostmarke, so daß ich morgen gleich ein Päckchen
schicken kann. Wo mag Wolfgang sein? Ich bin gespannt auf
seine nächste Nachricht.
Heute morgen war mir nicht gut – keine Sorge, es ist jetzt alles
wieder in Ordnung. Aber ich ließ den Unterricht ausfallen.
Wie mir besser wurde, dachte ich, das wäre nun eigentlich die
beste Zeit, in Ruhe Euer Geburtstagspäckchen zu öffnen, das

hier schon seit vielen Tagen ungeöffnet liegt. Ja, da habe ich mich unglaublich gefreut. Vor allem gefiel mir der Kleiderstoff. Ich weiß schon genau, wie das Kleid aussehen wird. Ich danke Euch herzlichst dafür! Auch für den Federhalter – die Feder fliegt nur so übers Papier – und für die Bonbons und die Apfelsinen. Ihr macht Euch keinen Begriff davon, wie ausgehungert ich auf Obst bin. Das Essen hier ist ausgezeichnet, aber immer Kartoffeln, die Sahnesoßen und das Fleisch. Marmelade könnte ich löffelweise essen.

Ich bin etwas enttäuscht, daß Vater mich in seinem Urlaub nicht besucht hat. Vater, Du behauptest, wir Kinder hätten Deine Sehnsucht nach dem Land nicht geerbt. Ich kann Dir nur sagen, daß ich bereit wäre, mein Leben gern auf dem Lande zu verbringen, weil ich mich der Natur verbunden fühle. Allerdings kann ich mich auch in das Großstadtleben schikken. Wir haben ja in Köln immer sehr abgeschlossen gelebt. Von dem, was die Großstadt bietet, haben wir das Kino genossen, und unvergeßlich sind mir die Theaterbesuche mit Mutter: sie ein Abonnement im Parterre und ich 3. Rang, 3. Reihe Mitte für 25 Pfennig auf Schülerausweis, und dann ab Pause neben Mutter im Parterre. Nein, ich habe doch noch mehr mitbekommen, allein schon durch die Schulbildung und die Museumsbesuche. Heute würde ich die Vorzüge einer Großstadt ganz anders ausnützen: Sport treiben und viel mehr für meine Bildung tun.

Du fragst, ob ich die Schule auch immer brav zuschließe? Ach, Du lieber, ahnungsloser Vater! Wir haben in unserer Schule die scheunentorgroße Eingangstür. Dann kommt man in einen riesigen Flur mit den Klassenzimmertüren und einer normalen Tür rechts, die in das Treppenhaus führt. Dann geht man eine Holztreppe mit 21 Stufen rauf und ist im ersten Stock, wo rechts und links die Wohnungen des Haupt- und des ersten Lehrers liegen. Weitere 17 Stufen höher findet man Stachels Bodentür und gegenüber die Tür zur Wohnung des zweiten Lehrers, also zu meiner. Hoffentlich seid Ihr bei der Beschreibung mitgekommen. Also: Für das Scheunentor und die Tür zum Treppenhaus gibt es überhaupt keine Schlüssel. Das war ja das Unheimliche! Wenn ich abends im Dunkeln nach Hause komme, darf ich im Treppenhaus kein Licht machen, weil wir kein Verdunkelungspapier für die hohen

Fenster haben. Manchmal dachte ich: Da steht jemand in der Ecke und lauert mir auf. Da rieselte es mir kalt den Rücken runter. Doch alles Gewohnheitssache. Mit der Zeit hat sich das gelegt. Zudem wohnen ja Frau Berkan und Frau Stachel mit ihren beiden Kindern hier. Also genug Leben im Haus. Zu beanstanden gäbe es noch eine ganze Menge. In Frau Kippars Klasse sind an einem Außenfenster (wir haben überall Doppelfenster) drei Scheiben kaputt, bei mir eine. Um Kleiderhaken bitte ich schon seit Dezember. Wir haben nicht genug davon, und so fliegen Mäntel und Mützen auf dem Boden herum, und wir kriegen Krach mit den Eltern. Meine Kinder bekommen kaum noch Hefte. Selbst ein Schulstempel fehlt uns. Wasser vom Brunnen kann auch nicht mehr geholt werden, denn bei einem großen Sturm brach der Brunnenarm. Dazu heißt es: »Das ist ganz gut so, denn der Brunnen ist ja eigentlich aus gesundheitlichen Gründen geschlossen. So kommen die Kinder nicht in Versuchung, das Wasser doch zu trinken.« Für uns Lehrer aber war das Wasser gut genug. Im Sommer kann ich an den Pumpen von Stachels und Berkans Wasser holen, aber im Winter sind sie zugefroren. Dann holen wir das Wasser eimerweise auf dem Bauernhof gegenüber. Beschwert man sich über diese Dinge, dann ist der Herr Bürgermeister immer »furchtbar« freundlich und möchte immer »furchtbar gern« helfen. »Aber jetzt ist Krieg, und da ist leider nichts zu machen.«

Gertlauken, 11. April 1943

Meine lieben Eltern!

Das Briefpapier, das Ihr mir geschickt habt, ist einfach herrlich. Da macht das Schreiben doppelt so viel Spaß, noch dazu, wenn aus dem Radio Straußsche Walzer klingen. Ich kann kaum stillsitzen und möchte am liebsten tanzen ...
Von Wolfgang erhielt ich am 3. April eine Karte vom 27. März und drei Tage später einen Brief. Er schreibt, daß er an der Front ist und daß damit endlich sein Wunsch in Erfüllung gegangen ist; auch ist er froh, daß er mit Heinz Goldammer zusammengeblieben ist. Ich habe ihm sofort ein Päckchen geschickt. Schade, daß er nicht schreiben darf, wo er sich

befindet. Ich riet ihm, er sollte – falls ihm das keine Unannehmlichkeiten bereitet – im nächsten Brief den letzten Satz so formulieren, daß die Anfangsbuchstaben eine ungefähre Ortsangabe ergeben.

Mir geht es ausgezeichnet, nur, daß ich vor den Osterferien noch den Schulrat erwarte und täglich eine kleine Unruhe verspüre. In dieser Woche mußte ich für Pflanzarbeiten im Wald die gesamte Oberstufe beurlauben.

Meinen Geburtstag will ich anders feiern als vorgesehen. Für meine Schulkinder werde ich kleine Kuchen backen und einen Quarkhefekuchen; ich habe sie für nachmittags um vier bestellt, dann wollen wir mal ordentlich herumtollen. Am Abend kommt dann der »Doppelkopfklub«: Frau Stachel, Frau Kippar, Frau Kerwath und Herr und Frau von Cohs, am Samstag lade ich nachmittags Frau Berkan und Frau Schustereit, die Kaufmannsfrau, ein, und am Sonntag wird Paula kommen.

Freitagabend fanden wir uns bei Frau Kerwath zu unserem »Partiechen« ein. Herr von Cohs schwang so lange und beharrlich den Zaunpfahl »Kognak«, daß die Kerwathen sich schließlich erweichen ließ und eine Flasche spendierte. Die Frauen aber wollten Eierlikör, und so wurde Herr von Cohs zu Stachels geschickt, um zehn Eier zu besorgen; vier gab Frau Kerwath noch dazu, so wurden 14 Eigelb geschlagen, Zucker und Schnaps dazugegeben, und wir hatten zwei Flaschen Eierlikör – und die allerschönste Stimmung. Dabei hatte ich anfangs Kopfschmerzen. Ich war nämlich morgens beim Zeichnen mit den Kindern draußen gewesen, und da stach mich eine Biene dicht am Auge. Wie sich dann im Verlauf des Abends eine Müdigkeit bei mir einstellte, rauchte ich zum ersten Mal seit meinem Hiersein eine Zigarette, später noch eine zweite. Sie machte mir den Kopf klar. Herr von Cohs erzählte beim Kartenspielen von seiner forstlichen Lehrzeit am Rhein; seine hübsche, vollblütige Frau stammt von der Mosel. Als wir nach zwei Uhr nachts endlich aufbrachen, hatte ich pro Mann achtzig Pfennig gewonnen. Herr von Cohs, der nicht viel Alkohol verträgt, war eingeschlafen. Seine Försterei liegt ganz idyllisch am Waldrand. Er betreibt nebenbei etwas Landwirtschaft und hat im Stall ein paar Kühe. Beim Aufstehen vom Spieltisch merkte ich, daß meine Glieder etwas schwer waren und meine Beine recht eigenwillig, doch mein Kopf war ganz klar.

Am Samstag war Dorfgemeinschaftsabend. Um acht fing er
an. Herr Schulz hielt eine Rede, dann wurde gesungen, anschließend fand sich das junge Volk, HJ und BDM, zu Spiel-
tänzen zusammen. Natürlich machten auch Erwachsene mit,
und Herr Neumann zog Frau von Cohs und mich in die Polo-
naise. Es war alles furchtbar eng, aber das Hopsen hat mir doch
viel Spaß gemacht, ich hätte am liebsten nicht mehr aufgehört.
Anstandshalber zog ich mich doch bald zurück, zumal die
Mitglieder unseres »Klubs« heimlich, still und leise in Frau
Kerwaths Küche verschwunden waren, wo die Baisers von
unseren 14 Eiern vertilgt wurden.

Gertlauken, 16. April 1943

Meine lieben Eltern!

Jetzt kommt das Schönste: meine Geburtstagsnachfeier –
Ruhe, im Radio ein beschwingter Wiener Walzer, und ich
schreibe einen Brief an Euch.
Am Dienstag hatte ich bei Beckmanns und Neumanns gute
Sachen zum Backen organisiert. Außerdem war ich bei der
Schneiderin, Fräulein Dannat, wo ich die neuesten Nachrichten aus dem Dorf erfuhr, aber sie sind nicht besonders berich-
tenswert. Mittwoch war nach dem Unterricht großes Backen
bei Frau Stachel. Eine Grießtorte ohne Fett mit acht Eiern,
ein Frankfurter Kranz und Plätzchen von drei Pfund Mehl.
Mitten im Backen kam Paula und hat kräftig kneten und ausstechen geholfen. Sie schenkte mir ein Glas Marmelade, einen
entzückenden Holzteller und ein Bild von den Minnesängern.
Wir haben ordentlich Kuchen und Pudding genascht, ehe sie
wieder heimfuhr. Anschließend fuhr ich zu Frau Kippar und
betätigte mich als Friseuse, indem ich ihr nämlich ganz künst-
lerisch Wellen und Locken ins frischgewaschene Haar
quetschte und rollte. Ja, und dann landete ich bei Frau Kerwath gerade zur rechten Zeit, um eine Tasse Bohnenkaffee
und ein Stück Kuchen mitzukriegen. Eigentlich wollte ich an
diesem Abend nicht spielen, aber weil Herr von Cohs fehlte,
blieb ich als vierter Mann.
Und dann brach der große Tag an. Ich wurde um sechs wach,
stand auf und brachte mein Zimmer in Ordnung. Dabei hörte

ich es unten in der Klasse schon rumoren. Wie ich um acht runterging, waren alle Treppen bis zu meiner Tür mit Tannenzweigen bestreut. Unwillkürlich mußte ich an eine Hochzeit denken. Als ich dann die Klassentür öffnete – wieder der überwältigende Eindruck wie im vergangenen Jahr. Die ganze Klasse ausgeschmückt, Blumen, wohin man sah – Schneeglöckchen sind in diesem Jahr schon verblüht, aber Anemonen, Leberblümchen, Zillerchen, Goldsterne, Nelken. Dazu eine geflochtene Girlande auf dem Pult und Geschenk neben Geschenk! Alles mit Liebe eingepackt und verschnürt, dazu zwei dicke rote, brennende Kerzen. Und die Kinder ernst, brav und still wie Lämmchen. Sie schauten mich so erwartungsvoll an. Ich weiß dann immer nicht, was ich tun oder sagen soll. An solch einem Tag wird's natürlich nichts mit dem Lernen. Außerdem kamen, von Frau Kippar angeführt, mit einem Blumensträußchen in den Händen das erste und zweite Schuljahr herein. Sie sangen ein Lied, jedes Kind gratulierte und drückte mir Blumen in die Hand. Wir rückten zusammen und sangen ein paar Lieder, dann erzählte ich ein Märchen, ein recht langes, und dann spielten wir »Alle Vögel fliegen hoch« mit Pfandabgabe. Und zwar gab jedes Kind eins, alle wurden nachher wieder eingelöst, dabei gab es viel zu lachen beim Sternegucken, Zahnziehen, Telefonbauen und so weiter. Von elf bis zwölf Uhr spielten wir draußen, danach schickten wir die Kinder nach Haus. Frau Kippar und ich waren aber auch wie erschlagen.

Nun wollte ich gerne in Köln anrufen und fuhr zur Post. Ich hätte mich so gefreut, gerade an diesem Tag mit Euch zu sprechen. Aber der Beamte sagte, die Verbindung werde bestimmt erst in ein paar Stunden hergestellt, da ließ ich es.

Inzwischen hatte Frau Stachel auf »meine Kosten«, wie sie sagte, das heißt von einem halben Pfund Butter von den Geburtstagsgeschenken, »Flinsen«, also Reibekuchen, für uns alle gebacken. Frau Kippar und ich haben mindestens zwanzig vertilgt. Nachher legte ich mich für eine Stunde hin, nein, vorher wurden noch die Geschenke ausgepackt: 166 Eier, zweieinhalb Pfund Butter und zahlreiche Stücke Schinken, Speck und Wurst. Natürlich freute ich mich wie ein Schneekönig!

Um vier Uhr war ich wieder in der Klasse. Ich hatte das neue

Kleid angezogen. Es ist sehr schön geworden. Fräulein Dannat näht sehr gut und besitzt viel Geschmack. Nun fing die Spielerei von vorne an. Auch meine Kinder hatten sich in Sonntagskluft geworfen. Wir tanzten ein paar einfache Volkstänze, spielten Wettspiele und schließlich noch ein Pfänderspiel. Um sieben Uhr sangen wir zum Abschluß: »Gute Nacht, Kameraden«. Ich glaube, es war auch für sie ein schöner Tag. Eines aber weiß ich – daß ich meine Jungen und Mädchen sehr gern habe. Und über die Geburtstagsgrüße meiner alten Schüler im Dorf habe ich mich besonders gefreut. Ich denke, daß ich in den nächsten Tagen noch nachfeiern werde.

Am Nachmittag hatten Frau Kippar und Frau Stachel mein Zimmer geputzt und den Fußboden eingeölt. Ich holte meine Torten rauf, deckte den Tisch und schmückte ihn schön mit Blumen. Dann sagte Frau Stachel: »Fünfzehn Eier müssen Sie für Eierkognak stiften.« Die Kerwathen hatte nämlich wieder eine Flasche herausgerückt. Auch Bohnenkaffee hat jemand gespendet. (Weiß der Himmel, wo die Leute hier bloß den Bohnenkaffee herkriegen!) So haben wir zuerst Bohnenkaffee getrunken und Torten gegessen, dann reichte ich den Eierkognak herum, und natürlich wurde Karten gespielt. Zum Schluß gab es auch noch Butterbrote. Jetzt aber ist der Tag zu Ende, und ich bin 22 Jahre alt. Es war ein schöner Tag, so richtig: mit Volldampf voraus!

Übrigens hat sich heute mit großem Geklapper das erste Storchenpaar im Dorf niedergelassen. An dem ganzen Tag hat nur eines gefehlt – daß Ihr und Wolfgang hier gewesen wäret.

Euch interessiert sicherlich auch noch der Luftangriff auf Königsberg. Stundenlang hörten wir die Flugzeuge über uns hinwegfliegen, in zahlreichen Wellen. In allen Himmelsrichtungen rund ums Dorf sahen wir mindestens dreißig Leuchtschirme. Dazu hörten wir die Flak in Königsberg und in anderen Städten schießen. Wir saßen übrigens gerade beim unvermeidlichen Kartenspiel, wie gegen 22.15 Uhr das ganze Haus erzitterte. Diese Aufregung: »Licht aus!« – »Die Kinder!« – »Ich muß nach Haus!« – »Wo ist mein Mantel!« Alle liefen durcheinander. Frau Stachel riß die Kinder aus dem Bett. Eine Bombe hatte sich nach Krakau verirrt. In der vergangenen Nacht waren die Flieger wieder da. Natürlich haben die Frauen jetzt abends keine Ruhe mehr. Auch heute horchten wir immer mit einem Ohr nach draußen. Doch es blieb still.

Meine lieben Eltern!

Hoffentlich genießt Ihr das Osterfest so ruhig und friedlich wie
ich, und hoffentlich habt Ihr meine beiden Pakete erhalten.
Über Euren lieben, süßen Ostergruß habe ich mich riesig
gefreut, tausend Dank!
Heute morgen schlief ich lange. Um neun klopfte es. Die kleine Helma brachte mir das Frühstück ans Bett: ein kleines Nest
mit einem bunten Osterei und ein paar Bonbons, sodann
Mohnkuchen, Kaffee, ein Ei sowie ein Väschen mit Früh-
lingsblumen. Um elf stand ich auf. Bald kam schon Frau Buttkus mit dem Essen, viel Fleisch, Kartoffeln, Pudding. Dann
habe ich mich ans Fenster gesetzt und gelesen, eine Geschichte aus Norwegen. Zwischendurch bewunderte ich meine Aussicht auf die saftigen Wiesen und die lichtgrünen Wälder –
Ruhe, Besinnlichkeit, Stille.
Heute nachmittag bin ich bei Frau von Cohs eingeladen. Es
gibt eine große Gesellschaft – Stachels, Frau Kippar, Stache-
lowskis und Förster Krause mit Frau. Morgen früh wollen
Paula und ich uns in Königsberg zu einer viertägigen Samland-
tour treffen.
Gestern hatte ich großen Putztag. Ich hatte Betten und Matrat-
zen draußen und mir dabei zwei große Blasen angeklopft. Freitagmorgen fuhren Frau Kippar und ich nach Sprindlack, um
dort ihre Schwägerin zu besuchen. Sie war meine Vorgängerin
hier und hat Frau Kippars Bruder geheiratet. Der ist jetzt Soldat, und nun führt sie seine einklassige Schule. Leider haben
wir sie nicht angetroffen, und so haben wir uns bei Frau Kippar
einen guten Tag mit Flinsen und Bisquitrolle gemacht. Und
am Abend, na was wohl? Da schickte Frau von Cohs einen
Lehrling, der uns zum Doppelkopf herüber bat.

Gertlauken, 1. Mai 1943

Meine lieben Eltern!

Paula und ich hatten geplant, teils zu Fuß, teils mit der Bahn
von Cranz immer an der Küste entlang bis Pillau zu fahren
beziehungsweise zu wandern. Aber am Ostermontag traf ich

Paula nicht zur vereinbarten Zeit in Königsberg. Ich wartete noch den nächsten Zug ab und fuhr dann allein vom Nordbahnhof mit der Samlandbahn nach Neukuhren. Neukuhren ist ein hübscher Ort mit vielen Villen, doch alles voll belegt, und es dauerte ein Weilchen, ehe ich ein Privatzimmer bekam. Dann spazierte ich noch ein Stück die Uferpromenade entlang und blickte von der Steilküste auf die Ostsee. Danach stattete ich dem kleinen Hafen einen Besuch ab, doch da es windig und kalt war, verzog ich mich bald in mein Zimmer und ins Bett. Dienstagmorgen unternahm ich eine lange Wanderung zur Wanger- und zur Loppöhnerspitze, immer das Meer und den Küstenstreifen bis Brüsterort vor mir. Es gibt dort viele Soldaten, die ihre Verwundungen auskurieren. Ein junger Unteroffizier bat, sich mir anschließen zu dürfen. Da er mit Vornamen Wolfgang hieß und ein freundlicher und höflicher Mensch war, hatte ich nichts dagegen. Es machte sogar mehr Spaß zu zweit. Nach dem Mittagessen fuhren wir nach Warnicken und wanderten an der dortigen Steilküste entlang über Rauschen nach Neukuhren zurück. Das Ufer ist ein schmaler Streifen mit feinem Sand und dicken Felsbrocken, manchmal von kleinen Einschnitten zerrissen, dazu immer die weißen Wellenkämme und das ständig wechselnde Farbenspiel des Wassers, je nachdem ob die Wolken ziehen oder die Sonne auf dem Meer glitzert. Am Mittwochmorgen fuhr ich allein nochmals nach Rauschen. Dort gibt es einen großen Mühlteich, mehr ein kleiner See, wunderschöne Parkanlagen und natürlich viel Wald. Und immer wieder die Aussicht von der Steilküste aufs Meer, unbeschreiblich.
Am Nachmittag fuhr ich nach Königsberg zurück und bekam, o Wunder, noch eine Karte für den »Waffenschmied« von Lortzing. Das war ein schöner Tagesabschluß. Am nächsten Morgen fuhr ich nach Pillau auf der Frischen Nehrung. Pillau ist sozusagen der Vorhafen von Königsberg, und es führt ein Seekanal durchs Frische Haff hierher. Aber jetzt ist alles voller Militär. Im Hafen lagen die »Robert Ley« und die noch größere »Pretoria«. Die »Pretoria« grüßte ich wie eine alte Bekannte, denn ich hatte schon viel von ihr gehört und gelesen. Im Frieden fährt sie nach Afrika. Nachdem ich auf der Nordermole bis zum Leuchtturm gegangen war und auch ein bißchen beim Fischen zugeschaut hatte, wanderte ich am

Strand entlang nach Neuhäuser, einem hübschen Ort mit Villen, feinem Sandstrand, Wald und vielen, vielen Soldaten. Im ganzen aber wirkt er doch noch recht friedensmäßig. Am Abend war ich wieder in Königsberg bei Frau Kinder und erlebte dort nachts einen vierstündigen Fliegeralarm; es war aber nicht weiter schlimm, ich mußte nur an Euch in Köln denken.

Den Freitag benutzte ich zu kleinen Besorgungen und einem ausgedehnten Stadtbummel zum Pregel und zum Hafen mit seinen Giebel- und Fachwerkbauten und den alten, hohen Speicherhäusern. Besonders reizvoll ist es am Fischmarkt. Auch an Kants Geburtshaus kam ich vorbei. Sein Grabmal ist ein beeindruckendes Denkmal, wie Ihr auf der beiliegenden Ansichtskarte sehen könnt. Es liegt auf dem Kneiphof, einer Pregelinsel, neben dem Dom. Das Kneiphöfische Gymnasium soll die älteste Schule Preußens sein. Zuerst besah ich den Dom, sehr wuchtig, ein gotischer Backsteinbau mit breiter Westfassade und vielen Blendbögen. Im Innern zahlreiche Grabdenkmäler wichtiger preußischer Persönlichkeiten. Besonders eindrucksvoll schien mir das von Herzog Albrecht I. und seinen beiden Frauen.

An prächtigen Denkmälern ist die Stadt besonders reich, finde ich. Vor dem Schloß steht auf hohem Sockel Bismarck, auf der Schloßterrasse schwingt Kaiser Wilhelm I. sein Schwert, und auf der anderen Seite des Schlosses begegnet man Herzog Albrecht, dem letzten Hochmeister des Deutschen Ordens und ersten Herzog von Preußen, sowie König Friedrich I. Sein Denkmal ist von Andreas Schlüter und sticht mit Schwung von all den anderen ab. Auf dem Paradeplatz hingegen steht das Reiterstandbild König Friedrich Wilhelms III. mit Lorbeerkranz auf dem Haupt und das wesentlich bescheidenere Standbild Immanuel Kants.

Dieser Paradeplatz macht einen unvergeßlichen Eindruck: eine weiträumige Anlage, deren eine Seite von der Universität begrenzt wird, der »Albertina«, 1544 von Herzog Albrecht gegründet. Der imposante Bau wirkt irgendwie heiter durch den langen Säulengang vor der ganzen Front. Das Dach ziert eine Balustrade mit etlichen Figuren an den Ecken und im vorgebauten Mittelteil, darunter auch die Figuren Luthers und Melanchthons. Eine Tochter Melanchthons soll die Frau

des ersten Universitätsrektors gewesen sein, und ein Sohn
Luthers ist in Königsberg gestorben. Auf der anderen Seite der
Universität gibt es die größte Buchhandlung, die ich je gesehen habe – Gräfe und Unzer. In ihren vier Etagen kann man
mit Schmökern und Wühlen Tage um Tage verbringen, eine
wahre Fundgrube und ein unaufhörlicher Genuß. Mit dieser
Buchhandlung kommt selbst Gonski bei uns in Köln am Neu-
markt nicht mit.

Abends nach zehn kam ich wohlbehalten und todmüde wieder in Gertlauken an. Von Paula lag ein Brief hier; sie war
erkrankt und konnte deshalb nicht mitfahren. Wenn es geht,
werde ich sie morgen besuchen. – Wenn man alleine fährt, ist
man aufnahmefähiger für die Umwelt, meine ich. Aber vielleicht fahren wir zwei nach Palmnicken, was ja ursprünglich
auch auf unserem Plan stand. Die Bernsteingewinnung im
Tagebau und die ganze Geschichte des Bernsteins gehören
doch unbedingt zum Wissen einer Lehrerin in Ostpreußen,
nicht wahr?

Ps.: Heinz Licht ist nun auch Soldat. Er liegt in Holland. Anbei
seine Feldpostnummer.

Gertlauken, 10. Mai 1943

Meine lieben Eltern!

Ich sitze wieder auf der Bank hinter dem Klohaus in Stachels
Garten und sonne mich. Eben habe ich an die hundert Hefte
nachgesehen. Die Aufsätze der älteren Schüler machen mir
schon Freude. Sie werden besser im Ausdruck, vor allem
Erlebnisberichte werden gut.

Habt Ihr wieder mal Post von Wolfgang erhalten? Ich bekam
einen kurzen Brief. Er schreibt immer so ganz belangloses
Zeug, gar nichts von dem, was man wissen möchte. Aber
davon darf er wahrscheinlich nichts schreiben.

In den großen Ferien sollen wir wieder Einsatz leisten. Es soll
jeder nur 14 Tage Urlaub erhalten. Nun bin ich auf der Suche
nach einer Stelle, vielleicht Fabrikdienst in Köln. Hört Euch
doch mal um. Oder soll ich bei Onkel August nachfragen? Im
Wehrmachtsbericht hört man jetzt immer häufiger von den
Angriffen auf die großen Städte im Westen. Zuletzt war Dortmund an der Reihe. Wolle Gott, Ihr werdet verschont!

In Wolfgangs Brief lagen vier Marken für Feldpostpäckchen. Ich backte ihm sogleich einen Kuchen. Ich hatte dreiviertel Pfund Mehl und einviertel Pfund Kartoffelmehl. Gegen drei fragte Frau Stachel, ob ich mit ihr und Frau Kippar durch den Wald zur Gärtnerei fahren wollte. Ich wollte zwar Hefte nachsehen, aber ich ließ mich überreden. Denn niemals ist der Wald schöner als jetzt im Mai. Unterwegs kehrten wir bei Förster Krause ein, wo wir mit Kaffee und Kuchen bewirtet wurden. Die Försterei liegt wie alle anderen wunderschön im Walde. Im Stall stehen acht Kühe und zwei Pferde. An diesem Nachmittag kamen auch die drei Krauseschen Kinder nach Haus, die in Labiau zur Schule gehen: ein vierzehnjähriger Junge, ein dreizehnjähriges und ein elfjähriges Mädchen, alle gesund und blühend, blond und mit rosiger Haut ... Hier entstand in mir der Gedanke, mir bei nächster Gelegenheit einen Förster als Mann zu angeln. Ich werde die Augen offenhalten!

Nach vielem Erzählen verabschiedeten wir uns und fuhren weiter zur Gärtnerei. Der Gärtner war ein Original. Er schenkte uns frische Salatköpfe, woraufhin uns Frau Kippar spontan zum Abendessen einlud und Frau Stachel Sahne zu organisieren versprach. Abends haben wir furchtbar geschwelgt im ersten Frischgemüse dieses Jahres.

Am Sonntagmorgen fuhr ich zu Paula. Wir freuen uns immer mächtig, wenn wir zusammen sind. Paula leidet sehr unter Heimweh, sie hat sich in ihrem Dorf niemandem angeschlossen. Die Fahrt zu ihr war ein Erlebnis. Es hatte geregnet, die Luft war warm und voller Blütenduft. Neben Apfel- und Pflaumenbäumen gibt es hier vor allem Kirschbäume. Sie blühen schon.

Paula und ich wanderten ein paar Stunden durch den Wald. Wir kennen einen wunderbaren Platz, einen Hochstand, vor dem eine Wildfütterung liegt. Am Abend war ich so müde, daß ich bei Paula schlief ...

In Nordafrika sieht es ganz schlimm aus.

Meine lieben Eltern!

Mir geht's gut wie immer. Herr Berkan ist auf Urlaub hier. Er gefällt mir außerordentlich. Vor allem nimmt er seinen Beruf als Erzieher sehr ernst. Und der fängt bei ihm mit der Selbsterziehung an. So habe ich gleich mit viel mehr Eifer für die Schule gearbeitet.

In der vergangenen Woche war Impfen für alle in Krakau. Herr Schulz wurde letzten Mittwoch wieder Soldat. Seine Frau nimmt es furchtbar schwer. Auch unser Bürgermeister wurde eingezogen.

Paula ist vergangenen Samstag nach Hause gefahren. Ihre Schwester heiratet am Mittwoch, und Sonntag wird sie zurückkommen.

Habt Ihr inzwischen erfahren, welche Talsperren zerstört wurden? Das muß ja eine unvorstellbare Katastrophe gewesen sein. Wie ich Euch schon schrieb, arbeite ich viel intensiver für den Unterricht, seit Herr Berkan da ist. Mit ihm kann ich alle meine Vorbereitungen durchsprechen – und hinterher das Ergebnis. Er ist nicht nur ein guter Lehrer, sondern ermutigt auch unerfahrene Kollegen in einer Weise, daß ihnen die Arbeit Spaß macht.

Gleich muß ich aus »dienstlichen Gründen« (BDM) nach Laukischken. Das Wetter ist jetzt wieder etwas wärmer geworden, nachdem alle Tomaten und viele Obstblüten erfroren sind. Auch fehlt Regen. Wie sieht es in unserem Garten aus?

Gestern war ich bei Neumanns und habe für Frau Stachel Gänse- und Enteneier geholt. Die Küken sind zu niedlich, sie folgen einem überall hin, und immer hat man sie zwischen den Füßen. Abends kommen sie in eine Schachtel auf den Herd.

Im Zug nach Marienburg, 30. Mai 1943

Meine lieben Eltern!

»Anne schreibt wenig in letzter Zeit« – das meinst Du doch, Vater, wenn Du schreibst: »Anne scheint furchtbar viel Arbeit zu haben«? Ich habe tatsächlich mehr als sonst getan, und es ist schade, daß Herr Berkan wieder fort ist. Er hätte aus mir noch eine gute Lehrerin gemacht.

Bei Eurem letzten Brief hat mich die Nachricht, daß ausgerechnet die beiden größten, die Eder- und die Möhnetalsperre, getroffen wurden, erschüttert. Man kann sich das Unglück in seiner ganzen Furchtbarkeit und mit allen Schrekken der entfesselten, alles gnadenlos fortspülenden Fluten kaum vorstellen. Vor der Gewalt des Wassers gibt es keine Rettung. Die armen, armen Menschen! Den Ostpreußen hier mußte ich eine Talsperre aufzeichnen und erklären.

Gestern fanden die Reichsjugendwettkämpfe für die Zehn- bis Vierzehnjährigen statt. Am Spätnachmittag fuhr ich nach Königsberg; ich hatte mir telefonisch eine Kinokarte bestellt. Nun fahre ich mit dem ersten Zug nach Marienburg, um mir die alte Ordensburg anzusehen. Später werde ich mich mit Frau Neumann treffen. Wir wollen ihren Sohn besuchen, der dort in der Nähe auf einem nationalsozialistischen Mustergut lernt. Habt Ihr von Wolfgang gehört?

Gertlauken, 5. Juni 1943

Meine lieben Eltern!

Ich bin mit meinen Gedanken viel mehr bei Kinni und ihrem Besuch als in der Schule. Denn sie wird mir gewiß viel von Euch erzählen.

Am Donnerstag mußte ich im Dorf Schweine zählen. Bei der Gelegenheit habe ich da und dort von meinem Besuch erzählt und ein paar Eier und Honig zugesteckt bekommen. Ich werde eine Rhabarbertorte backen, mit Sahne. Gestern habe ich mein Zimmer auf Hochglanz gebracht und Decken und Kleider gewaschen. Leider löst sich an der einen Wand die Tapete, dagegen kann ich wenig tun.

Heute gab es in der Schule viel Spaß und Durcheinander. Ich möchte, daß wir mit dem Basteln unserer Kasperlepuppen bald fertig werden. Dann wollen wir ein Puppenspiel einüben und damit nach den großen Ferien die Schulanfänger empfangen. Die Jungen haben die Puppenköpfe geschnitzt, jetzt werden sie angemalt und erhalten Haare aus Flachs. Die Mädchen nähen die Kleider. Besonders Tod, Teufel und Hexe sind schaurig gut gelungen.

Übrigens traf ich Frau Neumann am Sonntag nicht in Marienburg. Sie war des schlechten Wetters wegen nicht gekommen.
Deshalb sah ich mir allein die Ordensburg an. Nach dem letzten Krieg hätten die Polen sie gern vereinnahmt, aber bei der
Volksabstimmung von 1920 bekamen sie nur ganze 191 Stimmen.

Die Marienburg liegt an der Nogat, einem Weichselarm, der
von 1918 bis zum Polenfeldzug die Grenze zum Freistaat Danzig bildete. Von der Flußseite sieht die Burg am eindrucksvollsten aus mit ihren beiden festungsartig-wuchtigen Rundtür-
men am Brückentor, dem Hochschloß, dem Hochmeister-
palast, den Giebeln und buntglasierten Dächern. Für mich
war der schönste Raum der Sommerremter des Hochmeisters.
Er besitzt ein Sterngewölbe, das auf einer einzigen schlanken
Säule ruht. 1410, bei der Belagerung der Burg, versuchten die
Polen diese Säule zu treffen – eine Steinkugel steckt noch
heute in der Wand über dem Kamin. Die Kirche des Schlosses
zeigt ein Marienbild – von welcher Seite man es auch betrach-
tet, die Augen Mariens schauen einen immer an ... Die Stadt
hat einen langgestreckten, von Laubenhäusern gesäumten
Marktplatz. Doch viel Zeit mich umzusehen hatte ich nicht
mehr, weil ich zum Zug mußte. Die Strecke ist mir ja längst
wohlvertraut: über Elbing, am Frischen Haff entlang, vorbei
an Frauenburg mit seinem weithin sichtbaren Dom, an dem
Nikolaus Kopernikus, der große deutsche Astronom, Dom-
herr war ... Nach Frauenburg muß ich gelegentlich hin!

Am Montag hatten wir eine Tagung in Haffwinkel, einem
besonders lieblichen Stückchen Erde. Ich sollte einen Vortrag
halten: »Die Hilfsmittel im Erdkundeunterricht und ihre Verwendung«. Natürlich fiel er wegen Zeitmangels unter den
Tisch, und dabei hatte ich mich so gut vorbereitet.

Nach der Tagung gerieten Frau Kippar und ich in Rinderort
durch Zufall in ein Gasthaus, in dem es etwas ganz Auserle-
senes zu essen gab: Aal. Wir aßen zusammen mit der dortigen
Lehrerin, und nach dem Aal gab es auch noch eine riesige
Schüssel Pudding ... Dienstagabend war ich bei Berkans eingeladen, wir haben gesungen und gespielt, und am Mittwoch-
abend feierte Frau Stachel ihren 10. Hochzeitstag. Natürlich
vermißte sie ihren Mann sehr, und der ganze Kartenklub
bemühte sich, sie aufzuheitern. Frau Kippar brachte zehn

herrliche dunkelrote Pfingstrosen mit. Herr Stachel liegt jetzt in Karlsruhe, und Frau Stachel und Frau Kippar wollen ihn dort in den großen Ferien besuchen und dabei auch nach Köln kommen.

Gertlauken, 7. Juni 1943

Meine lieben Eltern!

Ganz kurz einige Zeilen. Heute kam Kinni gut hier an. Wie die Schule aus war – ich konnte mich zuletzt kaum noch auf den Stoff konzentrieren –, fuhr ich ihr ein Stückchen mit dem Rad entgegen. Ich hatte Herrn Beckmann gebeten, sie von der Bahn abzuholen, und so saß sie lachend neben ihm auf dem Bock, ihre erste Kutschfahrt! Wir haben dann Bratkartoffeln mit Spiegeleiern gegessen und zum Nachtisch Quark mit Zucker. Dann hat Kinni sich zum Schlafen hingelegt, und ich habe nach dem Aufwasch zuerst mal mein Paket geöffnet; man ist ja wie ein kleines Kind und möchte am liebsten fragen: »Hast du mir was mitgebracht?« Um Kinni nicht zu stören, habe ich bloß flüchtig reingeguckt, doch festgestellt, daß lauter gute, schöne Dinge drin stecken. So danke ich Euch zunächst ganz herzlich dafür!
Das Allerneueste hat Kinni gleich erzählt: daß Elli sich verlobt hat, daß Karl Schüller verwundet wurde und Euch besucht hat (ich würde ihn gern mal wiedersehen) und daß Erni in Afrika in Gefangenschaft geriet.

Gertlauken, 11. Juni 1943

Meine lieben Eltern!

Wir verleben eine schöne Zeit. Kinni genießt die Ruhe und Stille, sie schläft sich richtig aus, und wenn ich aus der Schule komme, hat sie die Wohnung aufgeräumt und eine Kleinigkeit gekocht. Frau Buttkus kann mir jetzt nicht mehr regelmäßig das Mittagessen kochen, weil die Feldarbeit begonnen hat; sie ist den ganzen Tag draußen. Aber es hat sich im Dorf herumgesprochen, daß ich Besuch habe, und da lassen mir die Leute allerlei Gutes zukommen.

Wir unternehmen kleine Waldspaziergänge, doch lieber sitzt Kinni im Garten in der Sonne, ruht sich aus und genießt die Stille und Friedlichkeit in Gertlauken.

Selbst die kleinen Pfingstferien (zwei Tage nur) wurden in diesem Jahr gestrichen. Vater soll mal weghören: Ich habe auf eigene Faust für Pfingstsamstag schulfrei gegeben, weil ich mit Kinni zur Nehrung nach Nidden fahren möchte, und dafür hat sie vormittags schon immer fleißig radfahren geübt. Heute herrschte hier richtige Feiertagsstimmung. Ich saß am Fenster in der Abendsonne und spielte Akkordeon, einfache Volkslieder, und Kinni lackierte sich ihre Fingernägel. Nun schläft sie schon, und auch ich sage: Gute Nacht!

Gertlauken, 16. Juni 1943

Meine lieben Eltern!

Wir haben märchenhafte Pfingsttage verlebt. Ich ärgere mich nur, daß ich nicht auch den Dienstag schulfrei gegeben habe. Von den Kindern erschien sowieso nur knapp die Hälfte zum Unterricht. Die Ostpreußen feiern die Feste lange und fröhlich.

Pfingstsamstag radelten wir schon sehr früh los. Es war ein schöner, sonniger Morgen. Den Sattel meines Rades hatten wir für Kinni heruntergeschraubt; ich fuhr mit Frau Kippars Rad. Das kleine Persönchen hielt sich ganz tapfer. Auf der breiten, geraden Landstraße von Laukischken nach Labiau wurde es gefährlich, denn in jedem entgegenkommenden Auto konnte der Schulrat sitzen. Deshalb sprangen wir jedesmal vom Rad und gingen in Deckung, zum Glück nur dreimal.

Das Schiff war pickevoll mit Soldaten. Bald unterhielten wir uns mit zwei netten, schon etwas reiferen Kriegern, so um fünfunddreißig. Der eine stammte aus Köln, der andere aus Wuppertal. Der Kölner war in Zivil Staatsanwalt und ließ erst einmal viel Dampf ab, richtigen Ärger über seine veränderten Verhältnisse; er mußte auf der Schreibstube den Herren Unteroffizieren die Bleistifte anspitzen, früher hätten solche Leute das für ihn getan. Der Wuppertaler war ein ganz ruhiger und humorvoller Mann. Wie sie hörten, daß wir in Nidden noch kein Quartier hatten, sahen sie schwarz für uns. Wir beschlossen dann, zusammen zu bleiben, und sie wollten uns auf der Kommandantur ein Zimmer besorgen, denn Wehrmachtsangehörige wurden besonders betreut. So gingen wir gleich an den Strand; ich wagte ein Bad, aber nur ein ganz kurzes, denn das Wasser war noch eisig. Doch die Sonne schien heiß, und der Wuppertaler und ich fingen an, eine Burg zu buddeln, so eine kleine Kuhle nur, in der wir uns sonnten. Er erzählte von seiner Familie, später sprachen wir von den »Barrings« von William von Simpson, einem ostpreußischen Gutsbesitzerroman, den wir beide gerade gelesen hatten, bis ich plötzlich Kinni schimpfen hörte. Sie sprang wütend aus dem tiefen Loch, das der Kölner im Schweiße seines Angesichts gegraben hatte, und lief hinunter zum Wasser – ich hinterher. Der Kerl war zudringlich geworden. Am Strand berieten wir, was zu tun sei, und kamen zu dem Schluß, die Sache gütlich beizulegen, denn um fünf Uhr sollten die beiden von der Kommandantur zwei Zimmer bekommen, wovon sie uns eins abtreten wollten. Wie wir vom Strand zurückkamen, entschuldigte sich der Kölner, und dem Wuppertaler war die ganze Sache schrecklich peinlich. Danach war alles in Ordnung. Um fünf erhielten wir auch wirklich ein Privatzimmer in einem dieser winzigen, riedgedeckten, bunten und so malerischen Fischerhäuser. Zum Abendessen trafen wir uns im Hotel »Zur Nordischen Linnäa«. Dort trafen wir auch noch einen Freund der beiden, einen Wiener, der sich mit seinem ganzen Charme Kinni zuwandte, während der Kölner sich bloß noch seinem Essen widmete.

Pfingstsonntag war ich früh auf den Beinen. Die Sonne lockte, ich stieg durch unser Puppenstubenfenster ins Freie – andernfalls hätte ich durch das Schlafzimmer unserer Wirtsleute gehen müssen – und strolchte für mich allein durch den morgenstillen Ort. Nach dem Frühstück trafen wir uns mit unseren Freunden und besahen die hübschen Häuser und den Hafen von Nidden. Die Niddener treiben auch Viehzucht. Sie haben einen Teil ihrer Wiesen auf der anderen Haffseite und holen das Heu in Kähnen herüber. Der Haupterwerb ist jedoch die Fischerei, und der Hafen lag voller Fischerboote. Für den Nachmittag verabredeten wir uns zu einem ausgedehnten Spaziergang zum Tal des Schweigens und zur Toten

Düne, zwei riesigen Wanderdünen, deren feiner Sand geriffelt
war wie kleine Wellen. Der Kölner schloß sich freilich aus, er
blieb brummelnd im Hotel und spöttelte über unsere Wan-
derlust. Er war ein merkwürdiger Kauz, mal arrogant, dann
wieder äußerst liebenswürdig, doch wie wir zum Abendessen
im Hotel eintrafen, überraschte er uns mit einem wahren
Festessen, dazu gab es guten Wein, die Stimmung stieg. Die
Wirtin erklärte uns den seltsamen Namen des Hotels – die
Nordische Linnäa ist eine hiesige, sehr seltene Pflanze. Später
stritten der Kölner und ich uns, wer die erste Brücke über den
Rhein gebaut hat, und dann probierten wir alle, ob wir noch
gerade über einen Dielenstrich gehen konnten – wir konnten.
Zum Schluß schlug der Kölner noch einen gemeinsamen
Nachtbummel über die Nehrung zur Ostsee vor, was auch sehr
romantisch war, aber zu einem nächtlichen Bad verspürte niemand Lust. Schließlich landeten Kinni und ich wieder an
unserem Häuschen, wo wir durchs Fenster einstiegen. Meine
letzten Worte waren: »Kinni, wir sind in einem Knusperhäus-
chen gelandet.«

Gertlauken, 21. Juni 1943

Meine lieben Eltern!

Wie Kinni und ich gestern abend aus Königsberg zurückkamen, fanden wir Euer Telegramm vor. Es war uns eine große
Beruhigung! Der Angriff auf Köln muß entsetzlich gewesen
sein. Kinni sagte immer nur, wie glücklich sie sei, ihm ent-
gangen zu sein. Nun warten wir auf Vaters Bericht.
Nur kurz! Wir haben ein angenehmes Wochenende in Königsberg verlebt. Samstagnachmittag saßen wir im Alhambracafé,
Sonntagvormittag machten wir eine Schloßführung mit und
kahnten nachher auf dem Schloßteich. Nach dem Mittagessen
trafen wir Herrn und Frau Kippar im Hotel Kreutz; Herr
Kippar ist in Urlaub, und Frau Kippar hat bis zum 3. Juli
schulfrei. Doch bald ist Kinni bei Euch und kann alles ausführlich erzählen.

Meine lieben Eltern!

Heute erhielt ich Vaters Brief Nr. 56 (über Tante Lies) und Nr. 57 vom 17. und 19. Juni. Das Elend ist ja furchtbar und hier nicht vorstellbar. Nein, ich kann mir ein solches Leben in Angst und Schrecken und mit schlaflosen Nächten überhaupt nicht vorstellen und frage mich, wie Ihr das aushaltet. Von Köln steht ja fast nichts mehr. Erfährt man die genaue Zahl der Toten?

Kinni fuhr heute schweren Herzens fort, und wie ich vom Bahnhof kam, war mir die Wohnung ganz leer. Sie war so bescheiden, und wir haben viele schöne Stunden gehabt. In Berlin will sie bei ihren Verwandten übernachten und wird Euch dann morgen ausführlich von hier erzählen.

Am Montag unternahmen wir unsere letzte Radtour – wir fuhren nach Tapiau, dem Geburtsort von Lovis Corinth. In der finsteren Ordensburg ist eine Besserungsanstalt untergebracht. Wir trafen in einem Café den Wiener und den Wuppertaler von unserer Pfingstbekanntschaft – der Kölner hat Heimaturlaub, weil er zum zweiten Mal fliegergeschädigt ist. Auf dem Rückweg radelten wir lange Zeit durch den Gertlaukener Forst, und mitten im Wald entdeckten wir ein russisches Kriegsgefangenenlager. Von dort stammt wohl das hübsche Holzspielzeug im Dorf, das die Kinder so lieben, ganz phantasiereiches, bunt bemaltes Holzspielzeug, zum Beispiel ein rundes Brettchen, auf dem ein Hahn, Hühner und Küken stehen, die man von unten bewegen kann. Ich hatte keine Ahnung von diesem Lager – die armen Kerle bessern damit wohl ihre Verpflegung auf. Aber es wurde schon dunkel, da trampelten wir uns in Schweiß, um schnell aus dem finsteren Wald zu kommen.

Meine lieben Eltern!

Ich übe die lateinische Schrift, die wir im Unterricht einführen sollen. Sie soll die deutsche Sütterlinschrift ersetzen. Das Schreiben geht langsam.

Ende der Woche war ich wieder einmal im Heu. Tag für Tag
sind die Leute in den Wiesen. Aber gestern regnete es in Strömen. Da kam Frau Stachel und sagte: »Das richtige Wetter für
ein Partiechen.« Also ging ich als vierter Mann mit zu Frau
Kerwath; in Gesellschaft vergaß ich ein bißchen meine
Unruhe. Und heute um drei kamen Kippars ins Dorf, und es
wurde wieder gespielt. Frau Stachel hatte ganz schnell Waffeln
gebacken – es gibt nichts Leckereres als Waffeln mit Honig.
Herr Kippar gefällt mir gut, er ist groß und schlank und hat
ein langes, schmales Gesicht, helle Haare und dunkelblaue
Augen. Er und seine Frau sind ein schönes Paar. Ich hatte ihn
mir etwas spöttisch vorgestellt, aber er ist gutmütig und lustig,
und es ist immer Leben um ihn. Freitag fährt er wieder zur
Front. Das wird schwer für Frau Kippar, für beide.

Gertlauken, 5. Juli 1943

Meine lieben Eltern!

Heute erhielt ich Vaters Bericht vom 30. Juni. Inzwischen seid
ihr noch zweimal heimgesucht worden. Was will der Englän-
der eigentlich noch in Köln? Wenn Euch nur nichts zugesto-
ßen ist! Ich bin ganz unruhig, weil ich kein Telegramm bekam.
Könntet Ihr doch hierher kommen. Hier leben die Menschen
wie im Frieden. Wie ich gestern auf der Nehrung war und in
Pillkoppen auf einer hohen Wanderdüne stand und auf das
kleine Dorf mit seinen höchstens zwanzig Häusern schaute,
auf die Kartoffelfelder ringsum und auf die mageren Wiesen,
dachte ich nur: ein Bild des Friedens! Allerdings sieht man
hier das Wandern der Sanddünen besonders deutlich. Bei
einem Haus ist bereits der halbe Garten zugedeckt. Mir fiel
von Agnes Miegel »Die Frauen von Nidden« ein:

Die Frauen von Nidden standen am Strand
Über spähenden Augen die braune Hand,
Und die Böte nahten in wilder Hast,
Schwarze Wimpel flogen züngelnd am Mast.
Die Männer banden die Kähne fest
Und schrieen: Drüben wütet die Pest!
In der Niedrung von Heydekrug bis Schaaken
Gehn die Leute in Trauerlaken ...

Sieh, wir liegen und warten in Ruh,
Und die Düne kam
Und deckte sie zu.

Bei Nidden gibt es noch heute einen Pestfriedhof. Ich saß eine ganze Weile dort und schaute aufs Haff – bis mich ein Mann erschreckte, der plötzlich hinter mir stand. Es war ein Einheimischer, auf Urlaub von der Front. Er sprach von der Lage an der Front und von seinen Erlebnissen – dabei wurde mir ganz bang ums Herz. Und dann hörte ich am Abend erneut im Wehrmachtsbericht: Angriff auf Köln. Wenn Ihr nur gesund seid. Die Wohnung kaputt, wäre nicht so wichtig. Daß Ihr lebt, ist die Hauptsache!

Gertlauken, 12. Juli 1943

Meine lieben Eltern!

Dank für Eure kurze Nachricht. Es muß ja verheerend gewesen sein. Doch ich bin so glücklich, daß Ihr noch lebt. Bald sehen wir uns!
Ich hielt es für außerordentlich wichtig, daß meine Schüler einmal ihre schöne Umgebung kennenlernen, und hatte deshalb eine Schiffsreise zu meiner geliebten Nehrung organisiert. Fast alle Kinder fuhren zum ersten Mal mit der Bahn.
Bei einem so lebendigen Haufen muß man höllisch aufpassen. Die Eisenbahn, die Dampferfahrt, das Wasser und später in Rossitten die hohen Dünen machten alle riesig aufgeregt. Sie liefen die Sandberge rauf und runter, und ich konnte ihnen anhand eigener Anschauung die Befestigung der Wanderdünen erklären. Dann lagerten wir am Ostseestrand; wir hatten Badezeug mitgenommen. Ich ging ein Stück ins Wasser, um die Grenze des Erlaubten anzuzeigen und die Bande im Auge zu behalten – plötzlich kam von hinten eine Welle und warf mich um. Wie ich wieder auftauchte, war mein Handtuch, das ich als Turban um den Kopf geschlungen hatte, verschwunden, doch schlimmer: Meine Brille war futsch. Kein Suchen und Tasten half, sie war weg. Dennoch kamen wir am Abend alle heil in unser Dorf zurück. Das Hauptthema der Kinder war jedoch nicht etwa die Nehrung oder die See, sondern: Unser Fräulein hat seine Brille im Wasser verloren ...

Ohne Brille bin ich zwar unsicher, aber man gewöhnt sich schnell daran. Dennoch sehe ich Blätter und Bäume lieber klar, und im Unterricht brauche ich meine Brille unbedingt. Nun stehen die Ferien vor der Tür, und in Labiau und Königsberg, wo ich anrief, sagte man mir, es könne Wochen oder gar Monate dauern, bis ich eine neue erhielte, trotz Amtsbescheinigung. Ich will mich in Osnabrück bemühen, ich weiß nicht, ob in Köln noch etwas zu machen ist, aber vielleicht könnten Ebmeyers in Euskirchen helfen? Wenn Ihr – trotz all Eurer eigenen Sorgen – euch erkundigen würdet, wäre ich Euch sehr dankbar.

Ein bißchen Angst habe ich vor der Reise, vor dem Umsteigen, der Menschenfülle und dem Ansturm auf die Züge. Vielleicht habe ich Glück, und es hieven mich wie beim letzten Mal wieder zwei freundliche Soldaten durchs Fenster ins Abteil.

Bad Reinerz, 9. August 1943

Liebe Eltern!

Die Wochen bei Euch habe ich in schöner Erinnerung, auch wenn am Schluß die traurige Nachricht von Wolfgang kam. Also das Wichtigste: Er ist wieder ganz munter!

Die Reise verlief gut. Ich fuhr 2. Klasse und hatte einen ausgezeichneten Platz. Allerdings sind die Reisenden in der 3. Klasse viel freundlicher als in der 2. und wechseln auch mal den Platz. Die 2.-Klasse-Reisenden glauben wahrscheinlich, mit dem höheren Fahrpreis auch gleich den Klebstoff für ihr Hinterteil mitgekauft zu haben – das sind wenigstens meine Erfahrungen. In Berlin herrschte ein nicht zu beschreibender Betrieb. Dr. Goebbels hatte die Bevölkerung aufgerufen, Berlin zu verlassen. Jetzt fliehen die Berliner – panikartig. Dabei kommen sie sich sehr bemitleidenswert vor.

Gegen 21.30 Uhr war ich in Charlottenburg bei Frau Ribback. Um halb fünf stand ich am nächsten Morgen schon auf, aber erst um zwanzig nach sechs war ich auf dem Görlitzer Bahnhof. Der Weg dorthin ist umständlich, ich mußte mit U-Bahn und Straßenbahn fahren. Es ist ja nicht gerade das schönste

Viertel von Berlin, auch waren dort schon Bomben gefallen. Der Zug war pickepackevoll. Ich fürchtete schon, gar nicht mehr mit zu kommen. Ich hatte nämlich am Tag vorher beim Aussteigen aus der U-Bahn Pech gehabt und mir im Gedränge in der Tür die rechte Hand eingeklemmt. Es war sehr schmerzhaft. Der Mittelfinger ist geschwollen; ich glaube, ich habe einen kleinen Bluterguß, ich kann den Arm nicht hochheben und muß mich mit der Linken waschen und kämmen, auch konnte ich mit der Rechten das Gepäck nicht tragen. Da ist das Ein- und Aussteigen bei überfüllten Zügen fast unmöglich.

Im Zug mußte ich ein paar Stunden auf dem Gang stehen, ehe ich einen Sitzplatz bekam. Der Zug hielt ja nur in Cottbus, Hirschberg und Glatz, wo wir um 14 Uhr ankamen. Eine dreiviertel Stunde später fuhr der Anschlußzug nach Reinerz, etwa noch eine Stunde Fahrzeit. Dort hatte ich Glück, ich ging mit einem Gepäckträger, der die Koffer auf einem Handwagen in die Stadt fuhr. Er führte mich bis zum Haus Cornelia. Der Bahnhof liegt etwas höher, unten im Tal liegt die Stadt, von der Stadt geht man noch ungefähr zwanzig Minuten durch eine schöne Allee bis zum Kurpark, und dahinter liegen die großen Villen, die jetzt als Lazarette dienen. Eine davon ist das Haus Cornelia.

Voller Freude aufs Wiedersehen trat ich ein und fragte nach Wolfgang. Er wurde geholt, ja, und ich kann Euch nicht sagen, wie ich mich gefreut habe, ihn so heil und lang vor mir zu sehen. Nur den Arm trug er noch in der Schlinge. Wir setzten uns auf eine Bank im Garten und erzählten. Er trug sein Drillichzeug, so wie er nach der Verwundung fortgeschafft worden war. Der Splitter traf ihn, wie er gerade ein Kuchenpaket von Tante Lies auspackte. Aber ich brauche gar nicht weiterzuschreiben, denn bald wird er Euch selbst alles erzählen. Inzwischen hat er auch wieder eine Uniform bekommen, und darüber freut er sich wie ein Kind.

Ich beende den Brief hier in Gertlauken. Es ist der 16. August, 21 Uhr. Ich sitze mal wieder an meinem geliebten Platz am Kamin, habe meine Tischlampe an, so daß der größte Teil des Zimmers im Dunkeln schwimmt, höre leise Musik aus dem Radio und schreibe. Wie wunderbar die Ruhe, der Frieden.

Nach den Wochen in Köln empfinde ich es ganz stark. Die
ständigen Alarme, die Nächte im Bunker, die Unruhe – und
hier die Stille.

In Reinerz sind wir viel gewandert. Eines Abends, nach dem
Abendessen, sind wir statt zum Gondelteich zu gehen, den
Berg hochgekraxelt, fast bis zur Ziegenbockbaude. Es war so
ein friedlicher, schöner Sommerabend. Ein andermal sind wir
der Waldmühle gegenüber auf einem Wiesenpfad den Berg
hochgestiegen und hatten von oben einen herrlichen Blick ins
Tal. Vor uns fiel die ganz vom Wald umsäumte Wiese ab, im
Tal sah man ein paar kleine Gehöfte, und dahinter stiegen
wieder andere Waldberge an. Ich versuchte ein bißchen zu
schlafen, während Wolfgang mit eifrig arbeitender Hand und
Zunge Knöpfe und Streifen an seinen Waffenrock nähte – ich
machte ihm das nämlich nicht gut genug. Übrigens setzt Eure
eitle Tochter ihre neue Brille so gut wie gar nicht auf, nachdem
ihr Brüderlein gemeint hatte: »Ach, wenn du nicht unbedingt
mußt, dann trag sie lieber nicht.«

Am Abend waren wir ein paarmal in einem sehr gemütlichen
Restaurant, einmal waren wir auch im Kino, da war ein netter
Kamerad von Wolfgang mit uns. Ich muß sagen, daß alle, die
ich von der Leibstandarte Adolf Hitler gesehen und gesprochen habe, prächtige Burschen waren. Wolfgang ist noch
ernster geworden. Er haßt den unkameradschaftlichen Ton
hier hinter der Front, und war empört, als ihnen von Etappen-
hengsten angedroht wurde, daß sie ganz schnell wieder zur
Front geschickt würden, wenn sie nicht zackiger grüßten!

Einmal habe ich allein einen kleinen Sonderausflug unternommen und ging schon frühmorgens los zur Hindenburgbaude. Der Weg führte zuerst durchs Schmelzetal, dann ziemlich steil bergan bis zur Baude. Links und rechts sprudelten
überall lustige kleine Wässerchen. Von oben hatte man eine
großartige Aussicht über Berge, Täler, Äcker und Wiesen, und
über Wälder, immer wieder über Wälder. Die Baude war aus
Holz, alle Möbel waren bunt bemalt, auf langen Regalen reih-
ten sich Teller, oft mit Sprüchen: »O wie schön ist's, nichts zu
tun und nach dem Nichtstun auszuruhn!« In der Hindenburgbaude befanden sich Jungen von der Kinderlandverschickung.
Ich wanderte weiter zur noch etwas höher gelegenen Sude-
tenbaude, die von den Tschechen erbaut wurde. Sie liegt über

1000 Meter hoch. Ich ging auf dem Kammweg weiter. Auf der Höhe pfiff und brauste der Wind. Die Nadelbäume waren verkrüppelt und alle in eine Richtung gebogen. Diese Baude war mit Soldaten belegt. So zog ich weiter, durch einen Wald. Plötzlich lichtete er sich, und ich stand vor der Schierlichmühle. Dort habe ich ausgezeichnet zu Mittag gegessen. Später ging ich, wieder an der Hindenburgbaude vorbei, auf dem Kaiserweg nach Reinerz zurück. Dabei geriet ich auf den früheren Grenzweg zwischen Deutschland und der Tschechoslowakei und erreichte nach einer guten Stunde die Hohe Mense. Von dieser Baude hat man wohl die weiteste Sicht, wie aus einem Flugzeug, so winzig liegen tief unten Wälder und Wiesen, Dörfer und Felder, überragt von Bergkuppen. Lange konnte ich mich von dieser einzigartigen Fernsicht nicht trennen – bei klarem Wetter soll man bis Prag blicken können. Und Blaubeeren wachsen da oben – massenhaft! Erst abends um sechs war ich wieder bei Wolfgang. Gewohnt habe ich in Reinerz übrigens in einem winzigen Zimmerchen, das mir eine Krankenschwester aus Wolfgangs Lazarett besorgt hatte. Auf der Rückreise hatte ich in Glatz zwei Stunden Aufenthalt, war aber nicht in der Stimmung, mir die Stadt anzuschauen, denn mir war nach der Trennung von Wolfgang ziemlich mies zumute. Die Wartezeit verbrachte ich mit einem netten älteren Ehepaar aus Ostpreußen. Sie kamen aus Kudowa, sechzehn Kilometer von Reinerz; es gab dort ein Gasthaus, sagten sie, in dem man ohne Lebensmittelmarken die erlesensten Dinge zu essen und zu trinken bekam. Der alte Herr schwärmte immer noch von Likör, Kognak, Wein, seine Frau von echtem Kaffee und sie beide von Gänsebraten und herrlichen Fischen, die Portion »nur« fünfzehn Reichsmark; rechnet man dann noch die Getränke hinzu, kommt man auf dreißig Mark, ein Abendessen für fünf Personen würde also hundertfünfzig Mark kosten – fast so viel wie mein ganzes Monatsgehalt ... Der Zug kam erst gegen elf Uhr nachts, unterwegs hielt er einmal anderthalb Stunden auf freier Strecke, und er war so vollgepfropft, daß wir die ganzen zwölf Stunden bis Allenstein auf dem Gang standen. Mit dreieinhalbstündiger Verspätung trafen wir in Königsberg ein, und da regnete es auch noch in Strömen.

Meine lieben Eltern!

Heute habe ich den ersten Brief von Euch erhalten. Wie Wolfgang so unerwartet vor Euch stand, hätte ich gern Eure Gesichter sehen mögen. Hoffentlich klappt es mit Wolfgangs Besuch bei mir, so wie wir uns das ausgemalt haben. Ich spare schon eifrig Lebensmittel, damit ich ihn satt kriege.

Der Schulbetrieb hat wieder begonnen. Am Anfang eines Schuljahrs hat man immer besonders viel Arbeit. Doch ich habe gut vorgesorgt: Jahresstoffe, Vierteljahresstoffverteilungspläne für die einzelnen Klassen und so weiter. Die neuen Jahrgänge sind in ihren Leistungen sehr unterschiedlich, das macht das Unterrichten schwierig. Zudem haben wir einige Gastschüler aus Berlin und Hamburg erhalten. Ich gebe sechs Überstunden, um das Niveau anzugleichen.

Frau Kippar bekommt heute eine Berlinerin mit vier Kindern in ihr Haus. Schickt mir doch bitte recht bald ein Federbett, meines muß ich abgeben, die Familie braucht es für ihre evakuierten Verwandten aus Berlin. Und falls Ihr noch einen unserer alten Griffelkästen findet, gebt ihn bitte Wolfgang für Peter Stachel mit.

Wie ich aus Reinerz zurückkam, hatte ich am Bahnhof in Mauern Glück. Es standen dort zwei Fuhrwerke aus Gertlauken, mit einem fuhr ich bis ins Dorf. Frau Stachel und Frau Kippar empfingen mich. Sie hatten sich ganz fein gemacht und waren sehr enttäuscht, daß Wolfgang nicht mitgekommen war. Und wie hatten sie mein Zimmer geschmückt! Überall Blumen. Und Feuer hatten sie angezündet, das tat wohl bei dem naßkalten Wetter. Der Tisch war für Wolfgang und mich gedeckt; furchtbar viel Apfelkuchen wartete auf den hungrigen Soldaten. Da habe ich beide gebeten, bei mir zu bleiben, wir hatten uns viel zu erzählen.

Herr Stachel hat seiner Frau abgeraten, in den Westen zu fahren, zu gefährlich! Am Abend haben wir dann mit Familie von Cohs Karten gespielt. Frau Kerwath spielt zur Zeit nicht mit. Ihr Bruder ist bei Bjelgorod gefallen.

Meine lieben Eltern!

Nun ist Wolfgang wieder fort, und große Leere herrscht in
Euch und in der Wohnung. Laßt den Kopf nicht hängen. Ich
hoffe sehr, daß Wolfgang von Berlin seinen Jahresurlaub nach
Gertlauken bekommt. Wollt Ihr nicht doch die Reise hierher
wagen!

Am Samstag hatten wir eine Arbeitsgemeinschaft in Haffwerder. Am Nachmittag besuchte mich Paula. Es gab viel zu
erzählen. Wir sind stundenlang durch den Wald gelaufen. Am
Sonntag haben wir eine Radtour nach Rathswalde unternommen und sind im dortigen Teich geschwommen.

Davor den Sonntag, das hatte ich Euch, glaube ich, im letzten
Brief noch nicht erzählt, war ich nach Rossitten gefahren, trotz
aller Arbeit. Aber wie das Wetter gut wurde, richtiges Som-
merwetter, hielt es mich nicht und ich radelte schon morgens
um fünf los. Der Tag wurde herrlich. Einen Platz auf dem
Dampfer bekam ich auch noch und fand nette Gesellschaft.
Aber in Rossitten wollte ich doch lieber allein sein. Dort
braucht man nur ein Stückchen den Strand entlang zu laufen
und ist mutterseelenallein mit Sand, Wasser, Himmel und
Sonne, und man kann ohne Badeanzug baden. Ich bin weit
hinausgeschwommen. Es gibt kaum etwas Schöneres, als mit
kräftigen Stößen durch das Wasser zu gleiten, über sich den
hohen Himmel und vor sich die unendliche Wasserfläche, auf
der es glitzert und gleißt.

Wie ich dann wieder mit dem Dampfer zurückfuhr, war ich
bereit, mit Menschen zu sprechen. Unter den Fahrgästen war
ein netter, langer Soldat aus Darmstadt, der durch seine Firma,
die AEG, im Frieden viel im Ausland herumgekommen war.
Aber mit ihm in Briefwechsel zu treten, hatte ich keine Lust.
Versteht Ihr, daß man gern mal mit einem fremden Menschen
sich unterhält, so eine nette kleine, vorübergehende Bekanntschaft macht, die aber nach einer Reise oder solch einer Dampferfahrt zu Ende sein muß, außer wenn einem der Betreffende
ganz besonders gut gefällt.

Meine lieben Eltern!

Nach langer Zeit bekam ich gleich zwei der vertrauten ausführlichen Briefe aus Colonia. Ich war schon unruhig in der
letzten Zeit und fürchtete, es sei etwas passiert oder jemand
von Euch sei krank. In der Pause um elf Uhr schickte ich
immer ein Mädel zur Post, um nach Briefen für mich zu fragen.
Nun bin ich richtig froh!
Zuallererst wollt Ihr wissen, ob Wolfgang bei mir ist. Nein!
Heute erhielt ich Post von ihm aus Berlin, daß er schwarz für
seinen Urlaub sieht. Seit die Amerikaner in Italien gelandet
sind und ich weiß, daß die Leibstandarte in Italien liegt, glaube
ich kaum noch an sein Kommen. Trotzdem ist es mir lieber,
wenn er in Italien eingesetzt wird als in Rußland. Andererseits
hoffe ich ganz heimlich immer noch, daß er kommt. Darum
habe ich heute nach dem Unterricht eine Menge Kleingebäck
gebacken, auch Haferflockenplätzchen, die er besonders gern
ißt (2 Tassen Mehl, 2 Tassen Haferflocken, durch den Fleisch-
wolf gedreht, 2 Tassen Zucker, 1 gestrichener Teelöffel Hirsch-
hornsalz, alles verkneten und ausstechen).
Aus Vaters Brief lese ich, daß Wolfgang das Verwundeten-
abzeichen erhielt und zum Sturmmann befördert wurde. Er
scheint davon noch nichts zu wissen und wird sich darüber
freuen. Ich glaube nicht, daß solche Dinge einen Soldaten in
Kampf und Gefahr zum Handeln treiben – da wird man getrie-
ben und versucht, seine Aufgabe zu erfüllen. Was bedeutet da
der eigene Wille? Ich empfinde diesen Krieg nur als ein Aus-
geliefertsein.
Eben wurde durchgesagt, daß heute abend der Führer spricht.
Schade, daß Ihr kein Radio hören könnt. Ich will nicht ver-
zagen und weiterhin glauben, daß der Krieg gut für uns zu
Ende geht.
Lieber Vater, nun kurz zu Deinen Punkten. 1.) Wandern. Was
Du dazu sagst, denke ich auch. Ich habe die schönsten Stunden meines Lebens in der Natur verlebt. Ganz besonders gern
denke ich an unsere gemeinsamen Tage in Attendorn. 2.)
Möbelaussteuer für den Fall meiner Heirat. Das hat ja noch
Zeit. Es fallen so viele Männer, da werden viele Frauen unver-
heiratet bleiben müssen. Bis jetzt ist mir auch noch kein Mann

begegnet, mit dem ich mein ganzes Leben verbringen möchte. Ich werde älter und wählerischer und liebe meine Freiheit und Selbständigkeit. 3.) Kartenspiel. Du warnst vor zu vielen »Partiechen« und mahnst mich an die zweite Prüfung. Die werde ich machen, sobald es geht, aber das Spielen macht mir Freude – vor allem in unserem netten Kreis. Aber das Lesen liebe ich genauso.

Mir geht es so weit gut, nachdem ich eine Erkältung mit Halsschmerzen überstanden habe. Wie mein geschwollener rechter Mittelfinger nicht dünner werden wollte und stark schmerzte, fuhr ich nach Laukischken zum Arzt. Der sagte, vom Knochen sei ein Stückchen abgesplittert, und legte mir einen Verband an. Auf dem Rückweg schaute ich bei Frau Schulz rein. Ihr Mann ist jetzt in Frankreich.

Inzwischen habe ich einen Facharzt in Königsberg aufgesucht. Er machte ein Röntgenbild. Ich sah die Absplitterung am Mittelknochen, nicht nur ein Stück, sondern mehrere winzige. Er hat mir eine ölartige Flüssigkeit zum Einreiben verschrieben. In den Ferien (am 20. September bekommen wir 24 Tage!) soll ich nochmals wiederkommen.

Gertlauken, 16. September 1943

Meine liebe Mutter!

Du wirst nun 55 Jahre alt. Jahre voller Arbeit und Sorgen liegen hinter Dir. Was die Zukunft bringt, wissen wir nicht. Ich wünsche Dir für alles Kommende Gesundheit und die Kraft, die Du bisher allen Dingen entgegengebracht hast. Ich wünsche Euch beiden einen schönen, alarmfreien, stillen Geburtstag.

Am vergangenen Sonntag fuhr ich mit den sieben ältesten Schülern nach Königsberg. Um 4.30 Uhr trommelten die Kinder mich schon ganz aufgeregt aus dem Bett. Fünfzehn Minuten später ging die Fahrt los. Kurz vor acht waren wir in Königsberg.

Zuerst stärkten wir uns mit einer Tasse heißen Kaffee im Wartesaal. Dann wanderten wir anderthalb Stunden durch die Altstadt und das Hafenviertel und sahen uns die Speicherhäuser, den Dom und das Rathaus an. Ich versuchte, ihnen

etwas über Gotik zu erzählen – wenn nur einer etwas behalten
hat, bin ich zufrieden.

Um zehn Uhr fanden wir uns zur Schloßbesichtigung ein. Die
riesigen Filzpantoffeln machten den Kindern viel Spaß. Aber
auch der Führung folgten sie aufmerksam. Es gab ja furchtbar
viel Neues für sie: all die großen Säle mit den glatten Parkett-
böden, kunstvollen Stuckdecken, Spiegeln, Lüstern, herrlichen schweren Holzschnitzereien und vergoldeten Möbeln.
Im Krönungssaal herrschte tiefes Schweigen. Alle lauschten
andächtig der Führerin: »Und hier setzte sich Friedrich, der
erste Preußenkönig, eigenhändig die Krone aufs Haupt und
anschließend seiner Gemahlin Sophie Charlotte.« In diesem
Augenblick höre ich doch neben mir etwas plätschern. Ein
Mädel sieht mich, puterrot geworden, hilfesuchend an. Der
Menschenschwarm ergießt sich in den Nebensaal, und alle mit
den Pantoffeln durch die große Lache ... Bis die Führerin
plötzlich kreischt: »Was ist das! Wer war das?« Da mußte ich
ihr leise zuflüstern, daß einem meiner Mädel etwas Menschliches passiert ist. Nun war es aus mit der Besichtigung. Beim
Hausmeister holten wir uns Eimer, Schrubber und Aufneh-
mer und putzten den Krönungssaal.

Nachher gingen wir ins Prussia-Museum. Im Schloß hatten die
Kinder gemeint, die hohen Herrschaften hätten es doch gut
gehabt, täglich in so schönen Räumen und zwischen so kost-
baren Möbeln leben zu können; hier im Museum aber zeigte
ich ihnen echte alte Bauern- und Fischerstuben, so daß sie
selber erkannten, daß es sich auch darin gut leben ließ ...

Am Mittag mußten wir uns von allem Geschauten erholen,
also wir alle in einen Kahn auf dem Schloßteich. Für die Kinder
war dies sicherlich der Höhepunkt des Tages, denn jedes durfte selbst einmal rudern. Den Nachmittag verlebten wir im
Tiergarten. Am meisten zogen uns die Affen und Bären an.
Todmüde trafen wir abends gegen halb elf wieder in unserem
Dorf ein.

Gut, daß es am Montag Ferien gibt. In der Schule läßt es sich
jetzt sowieso nicht gut arbeiten, weil immer mehr als die Hälfte
der Kinder fehlt. Sie müssen zu Haus bei der Kartoffelernte
helfen.

Mein lieber Vater!

Auch Dir wünsche ich zu Deinem 57. Geburtstag von ganzem Herzen Glück. Hoffentlich geht unser aller Wunsch in Erfüllung und sehen wir uns alle nach dem Krieg gesund wieder! Wie werdet Ihr wohl Deinen Geburtstag verleben, wie habt Ihr Mutters Geburtstag verlebt? Ich habe oft an Euch gedacht. Hier verlief der 23. September folgendermaßen:

Acht Uhr aufgestanden. Zimmer in Ordnung gebracht und etwas geflickt. Eigentlich wollte ich waschen, doch das Wetter war zu schlecht, herbstlich kühl, stürmisch und regnerisch. Um elf Uhr ging ich zur Post – war aber nichts da. Dann habe ich am Dorfbuch gearbeitet. Augenblicklich lese ich die Schulchronik, um für das Dorfbuch einen kurzen Überblick über die Gertlaukener Schulentwicklung zusammenzustellen. Die Schulchronik wurde vor fast hundert Jahren begonnen und ist eigentlich schon Dorfgeschichte. Viele Lehrer vor mir haben an ihr mit Fleiß und Liebe gearbeitet.

Zum Mittagessen gab es bei Frau Stachel Schiroggen. Das ist eine Art Eierkuchen, in den zum Schluß gezuckerter Quark eingerollt wird. (Sie werden Wolfgang auch schmecken!) Ich esse überhaupt oft bei Frau Stachel mittags, nachmittags oder abends. Wenn sie etwas besonders Leckeres hat, ruft sie mich. Denn jetzt in der Erntezeit kocht Frau Buttkus ganz unregelmäßig. Aber wenn ein Mittagessen ausfällt, kann ich mir abends einen Liter Vollmilch bei ihr holen. Das wird erst wieder besser, wenn die Kartoffeln im Keller sind.

Am Nachmittag rief Frau Stachel mich wieder herunter. Sie hatte Brötchen in Milch aufgeweicht, in Butter gebraten und mit Zucker bestreut. Wir halten beim Essen immer einen kleinen Schwatz. In ihrer Küche ist es gemütlich warm, es steht dort ein Riesenherd, dreimal so groß wie ein normaler. Bei mir oben friere ich trotz vieler Wolle und Decken. Doch heute habe ich zum ersten Mal geheizt, da läßt es sich auch bei mir aushalten. Während des Kaffees (es gab Bohnenkaffee, und es ist doch sehr nett von Frau Stachel, daß sie mir von ihrem beim Kartoffelgraben sauer verdienten Kaffee abgibt!) kam Lorchen Kerwath und lud uns für den Abend zu den Eltern ein. Ihr Vater, der Gastwirt Kerwath, ist nämlich auf Urlaub gekommen. Herr und Frau von Cohs kamen ebenfalls. Nur Frau Kippar fehlte, sie besucht gerade ihre Eltern in Christburg. Zur Begrüßung gab es Schokoladenkuchen und Bohnenkaffee. Dann spielten wir zwei Partiechen. Zwischendurch stärkten wir uns mit Likör und Pumpernickel mit Butter und Käse. So verbringe ich die Ferien: Ruhe, kein Eilen, kein Hetzen. Nur Warten auf Wolfgang.

Am Dienstag fand um elf Uhr eine Tagung der Leiter der Volksbüchereien des Kreises Labiau statt. Erschienen waren vierzehn Personen, fast alle Lehrer. Die meisten kannte ich schon. Die Tagung fand im großen Sitzungssaal des Labiauer Rathauses statt. Mir war ganz komisch, als ich da im Sitzungssaal in dem wuchtigen Sessel an dem langen Tisch saß – das roch nach Konferenz von ungemeiner Wichtigkeit ... Später aßen wir im Hotel Zum Kronprinz. Es gab ungeheuer viel Fisch mit einer schmackhaften Tunke und dazu Kartoffeln. Ich konnte nicht alles aufessen, das will bei mir schon was heißen, denn Frau Berkan hat meinen Magen mal »ein Faß ohne Boden« genannt. Bezahlen tat die Stadt. Wir waren ihre Gäste. Nach der Tagung fuhr ich mit dem Rad am Flugplatz vorbei. Es liegen dort jetzt ein paar Maschinen. Obgleich es natürlich ganz unmöglich ist, hegt Eure Tochter tief im stillen den Traum, es käme eines Tages ein Flieger auf mich zu, der mir sagte, er habe auf mich gewartet, die Maschine sei bereits startklar und ich solle zu einem großen Flug in die Ferne oder auch nur zu einem kleinen Rundflug einsteigen ... Um acht war ich wieder in Gertlauken.

Ach so, bevor ich nach Labiau fuhr, war ich bei Dr. Ohlsen. In den letzten beiden Wochen waren nämlich meine Füße dermaßen geschwollen, daß man keine Knöchel mehr sah; schmerzen tat es nicht, doch es sah häßlich aus. Er gab mir etwas zum Einreiben, und jetzt ist es besser. Auch mein Finger heilt langsam.

Vergangenen Samstagabend waren wir zum Leberessen bei Herrn und Frau von Cohs eingeladen. Er hatte kurz hintereinander einen Hirsch und einen Elch erlegt, davon darf er die Innereien behalten. Zuvor am Nachmittag hatten Frau Stachel, Helma, Peter und ich einen wunderschönen Waldspaziergang unternommen, wie im Flug waren drei Stunden verflossen. Am Mittwoch, dem Tag nach der Tagung in Labiau,

habe ich lange geschlafen und den ganzen Nachmittag gebacken, zwei gut gelungene Quarktorten, eine für Frau Stachel, die andere für mich, aber die haben wir am Abend vertilgt, als Herr und Frau von Cohs auf ein Partiechen zu mir
kamen. In der nächsten Woche stiefele ich mal morgens oder
abends mit Herrn von Cohs in den Wald, Wild beobachten.
Der Jagdbetrieb läuft hier auf Hochtouren. Fast täglich sind
hohe Gäste beim Oberforstmeister und im Nachbarrevier
Sternberg.

Hoffentlich werdet Ihr aus dem Durcheinander dieses Briefes
überhaupt schlau. Übrigens habe ich für die Volksbücherei
fünfzig neue Bücher bekommen. Hans Bücker hat mir den
Roman einer bulgarischen Schriftstellerin geschenkt, »Der
Letzte der Assenows«. Doch Schluß, der Brief soll noch in den
Kasten.

Gertlauken, 2. Oktober 1943

Meine lieben Eltern!

Ich habe gelesen und lange in den Herbsttag hinausgeschaut,
in den sich langsam und weich die Dunkelheit senkt.

Wie oft habe ich schon über meinen Beruf nachgedacht! Im
ganzen habe ich nicht das Gefühl des Befriedigtseins. Die
Fülle des Stoffes und die vielen Jahrgänge überwältigen mich
manchmal. Man lebt in seltenen Hochs und vielen Tiefs, was
den Erfolg der Arbeit betrifft. Bei der Berufsentscheidung
nach meiner Schulentlassung entschloß ich mich zum Volks-
schullehrer, weil mir der Arbeitsdienst geschenkt wurde, das
Studium kurz war, und weil mir der Beruf von seiner Aufgabe
her – auch heute noch – als gut und wichtig schien.

Wißt Ihr, das äußere Leben ist hier so, wie ich es kaum schöner
haben könnte, manchmal bin ich auch ganz eingelullt davon.
Aber dann kommen mir, besonders in ruhigen und besinnli-
chen Tagen wie jetzt, Zweifel, ob Schule und Unterricht das
richtige sind für ein ganzes Leben, mein Leben. Ich fühle mich
gar nicht so reif, Menschen zu führen, und habe in mir den
brennenden Wunsch, selbst noch zu lernen und meinen
Gesichts- und Erfahrungskreis zu erweitern.

Ihr freut Euch über meine gesicherte Zukunft. Aber wissen

möchte ich doch, wie Ihr Euch dazu stellt, wenn ich eines
Tages eventuell ein neues Studium aufnehmen würde, und ob
ich mit Eurer Unterstützung rechnen kann. Nun laßt Euch
durch meinen Brief nicht aufschrecken, wenn ich mich hier
einmal ausspreche. Es ist eine Frage auf die weite Zukunft
gesehen.

Königsberg, 8. Oktober 1943

Mein lieber Wolfgang!

Du wirst jetzt in Italien sein. Wie oft müssen Deine Ohren
geklungen haben, so oft habe ich an Dich gedacht. Ich konnte
schon gar nicht mehr ruhig sitzen und lesen, weil ich draußen
immer Deine Schritte oder Deine Stimme zu hören glaubte.
War ich am Nachmittag fort, trat ich erwartungsvoll in meine
Stube – Du hättest ja inzwischen gekommen sein können!
Selbst Warten ist schön. Man ist voller Hoffnung und kann sich
allerlei ausmalen.
Ich bin mal wieder in Königsberg und habe Lust, mit Dir zu
plaudern. Manchmal wird mir das schöne Gertlauken zu eng,
dann muß ich hinaus und habe den heißen Wunsch, zu lernen,
Anregungen zu bekommen, mit »gelehrten« Menschen zusammen zu sein. So fuhr ich gestern nach Königsberg. Frau
Kinder, meine hiesige Wirtin, war ganz enttäuscht, daß ich
Dich nicht mitbrachte. Am Abend kamen dann Frau Stachel
und Frau Kippar. Frau Kinder hatte uns Kinokarten besorgt
– »Die Gattin« mit Jenny Jugo und Willi Fritsch. Anschließend saßen wir im Café Bauer, das hat uns aber nicht gefallen,
denn die Räume sind zu hoch, zu hell und zu kahl, die Luft war
voller Qualm und Rauch und die sogenannte Gemüseplatte
kalt und abgestanden. Am nächsten Morgen machten die
beiden Besorgungen, während ich bei Gräfe und Unzer in der
Buchhandlung war. Vorher jedoch fuhr ich mit der Straßenbahn bis zur Endstation mit, und zwar nur, weil ich jemanden
ganz unverfälscht »Kölsch« reden hörte.
Mittags trafen wir drei uns im Blutgericht, dem historischen
Weinkeller im Schloß. Nach dem Essen Kino, danach ins Café
Gehlhaar, wo es guten Kuchen gab, und abschließend in ein
kleines Weinlokal.

Am nächsten Morgen fuhren Frau Kippar und Frau Stachel heim, während ich einen Herrn vom Volksbildungswerk aufsuchte, um mir weitere Anregungen für mein Dorfbuch zu holen. Es war ein älterer Herr, lang, hager und bebrillt, ein guter Erzähler. Auch ein Mustermensch, lebt nur für die Wissenschaft und raucht nicht, trinkt nie und lernt immer noch dazu. Er lud mich ein, ihn in Rauschen, wo er zu Hause ist, zu besuchen. Er soll eine wertvolle Bibliothek besitzen.

Beim Abendessen setzten sich – die Lokale sind immer brechend voll – zwei Unteroffiziere der Luftwaffe an meinen Tisch. Anfangs hatte ich kein bißchen Lust mich zu unterhalten, trotzdem war bald ein reges Gespräch im Gange. Der eine war 23 Jahre und stammte aus Thüringen, der andere war 19 und Ostpreuße. Sie werden in der Nähe von Königsberg zu Bordfunkern ausgebildet. Sie wollten sich heute unbedingt wieder mit mir treffen, aber weißt Du, für mich hat so etwas nur einen Sinn, wenn der Partner mehr kann und weiß als ich, mir in jeder Beziehung überlegen ist und ich ihn außerdem ganz außergewöhnlich nett finde.

Heute nun bummelte ich lange durch die Stadt, schmökerte ausgiebig bei Gräfe und Unzer und aß im Berliner Hof zu Abend. Dort sitze ich am liebsten, es ist gemütlich und warm. An meinem Tisch saßen eine Dame aus der Osnabrücker Gegend – hört man sogleich an der Aussprache – und ein mittelalterlicher Leutnant, ein Kunstmaler aus Düsseldorf namens Cleff. Jetzt ist er Kriegsberichter und malt die bekanntesten Soldaten wie Mölders oder Marsaille. Morgen kommt Christel Lange. Ich habe zwei Karten für »Madame Butterfly« besorgt.

Gertlauken, 18. Oktober 1943

Meine lieben Eltern!

Hier hat Freitag die Schule angefangen. Uns fehlen Lehrbücher, das erschwert das Unterrichten. Ich gebe immer noch sechs Überstunden in der Woche. Frau Kippar hat es im ersten Schuljahr besonders schwer. Erstens werden keine Tafeln und Griffel mehr hergestellt, weil sie nicht kriegswichtig sind, und zweitens kommen unsere neuen Fibeln für das 1. Schuljahr

kaum vor Weihnachten. Wie sollen die Kinder da lesen lernen!
Jetzt werde ich mit den Großen für jedes Kind eine kleine
Fibel selber herstellen.

Heute nach dem Unterricht bin ich für das Dorfbuch nach
Laukischken geradelt. Ich hatte Rückenwind, und es ging wie
geölt. Der Himmel war ganz klar und blau, der Wald herbstlich bunt. Der Sturm zauste ordentlich an den Bäumen, und
es regnete Blätter.

Den Standesbeamten, den ich in Laukischken sprechen wollte, traf ich nicht an, dafür seine Frau. Sie ist frisch und freundlich, äußerst gutmütig und redselig, ich kenne schon die ganze
Familiengeschichte. Heute hatte sie mir ein Stück Käseku-
chen aufgehoben, sonst bekomme ich immer eine Tasse heiße
Milch und einen Apfel oder sonstwas Gutes.

Zwei Drittel der Todesfälle seit 1874 mit Angaben des Ge-
schlechts, Alters und, wenn möglich, der Todesursache habe
ich aus den Büchern herausgesucht, ebenso die Zahl der Ehe-
schließungen und Geburten. Es sind früher erschütternd viele
Säuglinge und Kleinkinder an der »Bräune« gestorben, das ist
Diphtherie. Wenn ich ganz in diese Arbeit vertieft bin, vergesse ich das Aufhören. Leider wird es jetzt schon sehr früh
dunkel. Auf der Rückfahrt heulte mir der Sturm entgegen. Zu
Hause habe ich mir erst einmal eine gute Milchsuppe gekocht.
Jetzt sitze ich bei Frau Stachel. Sie strickt, ich schreibe, und im
Radio spielt leise Musik.

Sonntagnachmittag haben wir Frauen bei Frau Stachel ein
Partiechen gespielt. Am Abend war Kampfversammlung. Am
Abend vorher war in Laukischken Kampfversammlung gewesen, es sprach der stellvertretende Gauleiter Großherr. Aus
unserem Dorf hat man die Frauen und Mädchen mit Treckern
und Anhängern dorthin geschafft. An zwei Abenden hintereinander Kampfversammlung – das ist des Guten entschieden
zuviel.

Gertlauken, 22. Oktober 1943

Meine lieben Eltern!

Bevor ich auf Eure beiden letzten Briefe eingehe, will ich kurz
den heutigen Tagesablauf schildern: 7 Uhr aufstehen, von 8

bis 14 Uhr Unterricht. Gestern legten mir ein paar Kinder in der Pause einen Apfel aufs Pult, heute wiederholte sich das. Ich fand es rührend, habe aber den Kindern klargemacht, daß ihnen die Mütter die Äpfel nicht für mich mitgeben und daß ein junger Mensch die Nährstoffe nötiger hat als ein erwachsener. Nach der Schule holte ich mein Essen, dann fuhr ich mit dem Rad zu einer Frau Kanscheit. Seit einiger Zeit stoße ich bei den Leuten wegen meines Dorfbuchs auf Widerstand. Natürlich habe ich ihnen erklärt, was das Dorfbuch für einen Sinn hat, nämlich die Vorkommnisse im Dorf für spätere Generationen aufzuschreiben. Treffe ich jemanden nicht an, dann bitte ich immer, bis zu meinem nächsten Besuch die Briefe von Gefallenen herauszulegen und ein Bild bereitzulegen. Doch komme ich nach einigen Tagen wieder, haben sie sich in der Zwischenzeit die Sache anders überlegt und von allen Seiten beleuchtet und auch mit Verwandten, Freunden und Nachbarn darüber geredet, und alle waren sich plötzlich einig, daß an der Sache ein Haken sein müsse. Der Bürgermeister scheint sie darin zu unterstützen: Der Tote ist tot, laßt ihn in Frieden ruhen ... Das kann man auch verstehen. Andere dagegen sind hilfsbereit. Entmutigen lasse ich mich jedenfalls nicht. Ich will ja nur eine lückenlose Dorfchronik erstellen, und dazu gehört eben, die Schicksale der Menschen aus dem Dorf festzuhalten, besonders jener, die im Krieg gefallen sind. Meine heutigen zwei Besuche erbrachten nicht viel ... Wenn man unterwegs ist, sieht und hört man eine Menge. Es kostet mich immer innere Überwindung, zu all den fremden Leuten zu gehen, doch man findet schnell Zugang zu ihnen und wird immer freundlich aufgenommen ... Gestern erzählte mir ein Bauer von seinem gefallenen Bruder, der schon vor 1933 in der Partei und in der SA war. Einmal blieb der Ortsgruppenleiter mit seinem Auto in der Nähe des Hofes stecken und bat diesen Bruder, ihm mit den Pferden herauszuhelfen. Nun waren nur zwei Stuten da, die vor dem Auto mächtig scheuten, und der Bruder sagte, das habe keinen Zweck. Da sagte der Ortsgruppenleiter: »Na, Sie wollen ja auch mal siedeln!« Und wie der Bruder dann viel später den Neubauernschein beantragte, bekam er ihn nicht ... Auch hörte ich, daß im Dorf einige Frauen verhaftet wurden, die sich mit französischen Kriegsgefangenen eingelassen haben sollen.

Vaters Brief vom 17. Oktober kam heute an, auch der für Wolfgang bestimmte Luftfeldpostbrief. Ebenso die Zeitung aus
Köln mit der entsetzlich langen Verlustliste. Aus Osnabrück
gibt es nichts Neues, aber aus Spenge die Verlobung von Heinz
Kleymann. Von Wolfgang kam heute ein kurzer Gruß. Dank
für Ernis Anschrift aus kanadischer Kriegsgefangenschaft und
Glückwünsche an Hans Fischer zur Verlobung.

Gertlauken, 6. November 1943

Liebe Eltern!

Es ist zeitig am Sonntagmorgen. Dennoch will ich kurz schreiben, denn um 10 Uhr findet in Laukischken die Heldengedenkfeier statt, ich muß also hinradeln und kann den Brief
gleich mitnehmen. Ich weiß doch, daß Ihr auf Nachrichten
wartet.

Der Samstag ist der schönste Tag der Woche. Er gehört meistens unserem Kartenspiel. Gestern abend waren wir bei Frau
Kerwath. Es war sehr gemütlich.

Nun habt zuerst einmal herzlichen Dank für Eure Briefe vom
24., 28. und 31. Oktober!

Mit der Schularbeit tu ich mich schwer. Manchmal bin ich
ganz verzweifelt. Auch in dieser Woche hatte ich düstere Stunden. Dann fühle ich mich so richtig allein und verlassen. Einmal alle seine Gedanken und Sorgen einem Menschen anver-
trauen können, einmal für kurze Zeit nicht die Verantwortung
spüren, sich einmal um nichts kümmern müssen – wenn diese
Wünsche über mich kommen, fühle ich, daß ich mit allem
ganz allein fertig werden muß.

Alte Schulbücher habe ich immer schon einsammeln lassen,
um sie in den folgenden Klassen zu verwenden. Leider kommen alle paar Jahre neue Ausgaben heraus, so daß die alten
nicht mehr zu gebrauchen sind, und die Fibeln erst recht nicht,
zumal wir ja nicht mehr die alte Sütterlin-, sondern die neue
Normalschrift lehren.

Wer Christel Lange ist, habe ich ausführlich im Brief an Wolfgang geschrieben. Er wird Euch den Brief schicken. Paula war
in den Herbstferien zu Haus. Gestern war sie bei mir, leider
nur kurz. Sie fühlt sich nicht glücklich in Ostpreußen. Bei Frau

Schulz war ich inzwischen auch wieder einmal. Sie ist sehr schmal geworden und macht sich viel Sorgen um ihren Mann und den ganzen Krieg – wie wir alle. Aber sie ist viel allein, während wir hier mehrere junge Frauen sind, die sich gut verstehen und sich gegenseitig helfen, trübe Stunden zu überstehen. Ich würde gern öfter zu Frau Schulz fahren, aber wenn ich bis zwei Uhr Unterricht habe und dazu noch zweimal wöchentlich nachmittags, bin ich froh, wenn ich danach in meiner warmen Stube sitzen kann und nicht mehr mit dem Rad hinaus muß, zumal es jetzt schon so früh dunkel wird und es bereits sehr kalt ist.

Übrigens hat sich Peter Stachel sehr über den Federkasten gefreut, so einen schönen hat selbst Helma nicht. Helma war begeistert über die vielen bunten Glanzbilder; den ganzen Tag hat sie auf der Erde gehockt und mit ihnen gespielt. Mutter fragt nach Tafeln und Griffeln – hier kann man nichts bekommen. Im 1. Schuljahr brauchten wir welche für zwanzig Kinder. Aber ich lasse bis zum 4. Schuljahr damit schreiben, so weit vorhanden, weil es auch wenig Hefte gibt. In dieser Beziehung nehme ich alles, was ich kriegen kann – aber wie kommt Mutter daran? Die Hoffmanns- und die Baldriantropfen sind genau das Richtige für Frau Neumann, die oft über »Unruhe« klagt.

Meine Wintersachen habe ich soweit in Ordnung. Nur eine Hose werde ich an Tante Lies schicken zum Anstricken. Wie bin ich froh über die herrliche Wollgarnitur, Hemd und Hose, die Tante Lies für mich gestrickt und mir in den Ferien geschenkt hat. Es friert jetzt schon und ist empfindlich kalt. Schickt Tante Lies bitte die Wolle, die ich vergangenes Jahr Weihnachten mitbrachte. Sie will mir Fausthandschuhe stricken.

Gertlauken, 11. November 1943

Meine lieben Eltern!

Auf Mutters schönem Briefpapier ist das Schreiben ein Vergnügen. Selbst Vater wird mit dem Rand zufrieden sein. Ich fühle mich wie ein König mit all meinen Schätzen: Äpfel, Nüsse, Pudding. Was Mutter nur wieder alles zusammengetra-

gen hat! Habt vielen, vielen Dank. Für Wolfgangs Feldpostpäckchen habe ich zwei Marken. Ich werde eine Sandtorte
backen, dazu Haferflockenmakronen und Grießplätzchen,
außerdem lege ich eine kleine Dauerwurst und zwei Enten-
keulen bei, und natürlich Äpfel und Nüsse, die dürfen nicht
fehlen. Sie machen erst das Weihnachtliche aus, das erinnert
so sehr an zu Hause mit dem Kuchen- und Bratenduft am
Heiligen Abend, an Mutters Spritzgebäck und die herrlichen
bunten Teller.

Vaters Brief vom 7. November habe ich erhalten, ebenso die
beiden Zeitungen. Unter den Gefallenen ist diesmal kein
Bekannter. Der Dom ist offenbar schwer beschädigt. Euer
Leben muß doch kaum noch auszuhalten sein – kommt doch
her!

Am Spätnachmittag fand eine Versammlung vom Luftschutz
statt. Die Sache wird hier sehr ernstgenommen. Ich bin Laien-
helferin – Verbände anlegen und so. Stachlowski las über Luft-
schutzfragen seitenlang aus der »Sirene« vor, was durch seine
monotone Stimme auch nicht interessanter wurde. Nach der
Versammlung ging Frau Kaiser, die zwei Söhne im Feld verloren hat, mit mir nach oben, um sich das Dorfbuch anzusehen. Ich glaube, sie wird mich in meiner Arbeit unterstützen.
Sie ist nach außen ziemlich rauh und beherrscht, darum merkt
ihr kaum jemand an, wie schwer sie unter dem Verlust leidet.
Ich stand wieder einmal vor dem Leid und hätte gern ein gutes,
tröstendes Wort gefunden, aber dazu ist die Sprache zu arm.
Mein lieber Vater, aus jedem Deiner Briefe lese ich ausgespro-
chen und unausgesprochen die Sorge um Wolfgangs Zukunft.
Ich denke, daß der Krieg ihn zu einem in sich geschlossenen,
festen Menschen machen wird. Und wenn er nach dem Krieg
den Willen hat, vorwärtszukommen, wird er es auch. Nach
dem Krieg wird es überall Arbeit genug geben. Wenn Wolfgang also gesund aus dem Krieg zurückkehrt und entschlossen
ist, sein Abitur nachzuholen, wüßte ich nicht, was ihm im
Wege stehen sollte. Allerdings glaube ich, daß man ihm niemals Vorwürfe machen sollte, schon gar nicht in seinem Alter
und nach diesem Krieg! Eins verspreche ich Euch – ich schreibe das nicht einfach so hin, sondern habe viel darüber nachgedacht –, solltet Ihr Wolfgang einmal nicht mehr helfen können, so werde ich alles für ihn tun, was in meiner Lage möglich ist.

Meine lieben Eltern!

Draußen tost und heult ein unbändiger Sturm. Daß ich vergangenen Freitag mit Frau Stachel bei Neumanns war und wir aufs Beste bewirtet wurden, schrieb ich Euch wohl schon. Den Sonntag verlebten wir bei Familie von Cohs. Frau von Cohs hatte Geburtstag. Die Tische bogen sich unter den guten Sachen. Es tat mir wieder leid, daß ich so schnell satt wurde. Gestern abend fuhr ich zu Herrn Schulz. Ich hörte, daß er unerwartet auf Urlaub gekommen war. Ich habe mich richtig gefreut, ihn wiederzusehen. Und stellt Euch vor, was seine ersten Worte waren, wie er mich am Kachelofen stehend nach so langer Zeit wiedersah: »Sie sind aber fett geworden!«
Übermorgen werde ich mein Weihnachtsgeschenk für Euch absenden. Es ist eine Gans. Ich schicke sie als Expreßgut nach Köln-Deutz. Fragt dort mal telefonisch an. Ich habe daraufgeschrieben: SOFORT BENACHRICHTIGEN TELEFON 12016.

18. November

Gestern habe ich für Wolfgang mit Liebe verschiedenerlei Plätzchen gebacken. Heute mußte ich noch ein paar Eier hamstern. Ich bekam sie, aber dafür muß ich auch immer mit den Leuten Kaffee trinken und stundenlang erzählen. Morgen soll also alles weggeschickt werden. Wolfgang schrieb mir zuletzt am 13. Oktober. Vielleicht ist Postsperre. – Ich muß morgen früh schon um fünf zu Neumanns gehen und die Gans verpacken. Er nimmt sie dann gleich mit dem Milchwagen mit.

Gertlauken, 27. November 1943

Meine lieben Eltern!

Der Wochenbrief ist leider nicht pünktlich am Freitag weggekommen. Heute ist schon Samstag. Wichtigkeiten gibt es natürlich nie nach Köln zu berichten, nur, wie ein unbedeutendes Mädchen irgendwo in Deutschland die Kriegszeit ver- und erlebt.
Im letzten Brief war ich bei Neumanns Gans stehengeblieben.

Hoffentlich kommt das Prachtvieh gut bei Euch an. Das war ein Anblick, wie ich zu Neumanns kam – zehn Gänse hingen da, eine schöner als die andere, manche 23 Pfund schwer, eine wahre Pracht und Augenweide.

Wie ich Samstag aus der Schule kam, putzte ich erst einmal den Wochendreck aus der Wohnung und fuhr dann zu Christel Lange, weil ich mit ihr einiges zu besprechen hatte, und kam natürlich nicht ohne Bohnenkaffee und Kuchen davon. Wieder daheim, holte ich mir ein paar Eimer heißes Wasser und wusch mich mit dem größten Behagen von Kopf bis Fuß, danach die Haare hochgekämmt, und dann trafen wir uns alle bei der Kerwathen zum sonnabendlichen Kartenspiel.

Auch Frau Kerwath hatte tags zuvor ihre Gänse geschlachtet, und so gab es nach der ersten Partie Gänseleber mit Bratkartoffeln und später Brötchen und Kakao.

Am Montag mußte ich zum Geburtstagskaffee bei Frau Stachelowski. Ihre Schwägerin aus Köln mit dem kleinen Mädchen, die uns mal besucht hat, war da. Euch soll ich schön grüßen. Sie erzählte ungeheuer viel, ihr Mund stand überhaupt nicht mehr still. Ich freute mich, altvertraute heimatliche Klänge zu hören. Sie sagte, ihr schrecklichstes Erlebnis wäre ein Großangriff auf Hannover gewesen, den sie im Zug mitmachte.

Dienstag nach dem Unterricht suchte ich Fräulein Dannat auf, unsere Schneiderin, aber sie vertröstete mich mal wieder auf die nächste Woche. Anschließend sprang ich rasch bei Frau Kippar vorbei, ich hatte Kopfweh und Halsschmerzen und wollte nicht lange bleiben, aber ich kam so schnell nicht fort. Zum Abendessen machte sie Bratkartoffeln mit Spiegelei und eine leckere Blaubeersuppe. Es war auch so gemütlich bei ihr. Bei uns kennt man ja diese riesigen Kachelöfen nicht – am Ofen zwei tiefe Sessel, ein kleiner Rauchtisch, eine Stehlampe, und wenn dazu draußen der Sturm tobt und heult, ist einem urwohl zumute. In der Nacht war mir furchtbar mies, ich konnte nicht schlafen, und am nächsten Morgen ließ ich den Unterricht ausfallen und blieb im Bett.

Am Nachmittag sah Frau Kippar nach mir. Sie brachte ganz geheimnisvoll ein Kännchen mit nach oben, holte die kleine bunte Decke mit den Spitzen hervor, deckte den Tisch und stellte noch einen Teller mit Kuchen dazu. Ich mag Frau

Kippar sehr. Sie ist so still und fein und damenhaft, wir verstehen uns ausgezeichnet. Später beratschlagten wir, ob wir am nächsten Tag zur Lehrertagung nach Labiau fahren sollten – vier Uhr aufstehen, dann bei Sturm und Regen mit den Rädern und ich so erkältet. Frau Kippar telefonierte also und sagte ab. Da wir aber für Donnerstag den Kindern schon schulfrei gegeben hatten, blieb ich wieder bis Mittag im Bett. Anschließend ging ich einkaufen. Paula hatte sich für den Abend angesagt. Milchsuppe, Bratkartoffeln und Butterbrote sollten die erste Stärkung sein, wenn Paula bei dem wüsten Wetter (um drei nachmittags ist es schon dunkel) hier eintraf. Sie hatte eine schlimme Fahrt hinter sich, immer Gegenwind, und war hungrig und durchfroren. Dazu die aufgeweichten Straßen.

Am nächsten Abend fühlte ich wieder dieses Unwohlsein. Da badete ich noch einmal heiß in meiner Bütt. Das ist ja nicht wie daheim in der Badewanne – ich muß das Wasser in Eimern hochtragen und auf dem Ofen heiß machen. Um neun Uhr legte ich mich ins Bett und dachte: Dann bist du morgen um sechs Uhr frisch und munter. Heute morgen wache ich auf – acht Uhr vorbei! Bei meiner Uhr streikte der Wecker, außerdem bummst Olga jeden Morgen um halb acht so lange mit dem Besenstiel gegen die Decke, bis ich antworte. Heute hatte sie es vergessen. Ich war wie der Blitz unten.

Nach dem Unterricht kamen die Ältesten zu mir herauf. Wir üben nämlich ein Weihnachtsspiel ein. Da wir nirgendwo ein Textbuch auftreiben konnten, spielen wir eben Schneewittchen und schreiben uns unseren Text selber. Jeder trägt etwas bei. Alle sind mit Begeisterung bei der Sache.

Morgen findet in Laukischken eine große Versammlung der Parteigenossen statt, geleitet vom Kreisleiter. Alle Parteigenossen, die kein Amt haben, sollen eins erhalten. Ich nehme keins an – vorher möchte ich allerdings wissen, wie ich überhaupt nach Laukischken kommen soll. Der Sturm heult, der Regen peitscht gegen die Fenster, alle Straßen sind verschlammt wie Rollbahnen in Rußland, Radfahren ist lebensgefährlich.

Meine lieben Eltern!

Ihr dürft nicht böse sein, daß ich so wenig schreibe. Doch meine Zeit ist mehr als knapp. Wir üben täglich nach dem Unterricht für die Weihnachtsfeier. So verging auch diese Woche wieder wie im Fluge. Übrigens, bevor dieser Brief bei Euch sein wird, besucht Euch sicher Fräulein Stachelowski und wird Euch berichten, daß ich äußerst wohlgenährt aussehe.

Mittwochnachmittag war große Kostümprobe. Die Kinder sind mit unermüdlichem Eifer und großer Phantasie dabei. Außer Schneewittchen führen wir noch ein zweites Spiel auf – »In der Spinnstube«. Auch das haben wir uns selber geschrieben. Die sieben Zwerge haben sich alle dieselbe Zipfelmütze geschneidert und sich lange, echt wirkende Bärte aus Flachs und Wolle angefertigt. Sie sehen hinreißend aus. Und die anderen Mitwirkenden haben ordentlich in Mutters und Großmutters Garderobe gewühlt und wundervolle altmodische Kleider, Röcke, Blusen und dergleichen zutage gefördert, auch ein altes Spinnrad und eine echte Wiege.

Am Freitag mußte ich wegen der Viehzählung früh aus den Federn. Diesmal hatte ich einen Dorfteil bekommen, den ich noch gar nicht kannte – die »Ausgebauten«. Dieser Teil liegt ungefähr zwei bis drei Kilometer vom Dorf entfernt. Manchmal führen nur gänzlich verschlammte Wege zu den einsamen Gehöften, meine hohen braunen Stiefel waren da genau richtig. Manche Gehöfte liegen wie Inseln inmitten von Wiesen, die im Frühjahr und im Herbst so überschwemmt sind, daß man auf ihnen Kahn fahren könnte. Es gibt dort ein »China«, ein »Moskau« und ein »Japan«. Im Winter, bei hohem Schnee, führt weder Weg noch Steg dorthin. Erstaunlich ist, daß die Kinder von diesen Gehöften nur ganz selten aus Witterungsgründen in der Schule fehlen.

Auch die Oberförsterei Appel liegt in diesem Dorfteil, am Waldrand, wunderschön. Oberförster Appel ist vorigen Monat mit 68 Jahren gestorben. Seine Frau steht nun allein mit der Landwirtschaft, zu der neunzig Morgen Land, zehn Kühe, vier Pferde und Unmengen von Federvieh gehören. Allerdings helfen ihr ein Pole und zwei Ukrainerinnen. Frau Appel leidet sehr unter der Einsamkeit. Sie ist mehr als fünfundzwanzig Jahre jünger als ihr verstorbener Mann und hängt mit aller Liebe an ihrem Sohn, einem zarten Jungen im 3. Schuljahr. Vor manchen Haushalten wurde ich gewarnt. »Da geht nicht mal 'n Schwein rückwärts rein!« Aber das waren Ausnahmen. Vielfach war gerade großes »Wursten«. Es wird ja jetzt vor Weihnachten überall geschlachtet. Ich werde immer mit Kleinigkeiten bedacht: Klopse oder frische Wurst und so. Manches gebe ich Frau Stachel, manches wecke ich ein. Ich habe mich fast in jeder Familie ein Weilchen aufgehalten und geschwatzt. So einfach drauflosreden, das hätte ich früher nicht gekonnt. Aber wenn man das kann, öffnen sich einem die Herzen der Menschen. Allerdings ist es ebenso wichtig, gut zuhören zu können.

Gestern brachte mir Frau von Cohs die Nachricht, daß die 3. Lehrerwohnung mit einer Berliner Familie belegt werden soll. Also mußte ich räumen und wieder zurück in Frau Stachels kleine Mansardenstube. Frau Stachel und Olga halfen mir beim Umzug. Der Ofen muß repariert werden, eine Steckdose fehlt, und die Fenster sind undicht.

Herr von Cohs hat ein Reh geschossen. Er hat es zu Frau Kippar geschafft, dort wurde es aufgeteilt. Am Dienstagabend wollen wir ein gemeinsames großes Festessen veranstalten, jeder soll etwas dazu stiften.

Gertlauken, 11. Dezember 1943

Meine lieben Eltern!

Heute kam Euer lieber Brief vom 5. Dezember. Also, Wolfgang hat geschrieben, und er hat das EK 2 erhalten. Ich weiß gar nichts von ihm und vermute nur, wo er steckt. Seit dem 13. Oktober habe ich keine Zeile mehr von ihm bekommen. Ich habe mir schon schwere Gedanken um ihn gemacht. Manchmal überkommt es mich, dann könnte ich einfach drauflosheulen.

Der Vetter von Frau Stachel, der uns vor zwei Jahren das Doppelkopfspielen beibrachte, ist vermißt. Ich sehe ihn noch vor mir, ein frischer Junge von 24 oder 25 Jahren. Nach seinem Urlaub kam er nach Rußland und, wie der Zufall so will,

in Herrn Kippars Bataillon. Er wurde verwundet und ist auf
dem Rückzug liegengeblieben.

Unser Festessen am letzten Dienstag war gelungen! Es fand
bei Frau Kippar statt. Der Tisch war festlich gedeckt. Wir hatten unsere besten Kleider angezogen, man konnte beinahe
glauben, es sei Frieden. Doch in Wirklichkeit dachten all die
jungen Frauen an ihre Männer an der Front, und ich dachte an
Wolfgang.

Heute morgen haben wir in der Schule dem Weihnachtsmann
beim Backen geholfen. Wir hatten ungefähr einen halben
Zentner Weizenmehl, acht Pfund Butter und an die fünfzig
Eier. Damit läßt sich backen wie im Frieden. Nun haben wir
zwei große Waschkörbe voller »Kuchchen« aller Art. Für einen
Jungen aus Hamburg war das ein ganz besonderes Erlebnis.
Er hat als einziger Junge den ganzen Morgen lang Teig aus-
gestochen. Nachher hörte ich zufällig, wie er seiner Kusine
erzählte: »Und Butter – so 'n Berg! Und Eier – hätteste sehn
müssen!«

Daß ich jetzt wieder in Frau Stachels Mansardenstube hause,
wißt Ihr ja schon. Leitung und Steckdose für das Radio hat
mir Herr Stachelowski inzwischen gelegt. Seine Schwester hat
Euch inzwischen sicherlich besucht. Morgen um zehn kommen die Kinder zum Üben. Am Nachmittag findet von der NS-
Frauenschaft eine Weihnachtsfeier statt. Da muß ich leider
hin. Ich freue mich unglaublich auf Weihnachten bei Euch in
Köln ...

Labiau, 13. Januar 1944

Meine lieben Eltern!

Ich schreibe in einem Lokal, während ich auf den Zug warte.
Meine Gedanken sind ständig bei Euch. Auch während der
Fahrt dachte ich immer: Jetzt ist Vater im Büro. Jetzt legt sich
Mutter zum Mittagsschläfchen hin. Nun geht Vater vom
Dienst nach Haus (Ist Post von Wolfgang da?). Nun ist es schon
bald zehn Uhr abends, Mutter steht mit gepacktem Koffer
fluchtbereit – hoffentlich konntet Ihr zu Haus bleiben!
Meine Fahrt von Köln verlief gut. Ich hatte einen bequemen
Eckplatz in der 2. Klasse. Die rundliche blonde, frischfrisierte

Kölnerin neben mir erzählte ohne Punkt und Komma ihre ganze Familiengeschichte, aber ich war in Gedanken noch immer bei Euch. In Bielefeld stieg sie aus. Ihren Platz nahm ein Fliegeroberleutnant ein, der vorher auf dem Gang gestanden hatte. Er war so groß wie ich, von kräftiger, doch schlanker Gestalt. Am besten gefielen mir seine großen, leuchtenden Augen von unwahrscheinlicher Bläue. Er blickte so ernst. Ich schätze ihn auf 28 bis 30 Jahre. Ins Gespräch kamen wir erst nach ein paar Stunden. Im Abteil saß man wie in einem Brutkasten. Es war fürchterlich geheizt. Ich hatte rasende Kopfschmerzen und bedauerte, mich so warm angezogen zu haben. Ein junges Mädchen gab mir auf dem Gang zwei Tabletten und eine Dame einen Schluck Kaffee dazu. Das sah der Oberleutnant, und wie ich mich wieder hinsetzte, bot er mir ebenfalls Tabletten an. Dann gab er mir Kölnisch Wasser. Er war so richtig besorgt, und ich fühlte mich gleich besser danach. Dann kamen wir ins Gespräch. Ich muß zugeben, der Mann hat Eindruck auf mich gemacht. Wir redeten fast die ganze Nacht.

Er war 1940 bei Dünkirchen abgeschossen worden und hatte dreieinhalb Jahre in englischer Kriegsgefangenschaft zugebracht, ehe er als Verwundeter ausgetauscht wurde. Er war in England in einer ganzen Reihe von Lazaretten gewesen, und die englischen Ärzte haben ihm seinen zerschossenen Arm gerettet. Dem Durchschnittsengländer soll der Krieg ziemlich gleichgültig sein, er ist kriegsmüde und möchte lieber heute als morgen Schluß machen. Das Verhältnis der englischen Soldaten zu den massenhaft dort liegenden Amerikanern ist äußerst gespannt, denn die Amerikaner bekommen einen fünfmal höheren Sold als die Tommys, sitzen in den teuren Lokalen und Bars herum und schnappen den englischen Soldaten die Mädchen weg. Das Essen in England sei sehr knapp, nur Büchsennahrung. Als Gefangene hätten die Deutschen dieselbe Verpflegung wie die englischen Soldaten erhalten und hätten dabei manchmal gehungert.

Von Beruf ist er übrigens Studienrat an einer Godesberger Schule. Jetzt muß er sich in Bromberg melden. Vielleicht wird er auch entlassen. Es ist der linke Arm, der zerschossen ist.

In Schneidemühl mußte ich umsteigen, doch weil wir Verspätung hatten, war der Anschlußzug weg. Es war gegen vier Uhr

nachts. Trotzdem herrschte auf dem Bahnhof ein mächtiger
Betrieb, obwohl Bahnhöfe um diese Zeit eher geisterhaft leer
sind. Ich wartete im Wartesaal, der pickepackevoll mit Soldaten war, bis morgens gegen sieben ein Personenzug von Berlin
kam, und so langte ich erst um 16.30 Uhr in Königsberg an. Ich
kaufte mir sogleich eine Fahrkarte nach Mauern und ging
dann zu Frau Kinder. Sie hatte zwar meine Postkarte noch
nicht bekommen, brachte mich aber dennoch unter. Das ist
unbezahlbar; Ihr macht Euch überhaupt keine Vorstellung
von der Zimmerknappheit in Königsberg. Ich wusch mich erst
einmal gründlich, aß dann warm, Grünkohl, hatte Glück und
ergatterte eine Kinokarte. Das Wetter ist mies. Es liegt zwar
noch Schnee, doch es regnet.

Gertlauken, 19. Januar 1944

Meine lieben Eltern!

Nun wollt Ihr wissen, wie es mir mit meinen »nicht geneh-
migten« Weihnachtsferien beim Schulrat ergangen ist. »Loß
kumme wat kütt«, dachte ich, zählte bis drei und ging zu ihm
hinein. Er war sehr reserviert und gab mir beim Abschied
nicht die Hand. In seiner Ausdrucksweise war er freilich sehr
gemäßigt und zeigte auch Verständnis für meine Lage. Ich bin
sicher, Vater hätte sich ausgezeichnet mit ihm verstanden. Beide sind von gleicher Dienstauffassung und gleicher Meinung
über Frauen. Er benutzte dieselben Ausdrücke wie Vater und
sprach von »Frauenklüngel« und so weiter.
Er meinte, ich hätte ihm Nachricht geben sollen, daß ich an
dem Sportlehrgang in Königsberg nicht teilnehmen könne.
Dann wäre alles in Ordnung gewesen. Das möchte ich aber
doch bezweifeln. Schließlich hätte er mir ja auch früher Bescheid geben können, daß der Kursus ausgerechnet über
Weihnachten stattfindet. Als ich fix und fertig angezogen war
und mit gepackten Koffern auf den Wagen wartete und mir da
der Brief überreicht wurde, also, da war es ein spontaner Ent-
schluß, und ich sagte mir: *Den* Brief hast du nie bekommen!
Danach rief ich in Gertlauken an und bat die Kerwathen, einen
Wagen für mich aufzutreiben, doch sie meinte, ich sollte lieber
mit dem Morgenzug kommen, dann sei jemand an der Bahn.

So tippelte ich denn am Nachmittag zu Fuß gen Gertlauken, aber hinter Krakau traf ich einen Gertlaukener Schlitten, der mich mitnahm. Hier holte ich erst einmal meine Briefe und Päckchen von der Post und schwatzte dann noch lange mit Frau Stachel und Frau Kippar. So wurde es spät, beziehungsweise früh, und ich freute mich auf das Ausschlafen am Sonntag, ein Atemholen vor der Schularbeit.

Da polterte es gegen neun an meine Tür, Frau Stachelowski bestellte mir atemlos, ein Oberleutnant Soundso, ich wüßte schon, aus Bromberg, habe angerufen. Er sei in Königsberg, und ich solle auch dorthin kommen.

Um 10.21 Uhr fuhr der Zug. Wie die zehn Kilometer zum Bahnhof schaffen? Einen Schlitten aufzutreiben, war keine Zeit mehr. In zehn Minuten war ich angezogen und versuchte mein Glück mit dem Fahrrad. Es war unmöglich, es war alles tief verschneit, und ich kam nicht voran. Am Ende des Dorfes wurde ich von einem Schlitten überholt. Ich ließ mein Rad bei Neumanns, fuhr mit dem Schlitten bis zum Bahnhof und hatte gerade noch Zeit, eine Fahrkarte zu lösen.

Am Hauptbahnhof in Königsberg erwartete mich der Oberleutnant. Er muß am Dienstag schon wieder in den Westen, da hat er kurzentschlossen die umständliche Bahnfahrt von Bromberg nach Königsberg unternommen; zehn Stunden war er unterwegs. Er gefällt mir gut. Er ist sehr ernst und ruhig, ein Westfale, kein geschwätziger Kölner! Er ist 34 Jahre alt und stammt von einem Hof bei Hagen. Leider war das Wetter schlecht, und wir mußten von einem Lokal ins andere ziehen.

Ich fuhr mit dem letzten Zug nach Mauern. Ich hatte mich auf eine lange Nachtwanderung eingestellt, aber wie froh war ich, wie ich am einsamen Wartehäuschen einen Pferdeschlitten sah und einer meiner Schüler aus der Oberstufe mich anrief: »Fräulein Günther – Sie?« Er holte seine Mutter ab. Ich wurde fürsorglich in Decken gepackt und genoß die Schlittenfahrt durch die Nacht.

Meine lieben Eltern!

Nach gründlicher Eigenprüfung bin ich zu der Überzeugung
gekommen, daß zwischen Olga und mir – außer der bedeuten-
den Tatsache, daß wir beide Frauen sind – keine »Wesens-
verwandtschaft« besteht. Olga ist 18 Jahre alt, hat sechs Freunde und nichts anderes im Kopf. Ich werde 23 und habe mich
bis jetzt nie ernstlich mit Männern beschäftigt – wie ging es Dir
mit 23 Jahren, lieber Vater?

Gertlauken, 11. Februar 1944

Meine lieben Eltern!

Wie soll ich nach so langer Zeit anfangen? Zuerst meinen herz-
lichsten Dank für Eure lieben Briefe Nr. 79 bis 81. Sie kamen
am Montag, dem 7. Februar. Heute kam Nr. 82 an. Alle waren
so lieb und nett. Ich habe mich mehr über sie gefreut, als ich
sagen kann.

Meine Schularbeit erledige ich sehr gewissenhaft. Ganz gewissenhaft ist unmöglich, da käme man zu nichts anderem mehr.
Da wäre zuerst einmal die Vorbereitung für den nächsten
Unterrichtstag, für fünf Stunden und sechs verschiedene Jahrgänge. Steht beispielsweise Geschichte auf dem Stundenplan,
so habe ich zwei Abteilungen: das 5./6. und das 7./8. Schuljahr. Beide haben einen anderen Stoff, den ich nach Möglich-
keit kombiniere, aber ich muß mich an die Richtlinien halten.
Mir steht für jede Abteilung eine halbe Stunde zur Verfügung.
Das ist wenig Zeit, da heißt es kürzen und das Wesentliche
herauspicken. Am Anfang jeder Stunde stehen fünf Minuten
Stoffwiederholung, das ist ebenso notwendig wie am Schluß
der Stunde eine Stoffzusammenfassung. So ähnlich in allen
Fächern: Deutsch, Rechnen, Naturkunde, Erdkunde. Also
muß ich mich im Grunde auf mehr als nur fünf Unterrichtsstunden vorbereiten.

Ist der Unterricht aus, kommen die Kinder mit diesem oder
jenem Anliegen, zum Beispiel wollen sie meine Unterschrift
für eine Heftbescheinigung. Außerdem muß die Klasse aufgeräumt werden; dabei beobachtete ich neulich, in der Stille,

beim Eintrag ins Klassenbuch, wie drei Mäuslein am Kachelofen spielten. Jedenfalls wird es meistens zwei Uhr, ehe ich mir mein Mittagessen hole. Oft habe ich auch Nachsitzer, dann muß ja auch ich »nachsitzen«. Ich habe übrigens festgestellt, daß manche Kinder mit Vergnügen nachsitzen. Stimmt da irgend etwas nicht?

Außerdem müssen Meldungen geschrieben und Sammlungen durchgeführt werden. Über jedes Kind aus bombengefährdeten Gebieten muß ich lange Meldungen einreichen: Name, Heimatwohnort, Beruf des Vaters ... Unser Dorf füllt sich allmählich mit Evakuierten. Es sind schon vierzig oder fünfzig hier. Oft muß ich auch an die früheren Schulen der Kinder schreiben und Zeugnisse und andere Unterlagen anfordern.

Mittwochnachmittag ist HJ-Dienst. Ich bin dann ebenfalls da und sammle vorher mitgebrachtes Altmaterial ein. Jedes viertel Kilo Eisen, Lumpen, Knochen und Papier wird gewogen und den Kindern nach einem Punktsystem gutgeschrieben. Zu der Unmenge von regelmäßigen Aufgaben kommen immer wieder zusätzliche. Mir raucht manchmal der Kopf, und dabei gibt es Menschen, nicht wahr, Vater, die denken: »So 'n Lehrer hat's aber gut. Den ganzen Nachmittag frei!« Meine Post vernachlässige ich jedenfalls ganz. Ich schreibe bloß noch Euch und Wolfgang und hin und wieder Tante Lies. Es tut mir leid, daß ich keine Briefe mehr von meinen Freundinnen und aus Osnabrück erhalte.

Vielleicht könnt Ihr Euch vorstellen, wie heiß ich immer den Samstag herbeisehne – der Nachmittag und Abend bringen die nötige Entspannung, und am Sonntag kann ich ausschlafen. Auch jetzt bin ich müde, das heißt: beim Schreiben bin ich etwas munterer geworden. Vielleicht versteht Vater auch, warum ich gern mal ein Partiechen spiele. Dabei verfolgen einen wenigstens nicht immer Gedanken wie: Das mußt du noch tun! Und das auch noch! Und das darfst du um Gottes willen nicht vergessen! Außerdem ist der Samstag mein großer Badetag.

Übrigens habe ich zur Zeit wieder Zusätzliches zu tun. Zuerst hatte ich zum 31. Januar Zeugnisse zu schreiben (das erkennt ja sogar Vater als eine Gewissensarbeit an), und jetzt muß ich auch noch Frau Kippar vertreten. Wie ich am 28. oder am

nach der Pause wieder hereinrufen will, strömen sie mir auch
schon entgegen, in ihrer Mitte einen großen, schlanken Soldaten – Herrn Kippar! Er suchte seine Frau in der Schule. Die
hatte aber schon nach der dritten Stunde frei. Ich habe mich
riesig gefreut über Herrn Kippar – und erst seine Frau! Leider
sieht er sehr schlecht aus, so schlecht, daß ich ihn nicht sofort
erkannt habe.

Später und frisch gestärkt: Die Woche vom 31. Januar bis
5. Februar ging schnell vorbei. Seit ich wußte, daß Wolfgang
im Lazarett in Leslau liegt, gab es für mich nur einen Gedanken: ihn besuchen. Die Bahnverbindung war folgendermaßen: Mauern–Königsberg–Thorn–Leslau. Vater hat recht,
Leslau ist die ehemals polnische Stadt Wlozlawsk an der
Weichsel. Ich konnte die Reise zwischen Samstagmittag, nach
Schulschluß, und Montagfrüh, bevor die Schule begann,
schaffen, aber besser war ein zusätzlicher Urlaubstag. Am
Mittwochnachmittag backte ich für Wolfgang Kuchen und
Plätzchen, am Donnerstag sagte ich mir, Frechheit siegt, und
schickte dem Schulrat, bei dem ich es ja noch wegen der Weihnachtsferien im Salz liegen hatte, mit einem Boten ein Schreiben, in dem ich um Urlaub bat und kurz ausführte, daß ich
meinen Bruder längere Zeit nicht gesehen hätte, er immer im
Einsatz gewesen wäre, jetzt in Leslau im Lazarett liege und in
der nächsten Woche bereits wieder an die Front müsse. Der
Bote traf ihn nicht an, und als ich nichts vom Schulrat hörte,
telefonierte ich. Doch er lehnte ab. Am Nachmittag waren wir
alle bei Frau Kerwath zur Geburtstagsfeier: die beiden Kippars, Herr und Frau von Cohs, Frau Stachel und ich. Herr
Kippar riet mir, den Schulrat nochmals anzurufen. Ich tat es,
ich war furchtbar aufgeregt. Er putzte mich ziemlich herunter,
auch wegen Weihnachten, doch dann gab er mir den Samstag
frei. Ich war ganz benommen. Wolfgang schickte ich ein Telegramm mit Rückantwort, ob er überhaupt noch in Leslau sei;
die Antwort kam auch gleich, ganz lakonisch: »Kannst kommen, Wolfgang.« Die gesamte Festversammlung freute sich
mit mir, es war so unendlich wohltuend, wie lieb und nett alle
zu mir waren. Doch an weitere Einzelheiten kann ich mich
nicht mehr erinnern; ich weiß nur noch, daß ich von dem Likör

schnell in Stimmung kam, doch plötzlich müde wurde und nur noch den Wunsch nach meinem Bett verspürte. Wie ich aufwachte, lag ich im Kleid auf Frau Stachels Couch und wunderte mich über den Eimer neben mir. Aber mein Kopf war klar. Ich hatte tief und fest geschlafen.

Am Freitag nach der Schule fuhr ich los. Ich löste 2. Klasse, hatte Glück und bekam einen Eckplatz. Es war ein leichtes Reisen mit meinem kleinen Köfferchen, nur Wasch- und Nachtzeug und den Kuchen für Wolfgang. Ich hatte mein Kostüm an und darüber den Lodenmantel. Mitten in der Nacht mußte ich in Thorn aussteigen; so ein fremder Bahnhof ist in der Nacht ein trübseliger Anblick. Aber im Wartesaal leistete mir ein netter Herr aus Bielefeld Gesellschaft. Er hieß Freitag, war Architekt, hatte in Spenge die Sparkasse gebaut (Ihr kennt sie) und arbeitet jetzt in Litzmannstadt. Er zeigte mir Fotos von seiner Frau und seinen süßen, kleinen Töchtern, ein Zwillingspärchen. Auf Lehrer war er nicht gut zu sprechen. »Der Krieg geht erst zu Ende«, meinte er, »wenn jeder Lehrer Hauptmann geworden ist.«

Gegen acht Uhr morgens war ich in Leslau, so eine östliche Stadt, Vater kennt sie ja aus dem Ersten Weltkrieg. Sie liegt an der Weichsel und sieht ganz imposant aus. Die Häuser waren meistens grau und flach, doch es gibt eine schöne Kirche, auch einen Dom. Die Stadt soll ungefähr 60000 Einwohner haben, 50000 Polen und 10000 Deutsche. Ob die Zahlen genau stimmen, weiß ich nicht. Die Straßen waren natürlich alle umbenannt: Adolf-Hitler-Straße, Hermann-Göring-Platz … Dann ging es durch die Goethestraße. Hier wurde ich mit Grauen an das Getto in Plöhnen erinnert: graue, schmutzige Häuser, eingeschlagene Fenster, herausgerissene Türen, alles düster, dazu huschten die Polenfrauen leicht und schnell an mir vorbei, in ihre dunklen Umschlagtücher gehüllt.

Ich war froh, wie das Lazarett auftauchte, ein riesiger Prunkbau, wie ich ihn in dieser Stadt gar nicht vermutet hatte. Früher soll er mal eine Hochschule gewesen sein. An der Auskunft fragte ich nach Wolfgang. Es war keine Besuchszeit, und ich durfte nicht hinein. Endlich kam er. Er hatte vor kurzem noch nur 108 Pfund gewogen, doch jetzt sah er schon wieder ganz gut aus. Er hatte seine Kompanie nicht verlassen wollen, aber seine Gelbsucht hatte ihn dermaßen geschwächt, daß er

nicht mal mehr sein Gewehr tragen konnte. Im Lazarett liefen
alle Insassen mit riesigen Pantoffeln herum und in blauweiß-
gestreiften Anzügen, beinahe wie Sträflinge.

Ab drei Uhr erhielt Wolfgang Ausgang. Bis dahin versuchte
ich ein Zimmer für mich zu bekommen. Es gab nur zwei
Hotels, doch die waren besetzt, ebenso die Fremdenheime.
An die zwei Stunden suchte ich und war schon völlig verzweifelt. Schließlich ging ich ins Lazarett zurück, wo man mir privat
ein Bett verschaffen konnte. In dem Zimmer schliefen noch
zwei andere Frauen, die ebenfalls ihre Angehörigen im
Lazarett besuchten. Ab zwei Uhr war Besuchszeit; so durfte
ich auf Wolfgangs Stube und lernte seine Kameraden kennen.
Sie wollten nicht glauben, daß ich seine Schwester bin. Manche seiner Kameraden hatten daheim durch den Bomben-
terror all ihr Hab und Gut verloren.

Wolfgang hatte sich eine Uniform zusammengeliehen, und so
zogen wir um drei Uhr ab, erst mal in ein nettes Kaffee. Wir
freuten uns so, daß wir zusammen sein konnten, und hatten
uns endlos zu erzählen – bis sich ein paar Stubenkameraden an
unseren Tisch setzten; da brachen wir bald auf und gingen an
der Weichsel spazieren. Bei dieser Gelegenheit erzählte Wolfgang mir, wie er den Panzer geknackt hat.

Sie lagen in einem Wäldchen, und er und ein Kamerad wurden
auf Spähtrupp geschickt. Sie sollten erkunden, ob Russen in
der Nähe waren. Als sie das Wäldchen verlassen hatten, tauchten fünf feindliche Panzer auf. Wolfgang und sein Kamerad
suchten Schutz in einem Deckungsloch und ließen sich über-
rollen. Aber die Panzer hielten zwischen ihnen und dem Wäldchen, und nach einiger Zeit öffnete sich die Luke eines
Geschützturms und ein Russe schaute heraus. Der Kamerad
neben Wolfgang zitterte am ganzen Leibe, betete und sprach
von seiner Frau und seinen Kindern. Wolfgang gelang es, sich
an den Panzer heranzuschleichen und eine Handgranate
durch die offene Luke zu werfen. Sie detonierte, und die anderen Panzer fuhren zurück.

Für das Panzerknacken stehen ihm vierzehn Tage Sonder-
urlaub zu. Ich jedoch war froh, Wolfgang neben mir zu sehen
und ihn zu fühlen. Aber ich dachte auch voll Trauer an die
armen jungen Menschen, die in dem Panzer sterben mußten.

Nun gingen wir ins Deutsche Haus. Es war sehr angenehm dort, auch das Essen war ausgezeichnet. Bis wiederum zwei Kameraden sich an unseren Tisch setzten, obschon noch viele andere Tische frei waren. Darum brachen wir bald nach dem Essen wieder auf und spazierten erneut anderthalb Stunden am Weichselufer auf und ab. Es war ganz still, lediglich der Fluß murmelte leise. Die Stadtsilhouette hob sich dunkel vom Nachthimmel ab. Hier spendete mir Wolfgang das höchste Lob, das ich mir überhaupt vorstellen kann. Denn er sagte: »Meine Frau, die muß einmal so sein wie du, im Wesen vor allem – aber sie kann dir auch ähnlich im Aussehen sein.«

Um 21 Uhr war Wolfgangs Ausgang beendet. Ich begleitete ihn zum Lazarett. Dort strömten alle Soldaten wie in einem Bienenhaus zusammen. Manche kamen auch in einer Kutsche angerollt. Eine hielt ich mir gleich frei und ließ mich zu meinem Quartier fahren. In der Nacht habe ich ein bißchen gefroren, obgleich ich Unterwäsche und sogar den Pullover anbehalten hatte.

Am nächsten Morgen eröffnete Wolfgang mir, daß er morgens noch keinen Ausgang erhält, sondern erst ab fünfzehn Uhr – mein Zug aber fuhr bereits um 14.45 Uhr. Also nahm ich die Sache in die Hand. Ein Mädchen erreicht oft mehr als ein Soldat – zumal der Wachhabende, ein Feldwebel, ebenfalls Segelflieger war und wir sofort ein Gesprächsthema hatten. Ich bekam sogleich Ausgang für Wolfgang. Zum Schluß sagte der Feldwebel: »Bestellen Sie Ihrem Bruder einen schönen Gruß. Beim nächsten Mal soll er nicht seine Schwester bemühen, sondern selber kommen.« Als seine Stubenkameraden das hörten, zogen sie Wolfgang auf: »Die Waffen-SS hat keinen Angriffsgeist. Da muß erst eine Frau kommen ...« Wir blieben bis zum Abgang meines Zuges zusammen und aßen gleich zweimal zu Mittag. Wolfgang erzählte mir, daß er am 10. Februar aus dem Lazarett entlassen wird und zu seinem Ersatztruppenteil nach Dresden kommt. Dort hofft er seinen Genesungsurlaub zu erhalten und mich besuchen zu können.

Die Zugverbindung zurück war gut. In Thorn nutzte ich den Aufenthalt zu einer kurzen Stadtbesichtigung, sah das Kopernikusdenkmal und blieb lange in der gotischen Backsteinkirche Sankt Johannes, wo gerade jemand wundervoll auf der

Orgel spielte. Das Spiel in der leeren Kirche entsprach meiner Stimmung. In Allenstein kamen wir mit dreiviertel Stunde Verspätung an, und ich erreichte den Königsberger Zug in letzter Minute. Kaum saß ich, fuhr er auch schon los.

Um 0.45 Uhr landete ich in Mauern. Die Nacht war hell, es war nicht kalt, es ließ sich herrlich wandern. Einmal, wie ich in einem Wäldchen von Ferne Stimmen hörte, nahm ich von einem der Steinhaufen am Wegrain einen großen Stein als »Waffe«. Es waren jedoch Männer der Landwacht, die mich genauso mißtrauisch beäugten wie ich sie – und am Ende mußten wir alle lachen. Dabei dachte ich an eine ähnliche Wanderung vom Bahnhof Dülmen nach Dernekamp – damals gab mir der besorgte Vater seinen Stock als Waffe mit. Weißt Du noch?

Um zwei war ich zu Haus. Ich wunderte mich, bei mir alles offen zu finden. Und dann meinte ich, aus meinem Zimmer ein Geräusch zu hören. Ich packte meinen Stein fester und drückte die Klinke hinunter – Paula lag in meinem Bett! Seit gut zwei Monaten hatte ich sie nicht mehr gesehen. Da könnt Ihr Euch vorstellen, was das für ein Erzählen wurde. Paula hatte es in Weidlacken nicht mehr ausgehalten. Einmal wieder wollte sie mit einem vernünftigen Menschen sprechen. Außerdem ließ sie mir ihre Arbeit für die 2. Lehrerprüfung zum Abtippen hier. Kurz vor acht fuhr sie wieder fort. Bis dahin haben wir kein Auge zugetan. Um halb neun meldete ich mich telefonisch beim Schulrat zurück. Er war sehr nett und erkundigte sich nach dem Verlauf meiner Reise.

Nun bin ich dabei, möglichst viel zu hamstern, damit ich Wolfgang satt bekomme, denn er hat ordentlich Hunger und muß herausgefüttert werden. Gestern habe ich Schmalz ausgelassen und Plätzchen gebacken, ein Sandkuchen folgt noch. Ich habe gebügelt, alle meine Kleider aufgedämpft und die Stube geputzt; wenn Brüderchen kommt, soll alles in Ordnung sein, und ich will möglichst viel Zeit für ihn haben. Alle im Dorf nehmen herzlichen Anteil.

Schickst Du mir jetzt immer die Zeitung? Auch Wolfgang freut sich darüber; so eine Zeitung ist ein Stück Heimat. In der einen las ich die Todesanzeige von Frau Walden.

Am Dienstag lag Schnee. Wir haben in der Pause auf dem Schulhof eine große Schneeballschlacht geschlagen: Jungen gegen Mädchen. Ich war die Hauptzielscheibe. Wenn Wolfgang jetzt käme, könnte er mit dem Schlitten abgeholt werden. Mein Königsberger Quartier ist: Fremdenheim Frau Elly Kinder, Königsberg (Pr.), Vorderer Roßgarten 6.

Gertlauken, 18. Februar 1944

Meine lieben Eltern!

Montag fiel der Unterricht aus; es fand eine Tagung der außerplanmäßigen Lehrerinnen, Schulhelferinnen und Behelfslehrkräfte in Groß Scharlack statt. Ich fuhr schon um vier Uhr mit dem Rad los, es war stockdunkel, es herrschte Glatteis, und auf dem Eis stand das Wasser mindestens fünf Zentimeter hoch. Der Zug nach Labiau fuhr um 5.35 Uhr. Von Labiau ging es mit der Kleinbahn in Richtung Tapiau bis Klein Scharlack und von dort drei Kilometer Fußmarsch über allerschlammigste Straßen bis zur Groß Scharlacker Schule. Der Schulrat hat wohl kein Benzin mehr oder keinen Wagen, jedenfalls tippelte er mit uns. Er ist ein schmächtiger, zarter Mann, doch reden kann er wie ein Buch. Zuerst wurde uns eine Deutschstunde mit Einführung eines neuen Lesestücks im 5./6. und eine Geschichtsstunde im 7./8. Schuljahr geboten. An sich ausgezeichnete Stunden mit guter Gestaltungsmöglichkeit. Aber die Lehrerin stellte sich vorne hin und dozierte, und die Kinder schliefen ein. Die Einstimmung auf das Lesestück sollte zehn Minuten dauern, dauerte jedoch eine halbe Stunde. Und dann die Geschichtsstunde! Thema waren die Gebietsabtretungen nach dem Versailler Vertrag. Daraus wurde eine Wiederholung der Waffenstillstandsunterzeichnung im Walde von Compiegne. Der Schulrat griff zu unser aller Erlösung ein und weckte die Kinder auf.

Nach den geschilderten Stunden folgten noch zwei Vorträge. Der eine war gut, den anderen hielt unsere neue BDM-Gruppenführerin – ganz BDM-Typ. Redete mit Händen und Füßen und glaubte ihre kleinen Mädels vor sich zu haben. Ich sehe zu, möglichst wenig mit ihr in Berührung zu kommen – zum Glück liegt mein Dorf weit weg vom Wege. Auf dieser Tagung war wieder Geld übriggeblieben, und siehe da, der Schulrat meinte, weil ich schon um vier Uhr morgens hätte aufstehen müssen, könnte ich Übernachtungsgeld beziehen.

Auf der Rückfahrt mußten wir uns sputen, um noch rechtzeitig den Tilsiter Zug zu erwischen. Er stand schon abfahrbereit und war unglaublich voll, denn die Königsberger räumen. Furchtbar! Ich blieb während der ganzen Fahrt mit Fräulein Weiß zusammen, der Vertreterin von Herrn Schulz in Krakau. Sie hat in ihrer Art viel Ähnlichkeit mit ihm. Auch sie stammt, wie er, von einem Bauernhof (320 Morgen, 26 Kühe) und ist in ihrem Wesen genauso sicher, selbstbewußt, pflichttreu und beständig, so richtig: Ostpreußin! Ich mag sie sehr. Um noch mit zu Frau Schulz zu fahren, wie ich es sonst immer tu, war ich zu müde. Außerdem war mir unterwegs unheimlich schlecht geworden, daß ich nur noch dachte: Nach Hause! Ich schaffte es aber nicht mehr, sondern mußte bei Frau Neumann einkehren. Mir war kotzelend. Ich bekam einen Schnaps und mußte mich hinlegen, bis es besser wurde. In letzter Zeit habe ich viel Last mit dem Magen.

Sonst habe ich diese Woche mit Warten auf Wolfgang verbracht. Ich habe Handtücher und Buntwäsche gewaschen und gebügelt, viel Plätzchen gebacken, außerdem von drei Pfund Mehl Pfefferkuchen, und heute noch Anisplätzchen nach einem Rezept von Tante Lies. Frau Stachel ist heute für zwei Tage zu ihren Eltern nach Deutsch-Eylau gefahren. Wenn Wolfgang kommt, schläft er in meinem Bett und ich bei Frau Stachel auf der breiten Couch.

Heute erhielt ich Post von Wolfgang, daß er Mittwoch oder Donnerstag von Dresden abfahren werde. Er könnte also morgen hier sein. Ich erwarte ihn jeden Augenblick – und das ganze Dorf mit mir. Die Leute sehen schon Gespenster. So erfuhr ich heute mittag, daß ich vorgestern abend mit meinem Bruder auf der Post war und dann noch mit ihm spazierengegangen bin ...

Sonntag, 20. Februar

Vorgestern konnte ich nicht mehr weiterschreiben. Es war kurz vor Mitternacht, da klopfte es plötzlich. Ich hatte das Radio laufen und nur unklare Geräusche gehört, sie aber nicht beachtet. Nun fragte ich: »Wer ist da?« Keine Antwort, wieder nur Klopfen. Ich fragte nochmals: »Wer ist da?« Ein Brummbaß antwortete: »Mensch, mach doch auf!« Wolfgang! Wie mir zumute war, könnt Ihr Euch vorstellen.

Nun weiß ich gar nicht, wo ich anfangen soll mit dem Berichten. Also – erst mal von Wolfgang. Während der ganzen Fahrt von Dresden hatte er im Zug mit zwei Soldaten auf dem Klo stehen müssen. In Königsberg kam er mit vier Stunden Verspätung an, so daß er den Tilsiter Zug um 13.26 Uhr nicht mehr erreichte. Erst wollte er in Königsberg übernachten, aber er hatte die Nase voll vom Herumsitzen in Wartesälen, fuhr mit dem Zug um 19.17 Uhr und war 21.15 Uhr in Mauern. Er fand sich trotz der Dunkelheit einigermaßen zurecht und hatte Glück, daß ihn ein Fuhrwerk bis Krakau mitnahm. Nun kam der Fußmarsch, zum Glück hatte er nicht schwer zu tragen. Er fand Gertlauken und hier das Schulhaus, aber das ist nicht schwer zu finden. Es ist ja das größte Haus im Dorf und unübersehbar.

Zuerst untersuchte er, wie viele Eingänge das Haus hat, ging ganz um das Gebäude herum, stellte an drei Stellen Licht fest, klinkte laut an der Haustür, rappelte am Gartentor und pfiff. Kein Mensch rührte sich. Unglücklicherweise hatte er keine Streichhölzer, und es war so finster. Nach einer Weile vergeblichen Krachmachens tastete er sich in den Hausflur und wollte schon in einer Klasse auf der Bank übernachten. Endlich entdeckte er den Treppenaufgang, tastete sich bis zum ersten Stock, rüttelte dort an jeder Tür – nichts, alle lagen schon in den Betten, also tapste er höher. Oben klopfte er lange an eine Tür, bis er merkte, daß es eine Schranktür war. Dann versuchte er es daneben. Die Tür war offen. Und nun sah er durch ein Schlüsselloch Licht. Doch vorher verfing er sich noch in Wäscheleinen.

Am nächsten Tag nach dem Unterricht gingen wir zu Neumanns. Da lernte er gleich eine typische gastfreie ostpreußische Familie kennen. Sie hat ihm sehr gefallen. Und heute, Sonntag, überlegte ich morgens gerade, was ich zu Mittag kochen sollte, da kam Christel Beckmann und überbrachte eine Einladung zum Mittagessen. Natürlich gingen wir hin, als Nachtisch gab es Kaffee und Pfannkuchen; Wolfgang war von der Herzlichkeit der Menschen und der Üppigkeit des Essens gleichermaßen angetan. Dann wollte ich Wolfgang noch Frau Kippar vorstellen. Sie kam uns schon entgegen und freute sich, daß Wolfgang nun wirklich gekommen war. Sie braute schnell eine Tasse Bohnenkaffee. Etwas später kamen Herr und Frau

von Cohs, und schließlich trafen wir uns alle bei Frau Kerwath
zu einem Partiechen. Am liebsten von allen habe ich Frau
Kippar und Frau Stachel. Aber während ich jetzt glücklich bin,
hat Frau Kippar mit ihrem Abschiedsschmerz fertig zu werden.

Gertlauken, 24. Februar 1944

Meine lieben Eltern!

Vorgestern erhielt ich zusätzlichen Besuch. Der Oberleutnant
Peyinghaus hatte Urlaub und telegrafierte seine Ankunft. Ich
war ganz aufgeregt und auch froh, daß Wolfgang hier ist.
Zuerst aber mußte ich einen Schlitten und ein Pferd organisieren, beides bekam ich von Beckmanns. Herr Beckmann hatte
aber keine Zeit, nach Laukischken zu fahren. Wolfgang war
auch nicht bereit dazu. Also mußte ich wahrhaftig allein los-
kutschieren. Der Gaul war ganz zahm, sogar durch Laukisch-
kens »Verkehr« kam ich ungeschoren. Auf der Rückfahrt übernahm Herr Peyinghaus die Zügel. Mit Pferden versteht er
umzugehen.
Wie wir zur Straßenkreuzung in Gertlauken kamen, an der der
Krug steht, sah ich hinter dem Fenster die drei Frauen und
Wolfgang mir zulachen und zuwinken, und wie ich um die
Ecke rumpelte, stürzten sie ans andere Fenster und schnitten
mir wieder Gesichter. Die hatten Spaß, und Wolfgang mit
ihnen. In meiner Stube hatte Olga den Tisch hübsch gedeckt
und brachte, vor Neugier fast platzend, heiße Waffeln nach
oben. Allmählich legte sich meine Befangenheit. Fritz Peyinghaus ist in seiner stillen, sicheren und besorgten Art sehr sympathisch.
Nach dem Kaffee machte er mir einen Heiratsantrag. Ich war
völlig überrascht und bat um Bedenkzeit. Dafür hatte er Verständnis. Zum Nachdenken komme ich aber kaum. Meine
beiden Gäste sind der Gesprächsstoff des ganzen Dorfs. Frau
Kippar war übrigens so lieb, den Oberleutnant in ihr Haus
aufzunehmen. Jetzt muß ich schließen, weil ich noch an Paulas
Arbeit tippen muß. Sie braucht sie in acht Tagen, und ich habe
erst ein Viertel fertig.

Meine lieben Eltern!

Acht große und kleine Alarme habt Ihr hinter Euch und ganze
Nächte im Bunker. Kollegen aus Vaters Amt sind als Grenz-
schutz an die holländische Grenze gekommen, aber Vater ist
über fünfzig Jahre alt und gottlob aus der Wehrmacht entlassen. Arme Mutter, 63 Zentner Briketts durchs Kellerloch –
kein Wunder, daß der Rücken schmerzt. Und statt der drei
Pfund Kartoffeln gibt's Steckrüben. Ein Glück, daß wir den
Garten haben! Ich werde Wolfgang mitgeben, was er tragen
kann.

Vorgestern fuhr Fritz fort. Er muß am 1. März in Münster sein
und wird Euch, sobald es geht, besuchen. Ich hatte in dieser
Woche Gelegenheit, seinen Charakter ein bißchen kennenzulernen, und natürlich habe ich auch Wolfgang gefragt: »Was
hältst du von ihm?« Er meinte: »Er ist anders wie alle Männer,
die ich kenne, und auch anders als meine Offiziere.« Das
stimmt. Er ist warmherzig, hilfsbereit – geistig allen Männern
überlegen, die ich kenne. Ich kann mich nur wundern, daß er
Gefallen an mir fand.

Alle im Dorf wollten uns Gutes tun, und es hagelte nur so
Einladungen. In der Schule habe ich nur das allernötigste
getan, doch zwischendurch habe ich immer wieder an Paulas
Arbeit getippt. Die Einladung letzten Samstag zu Neumanns
wollte ich nicht annehmen und Wolfgang und Fritz allein
gehen lassen, womit keiner einverstanden war, und letztlich
blieb Fritz in meiner Mansarde und tippte Paulas Arbeit, während Wolfgang und ich durch den hohen Schnee zu Neumanns
zum Kaffee stapften. Aber die Enttäuschung dort hättet Ihr
sehen sollen. Sie schickten Wolfgang mit dem Fahrrad zurück,
um Fritz zu holen. Das war ein Bild, wie sie zurückkamen. Der
Sattel war viel zu niedrig für Wolfgangs lange Beine, Fritz saß
auf der Stange, und beide balancierten mächtig über die ver-
schneite und vereiste Straße.

Um Mitternacht schöpften Wolfgang und ich vor der Neu-
mannschen Haustür frische Luft. Es war kalt, ein weiter, sam-
tener Himmel voller glitzernder Sterne wölbte sich über das
stille, weiße Land, und ich gratulierte Wolfgang zu seinem
21. Geburtstag. Wie nachher alle hörten, daß Wolfgang Ge-

burtstag hatte, gab es des Glückwünschens und Zuprostens kein Ende, und es wurde zwei Uhr, bis wir aufbrachen. Einstimmig beschlossen die Männer, mir nach dem Krieg auf dem Wehlauer Pferdemarkt ein Reitpferd zu kaufen, und dann marschierten Wolfgang und Fritz im Parademarsch laut singend durch die Nacht, während ich nebenher lief und schimpfte: »Wollt ihr wohl still sein, ihr weckt ja das ganze Dorf!« Aber sie lachten nur.

Am nächsten Tag gab es ein Festessen bei Frau Stachel, und zum Geburtstagskaffee kam die ganze Clique zu mir. Ich hatte viel gebacken, nachher wurde ein Partiechen gespielt, nach dem Abendessen wieder ein Partiechen, und ich dachte immerzu: »Hoffentlich bleiben sie nicht zu lange, ich muß ja noch das letzte Viertel von Paulas Arbeit abtippen, sie holt sie morgen ab.« Aber sie kam schon am Sonntagabend gegen 22 Uhr. Ihr Kommen beschleunigte den Aufbruch. Wolfgang schlief ausnahmsweise in Frau Stachels Wohnzimmer, und Paula und ich haben die ganze Nacht durchgetippt. Sie las mir vor, ich schrieb. Im Morgengrauen waren wir fertig. Sie fuhr nach Wehlau, und ich ging zur Schule.

Am Mittwoch erhielt Fritz Bescheid, daß er am 1. März in Münster sein müsse. So organisierten wir erneut Pferd und Schlitten, und ich brachte ihn nach Mauern zur Bahn. Wir waren pünktlich da. Sorgfältig befestigte er die Zügel an der langen Holzstange hinter dem Wartehäuschen, an der auch die Bauern immer ihre Pferde anbinden, und war so besorgt um mich und gab mir gute Ratschläge, damit ich mit Pferd und Schlitten auch heil nach Gertlauken zurückkäme. Ihr werdet ihn sicher bald kennenlernen.

Gertlauken, 7. März 1944

Meine lieben Eltern!

Ich mache mir solche Sorgen um Euch und um Wolfgang. Bitte, schreibt mir sofort. Immerzu muß ich an Wolfgang und seine Bahnfahrt denken – er muß doch mitten in den Großangriff auf Berlin gekommen sein? Schreibt bitte sofort. Er hat hier seinen Zigarettendreher vergessen. Ich schicke ihn nach. Anbei ein paar Fotos.

Meine lieben Eltern!

Ich bin mit Wut geladen! Immer stand ich auf dem Standpunkt, den Schulrat so wenig wie möglich zu belästigen, mit eigenen Angelegenheiten schon gar nicht. Aber wenn ich schulische Probleme hätte, wäre der Schulrat der nächste, mir zu helfen. Bisher habe ich ihn in den zweieinhalb Jahren höchstens sechsmal um Rat gefragt.

Da habe ich in der Oberstufe ein paar Bengel, die mir zu frech werden. Eigentlich ist es nur einer, der lange Mahnke, der sie anführt. Heute kam der Forstlehrling und bat um ein paar Jungen, die ihm beim Tragen von Bettgestellen der NSV für Berliner Evakuierte helfen sollten. Ich bestimmte drei Schüler. Und was haben die gemacht? Sie haben die Betten hinter der Straßenbiegung einfach abgestellt und wollten auf und davon. Als ich sie zur Rede stellte, wurden sie noch frech und liefen unter Führung von Mahnke weg.

Da rief ich mittags den Schulrat an, und der riet mir, den Jungen zu prügeln. Ich denke, ich höre nicht recht! Ich sagte, der ist größer als ich, an den traue ich mich nicht heran. Der Schulrat will jetzt Herrn Drabe schicken, aber das paßt mir gar nicht.

Vor ungefähr einem Jahr ließ sich Herr Drabe, der Lehrer aus Laukischken, hier blicken. Er kam urplötzlich mit dem Rad angejökelt, fragte, ob ich was zu fragen oder zu klagen hätte, und versprach, jede Woche einmal nach dem Rechten zu sehen. Dabei blieb es. Er kam nie wieder. Bevor er ging, hatte er mir wohl gesagt, falls ich Fragen hätte, sollte ich mich zuerst an ihn wenden. Wie ich nach den Weihnachtsferien wieder hier war, hatte ich allerlei zu fragen, schwang mich auf mein Rad und fuhr zu Herrn Drabe. Das Ergebnis war mager. Ziemliche Gleichgültigkeit seinerseits, er hat auch nie wieder nachgefragt, gekommen ist er schon gar nicht, und ich habe, ehrlich gesagt, auch nie wieder an ihn gedacht. Ich habe eine Scheißwut!

Da wird man in so ein Nest versetzt – sieh zu, wie du fertig wirst! Seit Weihnachten wollte der Schulrat kommen, bis jetzt ist noch niemand hier gewesen. Die dämlichen Kerle, die können mir alle mal …

Meine lieben Eltern!

Im letzten Brief habe ich Euch nur vorgestöhnt. Doch wenn
man ein Problem überschlafen hat, sieht man es ruhiger an.
Bis heute ist niemand hier gewesen – weder der Schulrat noch
der Drabe –, aber ich habe mit den Schülern noch einmal über
alles gesprochen, und ihr Benehmen tat ihnen sichtlich leid.
Das Wetter ist scheußlich: Weihnachten im Klee, Ostern im
Schnee. Draußen sieht's wie Weihnachten aus, und doch sind
die Schneeglöckchen schon verblüht; im Wald findet man
Leberblümchen, und die ersten Stare sind schon da. Viele
Kinder fehlen beim Unterricht wegen Grippe, Scharlach und
Diphtherie. Auch Frau Kippar, Frau Stachel und Helma liegen
mit hohem Fieber.
Hat Wolfgang schon geschrieben? Für Mutter fängt jetzt gewiß
die Gartenarbeit an. Gut, daß jetzt stündlich über den Draht-
funk angesagt wird, ob feindliche Bomber anfliegen. Ich sehe
Mutter vor mir, wie sie den großen Radioapparat im Kinder-
wagen zur Reparatur nach Merheim bringt. Vaters lieben Brief
vom 11. März erhielt ich am 18., gerade als es mir nicht so gut
ging; da habe ich mich besonders gefreut und ihn immer
wieder gelesen.

Gertlauken, 29. März 1944

Meine lieben Eltern!

Ich kann mir so richtig die letzten Tage bei Euch vorstellen.
Viel zu schnell verfliegt die Zeit. Hauptsache ist, daß Wolfgang
gesund wiederkommt. Arme, liebe Mutter, der Zug setzte sich
so plötzlich in Bewegung, daß Du Wolfgang nicht einmal mehr
die Butterbrote reichen konntest. Auch Wolfgang schilderte
mir den schnellen Abschied in seinem ersten Brief aus Dresden. Er klingt ganz traurig. Immer noch sieht er Euch vor dem
Zug stehen, Mutter mit den Stullen in der Hand. Was Vater
von Wolfgang sagt, empfinde ich ebenfalls. Er ist reifer geworden. Aber Wolfgang war eigentlich immer sehr ernst und hatte
ausgewogene Ansichten. Er redet ja zum Verzweifeln wenig,
aber wenn man ihn beim richtigen Thema packt, staunt man,
wie vernünftig seine Ansichten sind.

Leider muß ich Euch mit dem Kaffee enttäuschen. Ich bekomme nur ein halbes Pfund, es kostet 50 Mark. Doch demnächst soll es nochmals welchen geben. Das halbe Pfund gebe ich Fritz mit. Heute schrieb er mir, daß er in dieser Woche kommt.

Über Ostern wird Paula hier sein. Sie besuchte mich am Sonntag. Frau Stachel und Frau Kippar reisen zu ihren Eltern, ebenso Frau Kerwath – da wäre es einsam hier ohne Paula. Wie lange Fritz bleiben kann, weiß ich nicht. Zwei Tage werde ich nach Königsberg fahren, um Bücher und Hefte zu besorgen. Vergangenen Freitag fuhr ich nach Krakau zu Frau Schulz und Fräulein Weiß. Letztere ist an Scharlach erkrankt, und so hatte der Schulrat angeordnet, daß ich die Schüler dort entlassen sollte. Das habe ich getan. Bis zu den Osterferien fällt dort der Unterricht aus.

Bei uns herrscht tiefster Winter. Seit zwei Tagen schneit es ununterbrochen. Alle Wege sind verstiemt.

Gertlauken, 3. April 1944

Meine lieben Eltern!

Gerne möchte ich Euch einen langen Brief schreiben. Ich kann mich nur nicht konzentrieren. Morgen gibt es endlich Ferien. Seit Freitag habe ich Besuch von Fritz. Er wohnt bei Frau Kerwath. Das Osterfest werden wir gemeinsam mit Paula verleben. Am Dienstag nach Ostern muß Fritz wieder fort. Paula und ich werden ihn bis Königsberg begleiten und dort ein paar Tage bleiben. Zu meinem Geburtstag muß ich wieder in Gertlauken sein. Die Kinder bedauern sehr, daß er in die Ferien fällt. Ich werde sie alle einladen, wie im vergangenen Jahr.

Gestern war Einsegnung im Dorf, außerdem wurde Berkans Elke getauft. Wir sollten an drei Stellen zugleich erscheinen. Zum Mittag fanden wir uns bei Beckmanns ein. Es gab die leckersten Dinge, die ich Euch besser nicht aufzähle, um Euch nicht den Mund wäßrig zu machen. Beckmanns ließen uns einfach nicht los; wir mußten auch noch zum Kaffee bleiben. Da erschienen so nach und nach alle mir besser bekannten Familien; es wurde eine große, lustige Gesellschaft mit viel

jungem Volk. Wir waren an die dreißig Personen. Zum Kaffee
wurden 23 (in Worten: dreiundzwanzig!) der leckersten Torten
aufgetragen, und das soll nur die Hälfte gewesen sein, denn
mehr konnten die Tische nicht tragen.

Gertlauken, 21. April 1944

Meine liebe Mutter!

Fritz bekam ein Telegramm, daß er seine Kur in Bad Nauheim
unverzüglich anzutreten habe. Wir hatten uns das Osterfest ja
anders vorgestellt. So haben Paula und ich das Osterfest allein
verlebt – auch wunderschön! Frau Stachel war mit ihren Kindern fortgefahren, auch Olga weilte zu Hause, so hatten wir die
ganze Küche mit Herd und elektrischem Kocher ganz für uns
allein – ein herrliches Wirtschaften! Am ersten Feiertag gab
es Flinsen und am zweiten heiße Waffeln. Gleich nach Tisch
unternahmen wir einen langen Waldspaziergang. Der Schnee
ist längst geschmolzen, es war sonnig und warm. Im Wald
blühten Leberblümchen, Goldsterne, Milzkraut und was
nicht noch alles. Das üppigste Sprießen herrschte an den
Bächen und kleinen Teichen. Schon von weitem hörten wir die
Frösche quaken. Auf einer sonnigen Lichtung fanden wir
einen Holzstapel, wir legten uns auf ihn und sonnten uns.
Auch am nächsten Tag gingen wir wieder in den Wald.
Gerade höre ich den Wehrmachtsbericht. Wieder wird Köln
genannt. Wenn nur nichts passiert ist, liebe Mutter. Hoffentlich warst Du im Bunker! Vielleicht hat Vater, wenn er das
hört, auch keine Ruhe mehr in Dresden bei Wolfgang.
Aber ich will in meiner Osterschilderung fortfahren. Am
Osterdienstag überlegte ich: du hast doch Ferien, warum
fährst du nicht nach Dresden zu Wolfgang und Vater. Gesagt,
getan. Paula und ich haben rasch noch einen Kuchen gebakken und den kleinen Koffer gepackt, und am Mittwoch konnte
ich um zehn Uhr mit einem Fuhrwerk zur Bahn fahren. Wir
hatten eigentlich zusammen nach Königsberg fahren wollen,
doch Paula hat sich so sehr den Magen verdorben, daß sie
leider nicht mitkommen konnte.
Am Nachmittag ging ich zweimal ins Kino und fuhr am Abend
gegen 22 Uhr nach Berlin. Der Zug war furchtbar voll, ich

mußte auf dem Gang stehen. Neben mir stand eine junge Frau aus Halle. Sie war Krankenschwester gewesen und hatte später einen Bäcker geheiratet; sie erzählte mir ihre ganze Lebensgeschichte. Zum Schluß gab sie mir ihre Anschrift, damit ich ihr mal schreibe. Sie war so offen und bieder, ehrlich und zutraulich – solche Begegnungen habe ich immer wieder. In Berlin reichte die Zeit gerade zum Umsteigen; auch hier war der Zug überfüllt, aber in anderthalb Stunden war ich in Dresden. Dort erkundigte ich mich erst einmal nach der Kaserne; sie liegt übrigens sehr schön, ganz von Wald umgeben. Dann wusch ich mich gründlich im Waschraum des Bahnhofs. So erfrischt, fuhr ich hinaus zur Kaserne. Dort führte mich ein Soldat von der Wache zur Kantine. Mit mir traf Wolfgang dort ein, er war baß erstaunt. »Wie kommst du denn hierher? Ich dachte, Vater wäre gekommen!«

Er ging zum Kompaniechef und bekam Urlaub bis 22 Uhr. Wir fuhren in die Stadt, um für mich erst einmal ein Quartier zu suchen. In der heißen Sonne liefen wir von Hotel zu Hotel – Fehlanzeige. Schließlich nannte mir eine Hotelkellnerin eine Privatadresse und rief auch gleich dort an. Ich konnte kommen. Das Zimmer lag im Zentrum der Stadt. Danach gingen wir essen. Ich hatte Wolfgang nämlich vom Mittagessen weggeholt – er war noch beim Pellen seiner ersten Kartoffel, als ich in die Kaserne kam. Am Nachmittag bummelten wir durch die Stadt, gingen dann zum Abendessen und trennten uns bereits gegen acht, weil Wolfgang in der folgenden Nacht noch eine Übung haben sollte.

Freitagmorgen bummelte ich wieder durch die Stadt. Sie beeindruckte mich sehr. Der Verkehr war nicht anders als in Köln in Friedenszeiten, so ein richtiges Großstadtbild: unzählige Menschen, breite Straßen, schöne Geschäfte und Schaufenster, imposante Bauwerke – und keine einzige Ruine …

Unsere ehrwürdigen romanischen Kirchen in Colonia – nie hätte ich gedacht, daß mich der Barock dermaßen hinreißen würde! Der Zwinger und die Frauenkirche mit ihrer gewaltigen Kuppel, auf der ein Engel schwebt. Schön der Adolf-Hitler-Platz mit der Staatsoper, einem Teil des Zwingers und des Schlosses. Der Platz liegt an der Elbe. Man kann dort einige Treppen hochsteigen und kommt auf die Brühlsche Terrasse. Von dort hat man einen herrlichen Blick über die Elbe mit ihren drei Brücken und auf das jenseitige Ufer mit den schönen kunstvollen Anlagen und großen Gebäuden, auf die sogenannte Neustadt. Ich bedauerte sehr, daß ich keinen Stadtführer kaufen konnte, aber es ist auch schon beglückend, eine Stadt beim ziellosen Durchschlendern auf sich wirken zu lassen. Ich nahm mir Zeit bei meinem Bummel, denn Wolfgang wollte erst gegen drei in meinem Zimmer sein und erst einmal ein Stündchen schlafen, denn Ausgang bis 22 Uhr, danach Nachtübung und am nächsten Tag wieder Dienst – das wirft selbst den stärksten Soldaten um.

Bevor ich raufging, kaufte ich schnell noch etwas Kuchen. Wolfgang war kurz vor mir eingetroffen, wollte aber vom Schlafen doch nichts wissen. So tranken wir gemütlich Kaffee und bummelten anschließend wieder in der Stadt umher. Er kannte ein kleines Lokal, in dem es gute Wiener Schnitzel gab. Vater wird es inzwischen auch kennengelernt haben. Doch der schlafmützig-langsame Kellner konnte zwei hungrige Mägen zum lauten Knurren bringen.

Am nächsten Tag, meinem Geburtstag, hatte Wolfgang frei. Ich erwartete ihn schon zum Frühstück. Er wollte Heinz Goldammer mitbringen. Ich kaufte Brötchen und deckte den Tisch mit allem, was ich an Leckerem zu bieten hatte. Leider kam Wolfgang allein. Heinz Goldammer hatte zwar Urlaub, mußte aber in der Kaserne bleiben. Wolfgang und ich suchten nach dem Frühstück die Stadt nach einem Fotografen ab. Wir fanden einen und mußten im Vorzimmer fast eine Stunde warten. Wolfgang war so müde, daß er im Sitzen einschlief. Der Fotograf war ein alter, frommer Herr aus Königsberg. Er empfand viel »christliche« Freude an dem »hübschen Geschwisterpaar«. Die Bilder schickt er zu Euch nach Köln.

Nach dem Mittagessen – ohne Kartoffeln, die knapp in Dresden sind, statt dessen mit Brot – ging es mit der Linie 18 nach Pillnitz. Trotz der Verwahrlosung ist das niedrige, langgestreckte Schloß ein entzückendes Bauwerk. Zur Elbe hinunter führte eine weite Treppe, und auf der Brüstung wachen zwei Sphinxe. Wir spazierten ganz allein dort herum, und ich dachte eigentlich dankbar an die Fürsten vergangener Tage, die uns so viel Schönes hinterlassen haben, wenn mir auch bewußt ist, daß der größte Teil des Volkes dazumal in arger Armut lebte. Am Abend holten wir unseren müden Vater vom Bahnhof ab – das heißt, er war noch recht frisch. Wir freuten uns alle und führten ihn in unserer Mitte zu meinem Quartier, denn Vater konnte dort auch wohnen. Dann packte Vater erst einmal aus, und jetzt, Mutter, muß ich mit Dir schimpfen! Was hast Du denn nur alles eingepackt. Die schöne Bluse und der gute helle Rock und der Mantel erst! Das sind doch alles Deine Sachen. Die kannst Du mir doch nicht so einfach schenken. Nichtsdestoweniger habe ich die braune Bluse gleich anziehen müssen ...

Über den riesigen Kuchen haben Wolfgang und ich uns herzlich gefreut. Er hat allerdings recht schnell sein süßes Leben lassen müssen, kein Wunder bei zwei so verschnupften Kindern. Vater hat höchstens zwei Stückchen davon gegessen. Aber auch Kamm und Haarkämmchen, Knöpfe, Tuch und Nadel kann ich herrlich brauchen, und die Zahnbürste erst, danach suchte ich schon lange. Also, meine liebste Mutter, ich danke Dir herzlich für all Deine lieben Geburtstagsgeschenke.

22. April

Am Sonntag bummelten Vater und ich durch Dresden, aßen in einem netten Lokal eine riesige Portion Fleisch, sogar mit Kartoffeln, und gingen dann zu Fuß zurück. Das Laufen in der Stadt bei warmem Wetter und noch wärmerem Mantel macht müde. Am Abend besuchten Vater, Wolfgang und ich den Zirkus Sarrasani. Das Programm bestand aus einem Viertel Operette, einem Viertel Varieté und einem Viertel Caféhaus und Zirkus, aber es ist schon toll, wie sie das in Anbetracht der Kriegszeit noch hinkriegen. Das Schönste aber war, daß wir drei zusammen sein konnten, es fehlte bloß noch Mutter!

Am Montag, dem letzten Tag, fuhren Vater und ich ins Elbsandsteingebirge. Mit Vater kann man überhaupt gut wandern, das habe ich schon in Attendorn gemerkt. Wir hätten das viel häufiger tun sollen.

Wir fuhren bis Bad Rathen an der Elbe, kurz hinter Pirna. Auf der anderen Flußseite ragten die steilen, so seltsam geformten Felsen des Elbsandsteingebirges empor, ein romantischer Anblick. Wir ließen uns mit der Fähre übersetzen; dabei mußte ich an ein ähnliches Bild von Moritz von Schwind denken. Im Gebirge, einem ganz wilden Felsengewirr, hat man unbeschreibliche Aussichten. Wir sahen den Lilienstein und die Feste Königstein. Im Gasthof der Bastei hofften wir etwas essen zu können, aber: Montags geschlossen! Nun wollten wir auf einem anderen Weg wieder absteigen. Anfangs war es ein bequemer, breiter Tannenweg, und Vater freute sich über den Schatten. Doch dann gelangten wir an die sogenannten Schwedenlöcher, und ein wildromantischer Abstieg begann: durch Felsengänge, durch die man nur gebückt hindurchkam, oft plätscherte ein Bächlein munter dahin. Es war herrlich, so sommerlich und friedlich. Man hätte die Zeit anhalten mögen.

Gertlauken, 2. Mai 1944

Meine lieben Eltern!

Euren ersten Brief nach dem Angriff habe ich heute erhalten. Ich war so voller Sorgen. Von Samstag bis Montag war ich in Königsberg. Dort traf ich Elsa Haller und ihren Mann, außerdem Helga Ibing und Paula. Übermorgen haben wir eine Tagung, da will ich den Schulrat um Verlobungsurlaub bitten.

Gertlauken, 7. Mai 1944

Meine lieben Eltern!

Wie Ihr die Verlobung feiern wollt, wen Ihr einladet und so weiter, überlasse ich Euch. Nur nicht so eine große Feier. Ich habe eben Tante Lies geschrieben. Onkel Hermann könnte doch auch mitkommen. Ich habe ein schriftliches Urlaubsgesuch laufen; sobald die Antwort da ist, schreibe ich Euch. Voraussichtlich werde ich am 26. Mai in Köln eintreffen, mit Kinni. Sie wird Donnerstag hier sein. Hier regnet es ständig.

Gertlauken, 11. Mai 1944

Liebe Eltern!

Wieder nur ein kurzer Gruß. Immer wieder wurden heute feindliche Flieger im Westen gemeldet. Es war sicher ein schwerer Tag für Euch. Wenn nur alles gut geht!
Gestern kam Kinni wohlbehalten hier an, sie war todmüde.

Fast dreißig Stunden war sie unterwegs. Hoffentlich können wir zusammen zurückfahren. Der Schulrat antwortete noch nicht endgültig auf mein Gesuch. Er wollte erst wissen, wo Fritz sich befindet. Wir wollen nicht viele Menschen einladen, die Zeiten sind zu schrecklich.

In der Schule herrscht eine Art Krätze – ich habe mich angesteckt. Morgen fahre ich zum Arzt. Liegt Wolfgang noch in Dresden? Er hat schon lange nicht mehr geschrieben.

Gertlauken, 15. Mai 1944

Meine liebe Mutter!

Hier herrscht eine wunderbare Ruhe – und Ihr müßt ständig in den Bunker. Wie erschöpft Ihr seid, sehe ich an Kinni. Sie möchte nur Ruhe und Schlaf. Heute wurde im Wehrmachtsbericht wieder Köln genannt, gestern Osnabrück. Besorgt Euch doch bitte von der Post Eilkarten, die es nach Angriffen gibt. Man darf auf ihnen nur zehn Worte schreiben, aber sie werden schneller befördert. Ich erhielt eine solche von Tante Lies vom 9. Mai.

Fritz schrieb aus Mülheim, daß er noch für eine Woche hierher kommen will und dann Pfingsten mit mir heimfährt. Ich erwarte ihn morgen oder übermorgen. Vom Schulrat habe ich noch keine Nachricht. Wenn morgen keine Post da ist, rufe ich ihn an.

Gertlauken, 4. Juni 1944

Meine lieben Eltern!

Vergangenen Sonntag saßen wir noch alle zusammen beim Kaffee. Was mögt Ihr heute tun? Hoffentlich habt Ihr ein bißchen Ruhe, daß Mutter sich von aller Arbeit erholen kann.

Gestern wollte ich Euch eigentlich schreiben – nur vorher noch einen Augenblick ruhen. Im Unterrock legte ich mich um sechs Uhr abends aufs Bett, um acht heute morgen wachte ich auf.

Ist Fritz gut fortgekommen? Hat Vater ihn zur Bahn gebracht? War sein Zug auch so voll wie meiner? In unserem Abteil standen ständig drei Personen, man wußte gar nicht, wohin mit den Beinen. Auf dem Gang war es noch voller. Zum Klo kam man nur unter Verrenkungen. Dazu war es drückend heiß. Doch ziemlich pünktlich liefen wir in Berlin ein. Nach Berlin saß ich zwischen zwei Männern. Der eine war groß und bestand nur aus Fleisch und Fett. Er legte sich behaglich in sein Eckpolster zurück, wies auf seine breite Brust und sagte: »Nu machen Sie es sich auch bequem, Fräuleinchen.« Ich mußte lachen. Er ist in Hadersleben zu Hause und erzählte sehr interessant vom Einmarsch in Dänemark. Aber ich dachte viel an Fritz und hoffe, daß er ohne Zwischenfall heil in Mourmelon angekommen ist.

Der Zug fuhr mit einem höllischen Tempo, bis er plötzlich hinter Stargard stehenblieb. Vier weitere D-Züge nach uns mußten ebenfalls warten. Weshalb, wußten wir nicht. So kam ich nicht um 18.22 Uhr, sondern erst nach 20 Uhr in Königsberg an. Mein Anschlußzug war futsch. So wusch ich mich erst einmal, gab meinen Koffer auf, aß im Wartesaal Spinat und Salat und fuhr zu Frau Kinder. Sie hatte noch Platz für mich. Am nächsten Morgen ging's weiter. Von Laukischken bis Krakau nahm mich ein fremder Mann mit seinem Fuhrwerk mit. Von dort war ich in einer Stunde in Gertlauken. Frau Stachel und Frau Kippar hatten mein Zimmer wundervoll mit Flieder, Tulpen und Narzissen geschmückt.

Donnerstag und Freitag fiel der Unterricht wegen Pockenschutzimpfung aus, Samstag ebenfalls, wegen der Reichsjugendwettkämpfe. Da hätte ich auch noch ein paar Tage länger bei Euch bleiben können.

Am Samstagvormittag haben wir allerdings schwer geschuftet. Denn Gertlauken bekommt einen Kindergarten. Am Freitag kamen die Kindergärtnerin und die Möbel an. Es wundert mich doch sehr, wie gut die NSV für ihre Mitarbeiter sorgt – plötzlich ist alles da. Unser dritter Schulraum, die Fortbildungsklasse, mußte dafür geräumt werden. Zwei Schränke mußten hinaus, da habe ich mir einen gleich vom Stellmacher zu einem Kleiderschrank umbauen lassen.

Wie ich übrigens am Freitag vor dem Impfen in die Klasse trat, saßen die Kinder mit Blumensträußen auf ihren Plätzen, traten einzeln vor und gratulierten mir zur Verlobung. Mein Zimmer ist jetzt ein wohlduftendes Blumenmeer. Auch im Dorf gratuliert mir jeder.

Meine lieben Eltern!

Inzwischen hat die Invasion begonnen. Wie ich das am Dienstag im Wehrmachtsbericht hörte, fingen mir die Knie an zu zittern. Ob die nächste Zeit die Entscheidung bringen wird? Was denkt Ihr? Wolfgang ist nun im Westen. Gestern erhielt ich von Euch mit vielem Dank die Zeitungssendungen. Auch von Fritz erhielt ich Post. Sie ging sehr rasch, nur acht Tage. Seine Feldpostnummer ist 58281 C.

Hier brauchte ich mich nicht erst wieder einzuleben. Dennoch habe ich den riesigen Unterschied zwischen dem gehetzten Leben in Köln und der Ruhe und Friedlichkeit in Gertlauken ganz stark empfunden.

Am Sonntagmorgen kam der Bürgermeister und brachte für Frau Kippar und mich die Viehzwischenzählungslisten. Am Nachmittag kam Paula. Wir gingen in den Wald und haben dort neue, besonders schöne Stellen entdeckt. Montagmorgen um fünf fuhr sie wieder fort. In der Frühe ist es ja draußen ganz besonders schön, wenn Landschaft, Tiere und Menschen aus dem Schlaf erwachen und ein frischer Tag beginnt. Deshalb begann ich mit der Viehzählung auch schon ganz früh. Ich kenne meine Pappenheimer alle ganz gut, und ein kleines »Verzällche« muß ich überall halten. Diesmal fragte jeder nach Köln, nach Euch, nach den Alarmen und gratulierte zur Verlobung. Am Spätnachmittag war ich mit der Zählung fertig – zum Glück, denn es fing schon wieder ganz gehörig zu plätschern an. Von den Wassermengen, die hier vom Himmel stürzen, könnt Ihr Euch überhaupt keine Vorstellung machen. Gärten und Äcker stehen unter Wasser. Manche Leute haben noch nicht einmal ihre Kartoffeln setzen können. Auch heute ging wieder ein schweres Gewitter nieder. Es muß unbedingt mal wieder das »Sonnchen« scheinen.

Seit Montag ist der Kindergarten unten in der Schule in Betrieb. Die Kinder sind drollig, es sind zwei- bis sechsjährige, und sie sind hier von 8 bis 18 Uhr. Kindergärtnerin wäre kein Beruf für mich – den ganzen Tag mit den Kleinen spielen »Häschen in der Grube«, »Zeigt her eure Füßchen« – furchtbar. Die meisten Kleinen waren noch nie fort von der Mutter und erheben ein Mordsgebrüll, wenn sie allein sind. Manche versuchen auch auszureißen.

Ich muß schließen, es ist gleich sieben und ich muß noch einkaufen. Gestern nachmittag kam Paula für eine Stunde, nur um mir zu sagen, daß in der Gegend von Minden in West- falen eine Lehrerin nach Ostpreußen möchte und wir uns zum Tausch melden können. Aber ich will hier bleiben und hier nach den Sommerferien meine Prüfung machen. Mein Tätig- keitsbericht ist fast fertig. Wer weiß auch, was im Herbst sein wird. Außerdem sind in fünf bis sechs Wochen die großen Ferien da.

Gertlauken, 15. Juni 1944

Meine lieben Eltern!

Nun kann ich Euch für viel Post danken. Anfang der Woche kam der dicke Brief vom 8. Juni, er war nur vier Tage unter- wegs. Heute erhielt ich den vom 5. mit den beiden Zeitungen, in denen die Verlobungsanzeigen stehen. Entsetzt las ich von dem Bombeneinschlag in der Cimbernstraße. Das Leben in Köln ist die Hölle. Man kann es sich hier gar nicht vorstellen. Hat Wolfgang in der Zwischenzeit geschrieben? Schickt mir bitte den Brief von Erni Jennings, damit ich ihm nach Kanada schreiben kann.

Gestern habe ich Frau Strupat besucht, sie fühlte sich nicht wohl, hatte aber doch Bohnenkaffee gekocht und ihre Königs- berger Flüchtlingsfrau eingeladen, deren Mann auf Urlaub hier ist. Wir unterhielten uns sehr gut, später wir Frauen noch ein Weilchen allein. Da wurde viel über die Ehe gesprochen. Lacht nicht: Von Weihnachten bis jetzt habe ich über die Beziehungen zwischen Mann und Frau unendlich viel gelernt – weshalb soll ich Euch nicht schreiben, was ich denke und was mich bewegt. Und nun stelle ich immer wieder fest, daß man- ches im Leben der Menschen eine viel wichtigere Rolle spielt, als ich bisher dachte.

Heute hat Helma Geburtstag. Da ist viel Besuch! Acht Erwachsene werden wir heute abend sein, und ich muß mich fein anziehen. Frau Stachel und ihre Schwester sind immer sehr chic!

Hier ist es noch immer ziemlich kalt. Bisher hat es fast jeden Tag geregnet. Auf den Feldern verfaulen die Kartoffeln. Mit der Heuernte konnte noch nicht begonnen werden, weil die Wiesen unter Wasser stehen. Sonntag will ich zu Paula fahren.

In der Schule habe ich in dieser Woche mal wieder sämtliche Köpfe nachgesehen. Eine Mutter, eine Rheinländerin, kam später im Sturmschritt angerauscht, und ein Schwall wütender Worte ergoß sich über Frau Kippar und mich: Ihre Kinder hätten keine Läuse! Frau Kippar verstand bloß die Hälfte, und die noch verkehrt. Aber ich bleibe immer ganz ruhig in solchen Situationen.

Gertlauken, 23. Juni 1944

Meine lieben Eltern!

Heute kam Brief Nr. 106 an, herzlichen Dank! Vater muß ja in entsetzlicher Brummstimmung gewesen sein – brrr! Da freue ich mich immer, daß ich nicht in erreichbarer Nähe bin. Nur eines möchte ich klarstellen: Zwar bin ich oft in Königsberg, doch immer nur an Feiertagen. Wenn ich samstags ankomme, ist es schon später Nachmittag, und dann sind die Läden bekanntlich schon geschlossen. Und daß ich in Ordnung und Organisationstalent nicht die Tochter meines Vaters bin, daraus habe ich nie ein Hehl gemacht!

Natürlich habe ich mich auch schon gefragt, ob ich nicht zu oft ausgehe und vielleicht meine Arbeit darunter leidet. Aber die Ostpreußen sind sehr gesellig und lieben Besuche und das Zusammensein mit Verwandten, Freunden und Nachbarn. Das ist hier auf dem Dorf ganz anders wie bei uns in der Stadt, und mir gefällt es, und ich fühle mich irgendwie geborgen, daß ich dazugehöre.

So holte mich Frau Kippar am Samstag um fünf ab und wir gingen zu Frau Appel, die uns eingeladen hatte. Sie wohnt weit draußen in einem Forsthaus und freut sich immer, wenn mal Besuch kommt, zumal sie nach dem Tod ihres Mannes sehr einsam ist. Wir haben uns den ganzen Nachmittag über Kochen, Backen, Garten und Vieh unterhalten. Außer uns war auch noch Frau Ander dort, ebenfalls eine Förstersfrau. Die Bewirtung war friedensmäßig, nachmittags und abends. Es ist so ein richtiges altes Haus, und wenn Gäste da sind, wird hergeholt, was Keller und Kammer liefern. Erst um Mitternacht war ich zu Haus.

Am Dienstag ging ich gegen halb zehn abends nochmals zu Frau Berkan hinunter, weil ich Dr. Ohlsen auf dem Motorrad vorfahren sah. Die kleine, sechs Monate alte Elke hat schon seit Tagen Keuchhusten, heute ging es ihr ein bißchen besser. Sie hatte gegessen, und am Nachmittag lag sie in der Sonne und lachte, wenn man sie ansah. Jetzt rang sie jedoch schwer nach Atem, spuckte Blut, hatte über 40 Grad Fieber, eine Lungenentzündung war hinzugekommen. Es war furchtbar, das arme Würmchen so kämpfen und leiden zu sehen. Ununterbrochen hielt sie stundenlang die Augen offen und schüttelte sich in Fieberkrämpfen. Der Arzt hatte ihr Spritzen gegeben. Frau Berkan hatte schon nächtelang nicht mehr geschlafen, dabei ist sie selber krank, Rheumatismus. Die Kleine wurde etwas ruhiger, konnte aber natürlich nicht allein gelassen werden. Ich bot mich an, Wache zu halten. Gegen fünf Uhr früh hörte ich einen Choral. Da war die kleine Elke gestorben.

Heute findet die Beerdigung statt. Gestern abend war Totenwache. Es ist hier Sitte, daß die Nachbarn am letzten Abend vor der Beerdigung bis Mitternacht beim Toten sitzen und wachen und singen. Die kleine Leiche sah wie eine Puppe aus, so hübsch in dem langen weißen Kleid und mit den vielen Blumen ringsherum. Unter den Wachenden war auch eine alte Diakonissin, die ein paar sehr warme, mitfühlende Worte sagte, und dann haben wir geistliche Lieder gesungen. Um 18 Uhr findet die Beerdigung statt, anschließend ist das übliche Essen bei Frau Berkan. Ich helfe, so gut ich kann. Von den fünf wachenden Frauen gestern abend hatte eine jede schon ein Kind verloren, die eine ihren einzigen Sohn im Felde.

Fritz schrieb, daß er folgendes von mir braucht: Abschriften der Abstammungsurkunden bis Großeltern einschließlich, polizeiliches Führungszeugnis, ärztliches Ehetauglichkeitszeugnis, Benennung von zwei Bürgen und Staatsangehörigkeitsurkunde. Für das Standesamt brauche ich außerdem die Geburtsurkunde der Eltern, die meine und meinen Taufschein.

Meine lieben Eltern!

Ist es zu kalt, wird gestöhnt; wird es endlich heiß, stöhnt man
ebenfalls. Ich habe nur den einen Wunsch: Wasser und
Schwimmen. Bestimmt wäre ich heute auf der Nehrung, doch
ich bekam keine Karte mehr. Der Dampfer fährt bloß noch
sonntags. Da sind die Karten schon am Dienstag ausverkauft.
Am Nachmittag bin ich bei Christel Beckmann zum Geburtstagskaffee eingeladen. Die Beckmanns sind eine reizende
Familie, besonders nett ist das »Ohmchen« – eine richtige
Bilderbuchgroßmutter. Sie war dreimal verheiratet und hatte
15 Kinder. Sechs sind tot, einer fiel im Ersten Weltkrieg, zwei
sind in Amerika, die übrigen leben im Dorf oder in der Umgebung. Sie besorgt das ganze Haus und das Vieh, wenn die
Familie auf den Feldern arbeitet. Sie kocht, sammelt stundenlang Walderdbeeren, andere Beeren und Pilze. Im Winter
spinnt und strickt sie. Und wenn sie von alten Zeiten erzählt!
Zu Fuß wanderte sie früher zum Markt nach Königsberg, um
dort die Walderdbeeren zu verkaufen. Sie ist überhaupt die
beste Quelle für mich für das Dorfbuch, auch was den Aber-
glauben betrifft. Sie kennt unglaubliche Rezepte – zum Beispiel, wie man einen Mann gewinnt …
Von Wolfgang erhielt ich nur einen kurzen Brief. Zusammen
mit seinem alten Kompaniechef wurde er wieder zu seiner
19. Kompanie versetzt.
Am Donnerstagnachmittag hatten wir in Mauern eine
Arbeitsgemeinschaft. Der Schulrat war auch gekommen. Er
sagte, daß wir in Gertlauken noch eine dritte Lehrkraft
bekommen sollen. Ihr glaubt nicht, wie froh ich darüber bin.
Nach den Sommerferien bekommen wir sechsundzwanzig
Schulanfänger – wir haben dann über 150 Kinder, darunter
etliche aus Berlin und Königsberg. In diesen Städten sind die
Schulen so gut wie leer, oft bloß noch drei oder fünf Kinder
in einer Klasse.

Meine lieben Eltern!

Seit etwa drei Wochen herrscht eine tropische Hitze. Heute gab ich zum ersten Mal schulfrei. Um neun Uhr waren es bereits 30 Grad im Schatten. Wir alle ließen die Köpfe hängen. Es war einfach nichts mehr zu machen. Da schickte ich die Kinder nach Haus.

Der Bericht von Frau Hunger ist erschütternd. Du schreibst, daß die Tochter auf dem Dachboden ohnmächtig zusammenbrach; wie wurde sie gerettet? Und der Vater verbrannte?

Von Fritz erhielt ich ein Päckchen mit zwei Paar Strümpfen, Hautcreme und einem hübschen, blauen ledernen Geldtäschchen. Er gab das Päckchen einem Kameraden mit, der nach Ostpreußen fuhr. Ich habe mich riesig gefreut, doch zu mehr als einem Brief in der Woche reicht auch seine Zeit nicht. Sonntag machte ich ihm den Vorschlag, die Hochzeit auf den nächsten Sommer zu verschieben. Mir fehlt das richtige Gefühl und die Stimmung dazu. Vielleicht sieht man in einem Jahr auch klarer in die Zukunft.

Von Wolfgang bekam ich heute seit langer Zeit ein paar Zeilen. Ob er im Einsatz steht? – Gestern erhielt ich ein Pfund Gartenerdbeeren geschenkt, beinahe hätte ich geheult vor Freude. In dieser Woche habe ich von fünf Pfund Stachelbeeren – so winzige könnt Ihr Euch überhaupt nicht vorstellen – drei Gläser Marmelade eingekocht. Zucker hatte ich noch von Mutter. Und dann hatte ich in dieser Woche große Wäsche. Paula half wieder mit, wie schon so oft. Wir sprechen dann von zu Hause und singen zwischendurch, dann empfindet man das nicht so als Arbeit.

Am Donnerstag hatten wir in Labiau eine Tagung. Der Kreisleiter sprach vor Bürgermeistern, Ortsbauernführern und Lehrern über die Bedeutung der Schule. In einer Woche gibt es Ferien und Zeugnisse. In Krakau ist übrigens die neue Lehrkraft schon eingetroffen – eine alte Schrulle, die immer nur das 3. Schuljahr geführt hat. Erst spielte sie sich als Schulleiterin auf, aber jetzt hat sie schon klein beigegeben. Fräulein Weiß hat sie den Vorschlag gemacht, sie solle wie bisher die Schulleiteraufgaben erledigen, Meldungen schreiben und dergleichen, und sie selbst werde dann nur ihren Namen drun-

174 tersetzen. Auch meinte sie, als Schulleiterin brauche sie nur

174 tersetzen. Auch meinte sie, als Schulleiterin brauche sie nur zwölf Stunden in der Woche zu unterrichten. Außerdem könne sie auch nicht mehrere Jahrgänge gleichzeitig unterrichten; sie würde 19 Schüler übernehmen und Fräulein Weiß 72. Ich bin mal gespannt, wie das an unserer Schule wird.

Gertlauken, 16. Juli 1944

Meine lieben Eltern!

Es ist Sonntagmorgen, neun Uhr. Sicher trinkt Ihr Kaffee oder sitzt im Keller, da Einflüge über Südwestdeutschland gemeldet sind. Und was mag Wolfgang machen?

Ich erwarte Paula zum Mittagessen und will vorher noch Zensuren in die Zeugnishefte eintragen. Dann habe ich noch einige Vorträge und Lehrproben für unsere Tagung vorzubereiten.

In dieser Woche wurde Herr Bachert, unser Amtsvorsteher, beerdigt. Wie ich am Sonntag von der Nehrung kam, überholte mich ein Krankenwagen aus Labiau. Hinter Laukischken begegnete er mir auf dem Rückweg – also war er in Krakau oder in Gertlauken gewesen. Herr Bachert war geholt worden. Er war vor längerer Zeit schon an einer Kopfgrippe erkrankt, dazu kam noch eine Mittelohrentzündung, und er sah sehr schmal und blaß aus, als er aus dem Krankenhaus entlassen wurde. Kurz darauf traf ich ihn auf der Straße und sprach auch mit ihm. Mein Gott, setzt der eine Leidensmiene auf, dachte ich im stillen. Jetzt tut mir der Gedanke leid. Am Sonntag verschlimmerte sich sein Zustand, und er wurde in ein Krankenhaus in Königsberg geschafft. Es gab noch ein Funken Hoffnung durch eine Operation – vergeblich. Nun mußte seine Frau ihn mit dem Pferdewagen von Königsberg holen lassen. Eine ganze Nacht und einen ganzen Tag sind die Männer aus dem Dorf mit der Leiche gefahren. Jetzt steht die arme Frau mit ihrer sechzehnjährigen Tochter allein da. Ihr Sohn ist an der Front. An der Beerdigung nahm das ganze Dorf teil. Herr Bachert starb mit 54 Jahren.

Wenn ich vom Friedhof komme, freue ich mich immer doppelt meines Lebens, der Sonne und des Himmels. Und doch!

Wenn's sein muß, sterbe ich ruhig. Das stelle ich mir manchmal vor. Eine kurze Zeitspanne der Besinnung möchte ich vorher gern haben, um Abschied von der Welt zu nehmen und Gott zu danken für all das Schöne, das ich erleben durfte.

Bei der Leichenrede hörten wir das ferne Dröhnen der Geschütze an der Front. Aber seit zwei Tagen ist es leiser geworden. Ihr braucht Euch meinetwegen keine Sorgen zu machen. Ich stehe doch allein hier, und Alleinstehende können sich immer helfen.

Anfangs herrschte im Dorf über die Kriegslage schlimme Aufregung. Denn Grodno liegt ja wirklich nicht weit von der ostpreußischen Grenze entfernt. Ich schrieb Euch wohl schon, daß ganz plötzlich 25 Männer aus dem Dorf morgens um fünf Bescheid bekamen und schon um acht, ausgerüstet mit Gewehr und Spaten, abzogen. Wahrscheinlich, um am Ostwall zu arbeiten. Weitere Männer sollen folgen. Herr Schustereit und Herr Neumann sind auch fort. Manchem wird es bitter werden, gerade jetzt fort zu müssen, mitten in der Erntezeit. Heute mußten auch die Jungen ab Jahrgang 1929 fort, vom Jahrgang 1930 nur Freiwillige. Ein Junge aus der Schule muß auch. Er verabschiedete sich gestern von mir. Ich finde es ja richtig, daß alles darangesetzt wird, daß Ostpreußen nicht verlorengeht – aber Schuljungen?

Ab morgen tritt die allgemeine Reisesperre ein, so daß ich nicht nach Köln kommen kann. Sollte die Lage wider Erwarten ernster werden, ist immer noch kein Grund zur Besorgnis. Der Führer sorgt für die Flüchtlinge aus Litauen und den übrigen Baltenländern, da wird er uns doch hier nicht sitzen lassen. Nein, hier herrscht überall Ruhe und Frieden. Mich wundert nur, daß die Russen keine Fliegerangriffe auf Städte und Bahnstrecken unternehmen.

Am vergangenen Sonntag war ich zum ersten Mal in diesem Jahr auf der Nehrung. Es war so glühend heiß, daß man kaum barfuß durch den Dünensand gehen konnte. Ich lief weit den Strand entlang, bis ich ganz allein war, nur Sand und Wasser, Himmel und Sonne. Ohne Badeanzug schwamm ich weit hinaus und ließ mich nachher im Sand von der Luft trocknen. Leider war meine Uhr stehengeblieben. Deshalb mußte ich nachher zum Schiff rennen. Ich erreichte es im letzten Augenblick und sank erschöpft auf eine Bank. Nach einer Weile wurde mir schwarz vor Augen. Ich konnte bloß noch an Mutter denken. Aber bald wurde mir besser. Ich fuhr dann ganz langsam mit dem Rad nach Gertlauken zurück.

Liebenfelde, 20. Juli 1944

Meine lieben Eltern!

Ihr staunt über die Ortsangabe, nicht wahr? Das kam so: Am Sonntag besuchte mich Paula, wahrscheinlich zum letzten Mal. Denn sie ist an die Hauptschule in der Kreisstadt Bartenstein versetzt worden. Da staunt Ihr wieder, nicht wahr? Paula hat nämlich die 2. Lehrerprüfung bestanden – mit »gut«! Ich freue mich sehr für sie. Paula ist so eigen: Ich sollte keinem Menschen davon erzählen. Ich hätte so etwas in alle Welt hinausposaunt. Ich habe Euch bisher nichts davon geschrieben, damit Ihr Euch nicht in der Hoffnung wiegt, ich würde meine Prüfung ebenfalls mit »gut« bestehen. Wenn ich mit »ausreichend«, höchstens »befriedigend« abschneide, bin ich zufrieden. Paula hatte überdies noch ein ganz besonders schweres Unterrichten. Dreimal in der Woche in Weidlacken und dreimal im drei Kilometer entfernten Schirrau.

Also: Paula war am Sonntag bei mir. Sie ist der beste Kamerad und die zuverlässigste Freundin, die man sich denken kann. Natürlich hat uns die nahe Front sehr beschäftigt. Paula war in großer Sorge. Sie hat fast alle ihre Sachen nach Hause geschickt und riet auch mir dazu. Vom Ortsbauernführer ihres Heimatdorfes bekam sie eine Anforderung zum Ernteeinsatz auf dem elterlichen Hof. Vielleicht kommt sie trotz der Reisesperre durch. Unter diesem Eindruck beschloß ich ebenfalls in den Ferien heimzureisen – falls der Schulrat das erlaubt! Am Abend packten wir gleich zwei Pakete, eins geht nach Köln, das andere nach Osnabrück, zumal gerade am Sonntag von der Front heftiges Artilleriefeuer zu hören war. Es fielen auch einige Bomben, sie sollen bei Schirrau niedergegangen sein. Am Montag rief ich in der Pause den Schulrat an. Er war sehr nett, kam mir aber so unentschlossen vor, als wisse er nicht, was er tun solle. Er sagte, er könne mir keine Reisebescheinigung geben, weil die neuesten Bestimmungen noch nicht genau bekannt wären; wir sollten in Elchwerder bei der Tagung über meine Reise reden.

Dienstag gab es Ferien und Zeugnisse. Ich habe einige Kinder nicht versetzt und einen Teil nur probeweise. Besonders die Jungen der Oberstufe haben in der letzten Zeit kaum noch Hausaufgaben gemacht. Allerdings stand in den Zeitungen, daß die Erntearbeiten vorgingen und die Lehrer die Kinder zu beurlauben hätten.

Erst am Dienstagnachmittag konnte ich mich an die Ausarbeitung meiner Aufgaben für die bevorstehende Tagung machen. Es waren folgende Vorträge und Lehrproben auszuarbeiten.

1. Heimatkunde: Beim Fischer im Moosbruch.
2. Geologische Grundformen unter Benutzung des Sandkastens.
3. Gesang, eine Singstunde.
4. Vorbereitung und Auswertung einer Wanderung (Vortrag).
5. Vorbereitung eines Dorfabends (Vortrag).

Am Abend hatte ich zwei Lehrproben (Gesang und Beim Fischer) ausgearbeitet. Dann dachte ich: »Rutscht mir den Buckel runter, ich geh ins Bett!« Um vier Uhr stand ich wieder auf, erledigte den Rest der Aufgaben, schrieb die fälligen Meldungen, packte meine Klamotten und fuhr los. Ich wollte mich mit zwei Kolleginnen am frühen Vormittag in Elchwerder treffen.

Ich trampelte also dreißig Kilometer gegen den Wind. Der Weg war sehr schön. Bis Laukischken kenne ich ihn ja in- und auswendig. Auch in Elchwerder war ich schon mal mit Paula. Hinter Laukischken geht's durch den Wald bis zum Haff. Dann rechts ab, am Großen Friedrichsgraben entlang, zweimal mit der Fähre und man ist in Elchwerder.

Elchwerder liegt hinter dem Großen Moosbruch am Nemonienstrom, im Gebiet des Memeldeltas. Ruß und Gilge sind die beiden Hauptarme, in die sich die Memel teilt. Das ganze Gebiet ist vor den Hochwassern durch einen hohen Deich geschützt, dahinter liegt die fruchtbare Elchniederung mit ihren Weiden und dem fetten Vieh, denkt an den Tilsiter Käse! Aber vor dem Deich liegen hintereinander am Haffstrand die Dörfer Elchwerder, Gilge, Tawe und Inse, die dem Hochwasser im Fühjahr und im Herbst fast schutzlos ausgesetzt sind. Besonders schlimm sind die Frühlingshochwasser, wenn das Eis des Haffs die Flußmündungen blockiert, die Wasser sich stauen und die Flüsse schließlich über die Ufer treten. Unendlich weit reicht hier der Blick. Nichts als Wiesen und Heu! Dazwischen die Flüsse und die zahlreichen Entwässerungskanäle, und ab und zu ein Baum oder ein Gebüsch. Dazu riesige Schwärme von Wasservögeln sowie die Störche, die ihre Nester auf den riedgedeckten Dächern der Fischerkaten haben und massenhaft auf den Wiesen herumstolzieren. Die Jugendherberge, in der die Tagung stattfinden sollte, liegt wunderbar. Von drei Seiten stoßen hier die Wasser zusammen: von rechts der Nemonienfluß und von zwei anderen Seiten der Seckenburger Kanal, der eine Fortsetzung des Großen Friedrichsgrabens ist.

Als ich ankam, wunderte ich mich über die Grabesstille. Ich lief hin und her und rappelte an den Türen – keine Menschenseele. War auch kein Wunder, denn die Tagung fiel aus. Vergeblich versuchte ich den Schulrat anzurufen; man hätte mir ja wenigstens Bescheid sagen können. Ich wollte schon wieder heimfahren, da fiel mir ein, daß eine Dortmunder Kameradin in Elchwerder Lehrerin ist, Hanna Stiefermann; ich hatte sie schon über ein Jahr nicht mehr gesehen. Ich suchte sie auf – hat die Augen gemacht! Es wurde dann ein netter Nachmittag und Abend. Wir unternahmen einen langen Spaziergang, dabei hörten wir die ganze Zeit das Grummeln der Front wie Hintergrundmusik zum Frieden des Abends und der Landschaft.

Vorher besuchten wir den Hauptlehrer. Seine Frau führte uns durch ihren paradiesischen Garten: Stachelbeeren, Erdbeeren, Johannisbeeren, Himbeeren und jede Art Baumobst außer Pfirsichen. Ich war begeistert. Wir durften uns ordentlich vom Strauch sattessen und bekamen auch noch eine große Tüte Johannisbeeren mit auf den Weg.

Elchwerder ist ein Fischerdorf. Die Häuser bestehen aus Holz und ruhen auf Feldsteinsockeln. Kleine Hütten dienen als Ställe. Jedes Gehöft liegt mit seiner Rückseite am Fluß, hinter jedem liegen, an Landestegen angebunden, etliche Kähne. Man findet hier überwiegend die breiten Keitelkähne mit den geschnitzten bunten Wimpeln am Mast. Es roch nach Fischen. Augenblicklich werden Aale, Barsche und Plötze gefangen. Auf dem moorigen Boden gedeihen Kartoffeln, Möhren und Zwiebeln – vor allem Zwiebeln. Die Beete sind unendlich lang

und durchzogen von Entwässerungsgräben. In Elchwerder fiel
mir immer wieder meine Radtour mit Paula durch das große
Moosbruch östlich von Elchwerder ein - morgens um sechs
durch den Großbaumerwald. Den würzigen Waldduft nach
dem Regen in der Nacht vergesse ich nie. Dann am Timber-
kanal und an schnurgeraden, von Erlen gesäumten Gräben
entlang, in denen dunkles Wasser stand - manchmal kam auch
ein Kahn vorbei -, und weiter nach Mauschern, ein wie verlassen in der Sonne liegendes Dorf. Stille, Stille, Stille! Im
Moosbruch gibt's übrigens Sonnentau, eine fleischfressende
Pflanze.
Doch zurück nach Elchwerder und zu Hanna. Sie versteht sich
gut mit den Leuten, und die 2. Lehrerprüfung hat sie ebenfalls noch nicht! Am Abend bekam sie einen Räucherfisch
gebracht, über den wir uns hermachten. Erst nach zwölf schliefen wir ein. Selbst in ihrem Zimmer roch es nach Zwiebeln,
und in der Stille der Nacht hörte man ganz deutlich die Front.
Um vier Uhr morgens standen wir auf, denn Hanna hatte in
Labiau zu tun, und die beste Reisemöglichkeit ist der Dampfer, der um halb sechs fährt und um drei Uhr nachmittags
zurückkommt. Zuerst wollte ich mitfahren, doch dann entschloß ich mich - eingedenk der schönen Radtour damals -
über Hohenbruch (früher Lauknen) bis Liebenfelde (Mehlau-
ken) zu fahren, ungefähr 28 Kilometer. Von dort wollte ich
mit der Bahn bis Mauern fahren, erfuhr jedoch in Liebenfelde,
daß Räder mit der Bahn nicht mehr befördert werden - also
nochmals 30 Kilometer, und ich bin schon ganz erschossen
und kreuzlahm wie eine alte Frau, es herrscht allerdings auch
eine anständige Hitze. Nun aber habe ich erst einmal in Liebenfelde im Hotel Beutler Rast gemacht und mich ordentlich
gestärkt, bevor ich das letzte Stück Weg unter die Räder
nehme. Übrigens fiel die Tagung aus, weil der Schulrat und
andere Lehrer kurzfristig zu Schanzarbeiten am Ostwall ein-
berufen wurden. Täglich ziehen die Männer nach Osten. Jetzt
rechnet schon jeder Mann und jeder Junge ab vierzehn Jahren, daß er mit muß.
So, jetzt habe ich mich genug ausgeruht, auf zu frischer Fahrt!
Außerdem muß ich sowieso zu schreiben aufhören, mein
Papier geht zur Neige. Gestern wurde im Wehrmachtsbericht
wieder Köln genannt ...

Meine lieben Eltern!

Meinen Brief aus Liebenfelde habt Ihr wohl erhalten. Am Donnerstag war ich um halb neun wieder in Gertlauken. Vorher kehrte ich jedoch noch bei Frau Schulz ein und hörte dort in den Nachrichten von dem Attentat auf den Führer. Das war ein Schock! Aber er sollte uns erhalten bleiben. Es war ja ein richtiges Wunder, daß er mit dem Leben davonkam. Ich kann das gar nicht begreifen. Wir waren fassungslos.

Am selben Abend kam die Nachricht, daß die evakuierten Berliner und Hamburger Frauen schon am Samstag nach Thüringen und in den Sudetengau geschafft werden. Den meisten fiel der Abschied schwer. Sie hatten sich gut eingelebt, und nun ging es erneut mit Sack und Pack ins Ungewisse. Manche haben fünfzehn bis zwanzig Gepäckstücke, ihre gesamte Habe. Den Königsbergern ist die Heimfahrt freigestellt. Zahllose Gerüchte gehen um. Eines: Der freigewordene Platz wird fürs Militär bereitgestellt. In Labiau, Tapiau, Wehlau und so weiter sind die Schulen vorläufig bis Dezember geschlossen, weil in ihnen Lazarette eingerichtet werden.

Ich habe Freitag und gestern mein Zimmer geputzt, meine Vorräte durchgesehen, Kleider gewaschen und sie heute früh um sieben gebügelt. Es ist herrlich, wenn man Zeit hat und nicht gehetzt wird. Heute will ich liegengebliebene Post beantworten – Ihr erhaltet den ersten Gruß!

Am Freitag fuhr ich mit Herrn Beckmann in den Wald, um meine vier Festmeter Winterholz zu holen. Wegen der Mükken zog ich mir die Trainingshose und eine Bluse mit langen Ärmeln an. Christel fuhr auch mit, sie hielt die Pferde und verscheuchte mit Zweigen die Bremsen, die die Tiere entsetzlich quälten. Ich half das Holz aufladen. Herr Beckmann soll auch das Schulholz holen, ich werde ihm wieder dabei helfen, denn sein fünfzehnjähriger Sohn ist zum Schippen am Ostwall. Frau Beckmann macht sich selbstverständlich große Sorgen um ihn, und wir überlegen, ob es mir eventuell mit dem Rad gelingen würde, mit einem Korb voller Lebensmittel bis zu ihm vorzudringen.

Am Abend hatte Frau Kerwath eine Erdbeerbowle gebraut,

die es in sich hatte. Nach langer, langer Zeit haben wir wieder einmal ein Partiechen gespielt. Wir waren alle in guter Stimmung, bis auf Frau Kippar, die schon seit mehr als fünf Wochen keine Nachricht von ihrem Mann hat. Seine Division soll so ziemlich aufgerieben sein. Sie ging auch bald nach Hause. Wir anderen zogen um ein Uhr früh zu Frau Reiche und Frau Frank. Sie mußten sich mit dem Rest der Bowle stärken, und wir halfen ihnen beim Packen.

Ich schlafe jetzt bei Frau Stachel, ja, lacht nur, aber es gehen so viele Gerüchte über Partisanen um, und so bin ich Bangbüx nach unten gezogen.

Königsberg, 28. Juli 1944

Meine lieben Eltern!

Heute morgen fuhr ich mit Frau Berkan nach Königsberg. Morgen wollen wir zurück. Die kleine Sigrid mußte zum Ohrenarzt, und ich hatte einige Besorgungen zu erledigen. Dabei holte ich auch die beiliegenden Fotos ab, die wir am Sonntag vor Pfingsten bei Neumanns aufnahmen. Habt Ihr Post von Wolfgang?

Von unserem Dorf können wir es beobachten, wenn nachts die russischen Flieger über Tilsit und Insterburg kreisen. Drei Nächte hintereinander waren sie in Tilsit. Dort ist auf dem Bahnhof ein Munitionszug in die Luft geflogen. Gestern gegen Mitternacht sahen wir eine Stunde lang sieben Christbäume über Insterburg. Selbst unser Dorf wurde davon noch beleuchtet. Auch das Flakfeuer war deutlich zu sehen.

Frau Berkan, Sigrid und ich wollen noch eine Kahnpartie auf dem Schloßteich unternehmen. Es ist furchtbar heiß.

Gertlauken, 1. August 1944

Meine lieben Eltern!

Eben erhalte ich Post von Tante Lies mit der erschütternden Nachricht, daß Heinz Licht tot ist. Er ist in einem Lazarett in Posen an seinen Verwundungen gestorben. Onkel Hermann hat ihn nicht mehr lebend angetroffen. Armer Onkel Hermann, er soll ganz gebrochen sein.

Eben sind die 14-Uhr-Nachrichten zu Ende. Im Wehrmachtsbericht kein Wort von der Ostfront. Wir fragen uns immer
wieder, was werden wird. Ich bin ganz ruhig. Dennoch lastet
die Ungewißheit, vor allem das Näherrücken der Russen, auf
allem Tun und Denken.

Hier sind verschärfte Maßnahmen ergriffen worden. Die
Männer, die noch hier sind, müssen stündlich mit ihrer Ein-
berufung rechnen. Nach neun Uhr abends soll niemand mehr
auf der Straße sein. Der Zugverkehr scheint eingestellt zu sein.
Frau Kippar, die immer noch keine Nachricht von ihrem
Mann hat, wollte heute nach Königsberg zu der Frau eines
Kameraden ihres Mannes fahren, kam jedoch wieder zurück.
Der Ausfall des Zuges wurde erst zehn Minuten vor der
Abfahrt bekanntgegeben.

Wenn ich nicht im Dorf bei der Ernte helfe, tu ich etwas für
meine 2. Prüfung, aber ziemlich lustlos. Der Tätigkeitsbericht
steht, die Geschichtsarbeit im Konzept auch. Ich schicke Vater
demnächst die Durchschläge.

Gertlauken, 5. August 1944

Meine lieben Eltern!

Dies soll nur ein kurzer Gruß sein, ein Zeichen, daß Ihr Euch
über mich keine Sorgen machen müßt. – Hier fängt in einer
Woche der Unterricht wieder an – oder auch nicht, wenn man
den Gerüchten glaubt. Donnerstag war ich in Labiau und
wollte Genaueres wissen, aber es war kein Mensch da, der
Bescheid geben konnte. Sollte es stimmen, daß wir drei Monate lang ohne Unterricht bleiben, werde ich versuchen, nach
Köln zu kommen.

In Labiau sah ich die »Umquartierten« aus Memel und Tilsit.
Sie kamen mit dem Dampfer übers Haff. Viele Soldaten kamen mit Militärwagen vom Osten, es sollen große Umgrup-
pierungen stattfinden. Der Wehrmachtsbericht klingt seit
zwei Tagen günstiger. Soldaten, die vom Osten kommen, berichten Entsetzliches von der Front. Die Angst vor den Russen nimmt hier täglich zu.

Aus unserem Dorf sind heute wieder fünfundzwanzig alte
Männer ausgezogen. Die Frauen fahren die Ernte allein ein,

italienische Kriegsgefangene helfen. Herr von Cohs ist auch
mit fortgezogen. Seine Frau, die in zwei Monaten etwas Kleines erwartet, fuhr gestern ins Reich zu ihren Eltern. Frau Kerwath begleitet sie bis Berlin. Die Bahnfahrten müssen furchtbar sein. Von Essen bis hierher war eine Frau vier Tage unterwegs. Der Zugverkehr ist ganz unregelmäßig. Es ist außerdem
fast unmöglich, eine Reisegenehmigung zu bekommen. Ich
kann ohne Genehmigung des Schulrats nicht fahren, und da
wir keinen haben, auch keinen stellvertretenden, muß ich erst
mal abwarten. Vor einiger Zeit bekamen wir Bescheid, daß es
als Desertation angesehen würde, wenn wir ohne Genehmigung fahren.

Von Wolfgang erhielt ich gestern drei kurze Briefe. Morgen hat
Frau Kippar Geburtstag; sie, Frau Stachel und ich werden ihn
sehr still begehen.

Gertlauken, 11. August 1944

Meine lieben Eltern!

Ich sollte Vater von meiner letzten Reise die Fahrtkosten auf-
schreiben; das sagte er, weil er seiner armen Tochter mit väter-
lichem Herzen und Portemonnaie unter die Arme greifen
wollte. Die 2. Klasse verschlingt in der Tat viel Geld: Gertlauken–Köln und zurück 160 Reichsmark – ein Monatsgehalt!
Mehr sage ich dazu nicht.

Übrigens bitte ich Dich, Vater, Fritz zwei Bürgen für die Hei-
ratsgenehmigung zu benennen. Die Urkunde habe ich mit
vielem Dank erhalten.

Heute wurde in der »Preußischen Zeitung« über die Verhand-
lung gegen die Attentäter vom 20. Juli berichtet. Was wird aus
ihren Familien? Bestraft man die Frauen und Kinder auch?

An Heinz Licht denke ich ebenfalls oft. Ich kann seinen Tod
gar nicht als Wirklichkeit fassen. Immer sehe ich Heinz, Vater
und mich vor dem Osnabrücker Bahnhof. Er war so voll Hoffnung, und er liebte seine junge Frau so sehr. Armer Onkel
Hermann, sein einziges Kind …

Wir haben seit drei Tagen Einquartierung aus Heidekrug und
Memel. Die Land- und Stadtbevölkerung mußte die Kreise
Memel und Elchniederung räumen. Mit Pferd und Wagen

kamen sie hier an. In die 3. Lehrerwohnung ist eine Landfrau mit drei Kindern eingezogen. Die ersten Flüchtlinge fühlten sich in Gertlauken so gut aufgenommen, daß sie unserem Bürgermeister 360,- RM für die NSV stifteten. Es waren Litauer, meist gutgestellte Leute, große, schlanke, blonde Männer in deutschen Uniformen, Grenzbeamte, die Urlaub bekommen hatten, um ihre Familien in Sicherheit zu bringen. Frau Stachel erhielt gestern die Nachricht, daß ihr Schwager im Osten gefallen ist; da fuhr sie gleich mit ihren Kindern über Wehlau zu ihrer Schwester. Männer gibt es in unserem Dorf kaum noch, alle zwischen 15 und 60 Jahren sind fort.

Ich habe neun Pfund Honig gekauft. Ich hätte noch mehr haben können, wenn ich Gläser gehabt hätte. Die Schule beginnt doch, am 16. August.

Gertlauken, 22. August 1944

Meine lieben Eltern!

Seid bitte nicht böse über mein weniges Schreiben. Macht Euch aber ja keine Sorgen! Bei mir könnt Ihr sicher sein: Unkraut vergeht nicht! Gestern abend hörte ich meine Vermutung bestätigt: Teile der SS-Divisionen »Hitlerjugend« und »Leibstandarte Adolf Hitler« waren im Westen in Gefahr, eingekesselt zu werden.

Für Bückers Leid finde ich keine Worte. Nun haben sie auch den dritten Sohn verloren. Ich bin mit Theo, Franz und Hans aufgewachsen, aber Hans stand mir am nächsten, fast wie ein Bruder. Auf seiner Fahrt zum Osten schrieb er mir einen kurzen Kartengruß mit seiner neuen Feldpostnummer. Beinahe, schrieb er, hätte er mich in meinem Dorf überfallen, doch die Zeit reichte nicht. Ich schrieb ihm umgehend und erhielt meinen Brief jetzt zurück. Er muß schon beim ersten Einsatz gefallen sein oder wurde von Partisanen ermordet. Kinni bat mich um das Negativ des Fotos, das ich Weihnachten von Hans und ihr in unserer Haustür aufgenommen habe. Ich schicke Euch beiliegend einen Abzug für Bückers. Ich werde Frau Bücker noch schreiben, was mir sehr schwerfällt – was ist da auch zu sagen.

Meine lieben Eltern!

Die erste frohe Nachricht habt Ihr mir gegeben, als Ihr von Wolfgangs Brief vom 3. August schriebt. Ich hatte seit dem 24. Juli nichts mehr von ihm gehört. Damals lag er bei Caen, wo steckt er denn jetzt? Meine Sorgen um Euch werden immer schwerer, hoffentlich kommt die Front nicht zu Euch. Aber wir haben ja immer noch den Westwall.

Hier hat sich die Aufregung gelegt. Der Feind kommt seit Wochen nicht mehr voran. Nach dem großen Fliegerangriff auf Königsberg regnete es bei uns am nächsten Tag Asche – der Wind wehte Asche und verkohlte Papierfetzen sechzig Kilometer weit bis zu uns!

Wir leben wieder ruhiger. Die Memelländer und Heidekruger können morgen wieder in ihre Heimat zurückziehen. Es ging ein Gerücht, wir würden 500 Soldaten nach Gertlauken bekommen, aber eben erzählte der Forstmeister, daß bloß zehn Mann Forstschutz kommen. Sie sollen in der 3. Klasse einquartiert werden. Der Kindergarten wird dann geschlossen. Es kommen sowieso bloß noch drei bis vier Kinder täglich.

Man erzählt sich die abenteuerlichsten Geschichten! Seit ein paar Wochen erscheinen abends in der Dämmerung oder in dunkler Nacht bei diesem und jenem Bauern am Dorfrand geheimnisvolle Männer und holen sich zu essen. Alle sprechen gut deutsch. Die einen lassen sich geben, was da ist, die anderen nehmen, was sie bekommen können: Schwein, Rind, Schaf, Geflügel. Dem Forstmeister wurden heute nacht 14 Hühner und 10 Gänse geklaut, völlig unbemerkt. Nur der Hund hatte gebellt. Jede Försterei wurde schon mit einem Besuch beehrt. Die meisten liegen freilich auch einsam im Wald. Aber den Leuten wurde bis jetzt noch nie ein Leid getan.

Frau von Cohs und Frau Kerwath sind Anfang der Woche aus dem Westen zurückgekommen, ebenso Herr von Cohs vom Schippen. Die Männer am Ostwall werden alle drei bis fünf Wochen abgelöst.

Mit Alarmen haben wir auf dem Lande keine Last. Bei Euch dagegen muß es furchtbar sein. Und dabei müßt Ihr auch noch zehn Stunden täglich arbeiten. Schrecklich sind die Tiefflieger

– das ist doch Mord, friedliche Zivilisten auf den Feldern abzuknallen.

Wir bekommen am 18. September Herbstferien. Ich wollte nach Hause kommen, um die Feste – die Geburtstage und die Silberhochzeit – bei Euch zu verleben. Aber Silberhochzeit ist kein »triftiger Reisegrund«. Ich kann nicht mal Fritz in Neu-Stettin besuchen. Trotzdem werde ich sehen, was sich machen läßt.

Paula schrieb aus Bartenstein. Es gefällt ihr dort gar nicht. An der Hauptschule sind eine 61jährige Leiterin und eine 40jährige Lehrerin. Paulas Verpflegung ist schlecht, Unterkunft geht so. Sie fürchtet nur die Kälte im Winter. Ich bin froh, daß ich hier warm in Gertlauken sitze und wünsche nur, Ihr könntet Euch hier einmal erholen.

Gertlauken, 29. September 1944

Lieber Vater!

Mein Geburtstagsgruß erreicht Dich leider verspätet. Trotzdem denke ich oft an Dich, auch wenn Du nur im Zorn an mich denkst. Von Mutter weiß ich, daß Du am Westwall schippst und ausgerechnet an dem Tag fortmußtest, als Wolfgang von Euskirchen anrief. Er schrieb ganz traurig, daß er Dich nicht gesehen hat. Fast vierzehn Tage lang lag er in Herrenstrunden, ganz in der Nähe seines alten »Stinklochs« aus der Jungvolkzeit mit Karl Schüller. Was für Gedanken mögen ihn da bewegt haben. Auch ich muß jetzt immer viel an die schöne Friedenszeit denken.

Wo magst Du stecken? Und wie geht es Dir gesundheitlich? Wie seid Ihr untergebracht? Die Männer am Ostwall schlafen in Scheunen, auf Stroh. Ihr habt dazu die täglichen Einflüge, fast ständigen Alarm. Immer mehr Städte werden im Wehrmachtsbericht genannt, immer mehr werden zerstört. Armes Deutschland!

Ich dagegen führe zur Zeit ein sündhaftes Leben. Aber es hilft nichts, daß ich mir das vorhalte – ich freue mich trotzdem über die Ferien. Nie habe ich einen Sommer so tatenlos verlebt wie diesen. Aber was bleibt uns anderes als Warten? Ende der vergangenen Woche erfuhren wir, daß uns nun auch

alle Königsberger verlassen müssen. Die Transporte sollen
nach Sachsen gehen. Die Königsberger Frauen, die anfangs
furchtbar über unser primitives Dorf geschimpft hatten,
möchten am liebsten gar nicht fort. Ungestörte Nächte und
nahrhaftes Essen – was kann man sich mehr wünschen, besonders, wenn man Kinder hat!

Gestern half ich unseren Königsbergerinnen bis zwei Uhr
morgens beim Packen. Ihre Möbel, soweit sie sie hier haben
und sie nicht noch in Königsberg stehen, müssen sie hier-
lassen, nur Betten dürfen mitgenommen werden. Da wird also
die ganze Habe an Kleidern, Wäsche und Hausrat in Kisten,
Säcke und Wannen gepackt und verschnürt. Sechzig Schilder
schrieb ich zum Aufkleben und Anhängen. Und heute morgen zogen sie mit Sack und Pack und Kindern ins Ungewisse.
Solch ein Auszug sieht traurig aus. Wer weiß, ob auch wir
nicht eines Tages wegziehen müssen. Denn man rechnet mit
stärkeren Angriffen der Russen.

Beim Packen halfen auch zwei Soldaten vom Forstschutz-
kommando, das in unserer Schulklasse liegt. Der eine war
klein und dick, der andere hell, lang und hager. Der Lange war
mir sympathisch durch den vertrauten Klang der Sprache – er
kommt aus der Detmolder Gegend und kennt auch Barntrup,
da hielten wir beim Packen einen schönen langen Schnack
über Detmold und Umgebung, über die Berge und Wälder,
den »Hermann« und die Externsteine.

Weil Frau Berkan heute mittag den Königsbergerinnen beim
Abtransport half, fragte sie die Soldaten, ob ihre beiden Kinder, Sigrid und Henning, bei ihnen essen könnten. Aber
sicher! Nach Tisch sagte Sigrid zu einem der Soldaten: »Henning muß jetzt schlafen. Du mußt ihn ausziehen.« Das tat er
auch, legte beide Kinder ins Bett, wusch sie nach dem Mit-
tagsschlaf und zog sie auch wieder an. Natürlich, die Frauen
waschen, stopfen und flicken für die Soldaten und backen
Kuchen. Andererseits revanchieren sich die Soldaten mit
Gemüse oder, wie heute abend, mit herrlichen Fischen, Hech-
ten und Barschen, die sie in der Nehne gefangen haben. Es tut
uns leid, daß sie morgen abrücken. Sie werden auf die einsamen Förstereien und Bauernhöfe verteilt.

Jetzt in den Ferien nehme ich mir zu allem Zeit. Vor allem
erlebe ich mit Bewußtsein jeden einzelnen Tag, den ich noch

in Frieden hier verleben darf. Oft machen wir abends Hausmusik. Frau Kippar singt gern die Balladen von Loewe; ihr Glanzstück ist »Die Uhr«. Frau Stachel begleitet sie auf dem Klavier. Auch alle Lönslieder, heiter, frech und sehnsuchtsvoll, habe ich durch die beiden kennengelernt. Es ist ein schönes Bild, wenn die hübschen jungen Frauen zusammen musizieren. Auch lese ich viel. An sonnigen Herbsttagen sitze ich oft hinter dem Klohaus in Stachels Garten. Wenn dann über dem Wald die Sonne untergeht, die Wiesen ins Dämmerlicht tauchen, schließe ich mein Buch und lausche den letzten Lauten des Tages. Die Vögel verstummen, hier und da muht noch eine Kuh. Stille liegt über dem Land. Ein trügerischer Friede?

> Ein Traum, ein Traum ist unser Leben
> Auf Erden hier
> Wie Schatten auf den Wogen schweben
> Und schwinden wir ...

Worte von unserem Ostpreußen Herder.

Gertlauken, 7. Oktober 1944

Meine lieben Eltern!

Von Bartenstein, wo ich bei Paula war, nach Hause kommend, fand ich Euren langen Brief vor. Daß Ihr die Angriffe auf Köln vom 27. September und 4. Oktober überstanden habt, grenzt an ein Wunder.

Verschlungen habe ich Vaters Bericht von seinem »Schippeinsatz« im Westen. Ich sehe Euch alte Herren vom Zoll und vom Finanzamt vor der alten Reichsbahndirektion zusammenströmen und zwei Stunden herumstehen; das wird Dir mit Deinen Beinen besonders schwer geworden sein, und dann zogt ihr zum Dombunker, um die Rede von Kreisleiter Schaller anzuhören. Danach der Marsch des letzten Aufgebots mit Musik zum Bahnhof: »Muß i denn, muß i denn, zum Städtele hinaus« – im Viehwaggon. Ihr kamt also in den Kreis Erkelenz, in Notquartiere auf Stroh in Kuhställen – kein warmes Essen, vier Tage Herumlungern, weil überhaupt keine Spaten vorhanden waren – ich bin entsetzt! Vor allem darüber, daß SA-Leute mit Revolvern Euch beaufsichtigten. Das ist ja wie in Sibirien.

Du hättest Dich gleich beim Arzt melden sollen; mit Deiner
Thrombose in beiden Beinen waren die Märsche und das
Arbeiten lebensgefährlich. Drei Wochen hast Du ausgehalten,
und nun liegst Du mit Zinkverbänden zu Hause.

Von mir ist nichts zu berichten. Die Schule beginnt wieder.
Wie Frau Kippar und ich eben von einem kleinen Ferienab-
schiedswaldspaziergang ins Dorf zurückkehrten, trafen wir
Soldaten, die hier Quartiere suchten.

An Eurem Silberhochzeitstag denken Wolfgang und ich
immer an Euch!

Gertlauken, 14. Oktober 1944

Meine lieben Eltern!

Ich habe keine Nachricht von Euch und bin in großer Unruhe.
Sicher wird unterwegs viel Post vernichtet. Von Wolfgang habe
ich ebenfalls nichts gehört. Wenn man doch anrufen könnte.
Fritz schrieb, daß er mich vielleicht besuchen wird, das wäre
schön. Aber wir warten ja alle auf Post und trösten uns gegenseitig. Abends rücken wir fast täglich zusammen und machen
ein Spielchen: Frau Stachel, Frau Kippar, Frau Kerwath, die
alle drei nicht wissen, wo ihre Männer sind, und Frau von
Cohs, deren Mann jetzt wieder beim Schippen am Ostwall ist.
Sie erwartet jetzt bald ein Baby. Wenn sie Tag für Tag abends
kommt und dann gegen elf oder halb zwölf wieder zu ihrer
einsam am Waldrand gelegenen Försterei zurückradelt, scherzen wir oft, daß sie das Baby unterwegs bekommt oder beim
Doppelkopfspielen.

Der Unterricht hat wieder begonnen. Von den großen Jungen
fehlen viele, entweder müssen sie zu Hause einspringen, oder
sie sind beim Schippen. Aber die Kleinen in ihrer fröhlichen
Unbefangenheit sind eine richtige Freude und lenken ab vom
Zeitgeschehen. Auch meine großen Mädchen machen mir
viel Freude. Da rief Anfang der Woche der neue Schulrat an
und kündigte seinen Besuch für Donnerstag an; daraufhin bat
ich für Mittwoch um freiwillige Helfer zum Klassenputzen.
Alle großen Mädchen aus dem 7. und 8. Schuljahr kamen mit
Eimern, Tüchern und Schürzen, und so haben wir mit
Scheuerlappen und viel Wasser Fenster, Fußboden und Bänke

bearbeitet und so viel dabei erzählt und gelacht, daß die Stunden im Nu verflogen. Nachher gab es Saft und selbstgebackenen Kuchen.

Der neue Schulrat, ein freundlicher, zurückhaltender Mann, ließ mich eine Deutsch- und eine Erdkundestunde halten, ohne dazwischenzureden. Er saß in der letzten Bank und schaute sich meine Klassenbucheintragungen an, an denen er ebenfalls nichts auszusetzen fand. Bei der Besprechung meinte er, daß die Kinder erfreulich interessiert wären und lebhaft mitgearbeitet hätten. Er unterhielt sich auch noch mit den Kindern, aber dann kam das Schönste – er lobte die besondere Sauberkeit des Klassenzimmers. Mit den Fingern strich er über die Fächer unter den Pulten, fand kein Papier, kein altes Brot, kein Stäubchen und meinte: »Das ist selten!«

Unser 3. Klassenraum, der ehemalige Kindergarten, ist zur »Ratsstube« geworden. Dort zeichnen und schreiben Soldaten, die im Zivilleben allesamt irgendwelche Räte sind. Alles sehr nette, ruhige Männer.

In unserem Dorf ist etwas sehr Trauriges passiert. Ich schrieb Euch doch, daß die einsam gelegenen Förstereien und Bauernhöfe einen Soldaten zum Schutz erhalten haben. Da machte neulich nachts ein Bauer noch einen Rundgang durch den Stall, weil die Tiere unruhig geworden waren – und der Soldat hat ihn erschossen, weil er ihn für einen Eindringling hielt.

Gertlauken, 21. Oktober 1944

Meine lieben Eltern!

Wieder ein Großangriff auf Köln – und ich höre nichts von Euch. Ich bin in größter Sorge, sicher ist auch Post verbrannt. Bitte, gebt mir sofort Nachricht, am besten doppelt, etwas muß ja durchkommen. Von Osnabrück höre ich ebenfalls nichts, dort haben die Amerikaner gewütet. Aber von Wolfgang bekam ich endlich einen Brief. Ihr werdet es kaum glauben: Er liegt bei Osnabrück. Seine Kompanie wird dort aufgefüllt, sie war fast ganz aufgerieben. Er schreibt ganz munter und will versuchen herauszufinden, wie es Tante Lies und Onkel Hermann geht.

Anfang der Woche kam Fritz! Es ist gut, daß er hier ist. Er kam unerwartet am Montag. An diesem Montag hatten wir – Frau Stachel, Frau Kippar und ich – etwas Schönes geplant. Ich schrieb Euch doch schon von der »Ratsstube« und den »Räten«, die sehr gebildete und auch musikliebende Menschen sind. Einer bat Frau Stachel kürzlich, ob er nicht einmal auf ihrem Klavier spielen dürfe. Da kam mir eine Idee – wir sollten einen Musikabend veranstalten, und der war dann am Montag. Zuerst sollte Frau Stachel Frau Kippar, die eine wunderbare Stimme hat, zu Brahms- und Loeweliedern begleiten, danach wollte einer der Soldaten Chopin spielen. In Frau Stachels Wohnzimmer hatten wir so viele Stühle gestellt und so viele Kerzen angezündet, wie wir finden konnten, und das warme Zimmer mit dem großen Kachelofen war in festliches Halbdunkel getaucht. Die Gäste kamen, da schellte es nochmals, ich stürze zur Tür – Fritz steht vor mir und strahlt übers ganze Gesicht.

Er nahm auch an unserem »Konzert« teil. Es war ein ergreifend schöner Abend. Ich bin ja nicht musikalisch und Fritz, glaube ich, auch nicht besonders, doch es herrschte eine unwirkliche Atmosphäre. Die Welt war ausgeschlossen. Einer der Soldaten spielte zum Abschluß ein Stück von Ravel. Danach sprach lange Zeit niemand.

Gertlauken, 26. Oktober 1944

Meine lieben, lieben Eltern!

Endlich Nachricht von Euch. Eure Karte habe ich nicht bekommen, doch der ausführliche Brief vom 16. Oktober kam heute an. Ihr lebt, das ist die Hauptsache!

Nun hat's unseren Wohnblock auch getroffen. Und das Nachbarhaus ist bis zur ersten Etage eingestürzt, nach innen zusammengesunken. Wer war der Tote bei Heinze? Ein Glück, daß Günter und Arno zu Hause waren und beim Löschen helfen konnten; das Wasser zum Löschen aus dem Rhein – und ringsum lichterlohe Brände, Bombenteppiche auf Siegburger Straße, Helenenwall, den Rheinhafen und die Speicheranlagen. Und am nächsten Tag wieder neue Bomberpulks, ein Bombenteppich nach dem anderen, Trichter neben

Trichter, ganz Deutz ein Trümmerfeld, brennende Autos und
Straßenbahnwagen, verbogene, hoch ragende Schienen, kein
Licht, kein Wasser, kein Gas, alle Fenster und Türen kaputt, in
den Wohnungen Schutt, Staub und Chaos – bitte, was wollt Ihr
noch in Köln! Packt Eure Sachen und fahrt nach Spenge zu
Tante Minchen! Ich kann vor Aufregung kaum weiterschreiben. Gut, daß Fritz noch hier ist. Bitte, geht fort von Köln. Fritz
meint das auch.

Gertlauken, 23. November 1944

Meine liebe, liebe Mutter!

Dein Bericht ist erschütternd. Was habt Ihr durchgemacht!
Wie gut, daß ich Dich jetzt bei Tante Minchen in Spenge weiß.
Aber warum ist Vater zurück nach Köln? Da läuft doch sowieso nichts mehr. Und er wohnt bei Schünemanns im Keller
in Merheim. Es gibt doch nichts zu essen, und Vater ist so
unbeholfen, wie kommt er nur zurecht?
Meine liebe Mutter, ich kann mir vorstellen, daß Du seelisch
und körperlich am Ende bist. Ihr mußtet damit rechnen, daß
unser Haus nicht verschont bleiben würde. Drei Wochen habt
Ihr im Bunker gehaust, kein Zeug vom Leibe, kein Wasser und
kein Licht. Vater muß ja vollkommen daneben gewesen sein.
Und dann diese schreckliche Reise nach Spenge, dreißig Stunden bei Regen und Schnee, behangen mit Koffern und
Taschen, achtmal umsteigen und immer die Angst vor den
Tieffliegern. Aber nun, liebe Mutter, grüble nicht dem Verlorenen nach, Ihr lebt, alles andere kann man ersetzen. Auf
alle Fälle mußt Du dich jetzt erholen, und bitte mach' Dir nicht
so viele Sorgen um mich.
Wir haben ständig wechselnde Einquartierung im Dorf. Frau
Kippar hat jetzt Leute von der Organisation Todt im Haus.
Frau Stachels Mann befindet sich am Bodensee. Frau Kippar
hat von ihrem seit dem Sommer nichts gehört und ist oft ganz
verzweifelt. Auch Frau Kerwath weiß nicht, wo sich ihr Mann
befindet. Herr von Cohs ist gerade vom Schippen zurück,
seine Frau hat ein kleines Mädchen bekommen. Ich soll Patin
werden.
Fritz ist wieder in Groß-Born in Pommern. Er nahm einen

großen Koffer mit Wäsche für Frau Stachel mit nach Schneidemühl zu ihren Verwandten. Herr Beckmann fuhr uns an einem schönen, sonnigen Herbsttag mit Pferd und Wagen nach Mauern, d. h. bis Laukischken, denn es fuhr kein Zug. Die Straßen waren voller Wehrmachtswagen, und so stieg Fritz schließlich in einen davon, um weiterzukommen.

Im Deutschen Haus in Laukischken war einige Zeit ein Lazarett; ich fuhr drei Wochen lang jeden zweiten Nachmittag dorthin, um in der Küche zu arbeiten. Frau Schulz macht sich große Sorgen um ihren Mann, aber ihre Kinder gedeihen prächtig.

Gertlauken, 19. Dezember 1944

Meine liebe Mutter und lieber Vater (falls Du in Spenge bist)!

Ich weiß nicht, ob Ihr meinen Weihnachtsbrief erhalten habt. Ich nehme an, daß Vater das Fest bei Dir verlebt. Es ist gut, daß Du ein bißchen zur Ruhe gekommen bist – natürlich ist es schwer, nichts mehr zu besitzen und auf die Gnade der Verwandten angewiesen zu sein. Aber Du bist so tapfer und tüchtig. Ich kann mir vorstellen, daß Du mit Deinen Nähkünsten in jedem Haushalt gern gesehen bist, wo Du doch aus jedem Lappen ein Kindermäntelchen oder dergleichen zaubern kannst. Sicher, die Nächte sind schlimm und die Gedanken. Wenn wir doch nur von Wolfgang wüßten.

Fritz ist noch in Groß-Born. Eigentlich wollte ich Weihnachten zu ihm fahren. Doch wir dürfen unseren Dienstort nicht verlassen, andernfalls werden wir als Deserteure behandelt.

Von der wunderschönen Taufe bei Familie von Cohs habe ich schon im letzten Brief ausführlich erzählt, aber da ich manchen Brief von Euch nicht erhalte, werden auch meine nicht alle ankommen. Darum erzähle ich nochmals von der Taufe, weil ich oft und gern an diesen Tag denke und mein kleines Patenkind Franka ganz süß und lieb ist und sich in der Kirche so brav verhalten hat. Die Taufe war am 10. Dezember in Laukischken. Bei der Predigt des Pfarrers, wie ich das kleine Wesen in den Armen hielt, war mir ganz schummrig, und zum ersten Mal wurde mir die Aufgabe und Verantwortung eines Paten bewußt. Mir war fast, als wäre es mein eigenes Kind, und mein Herz war voll der besten Vorsätze, meine Aufgabe ernst zu nehmen.

Frau von Cohs war eine strahlend schöne Mutter; sie hat noch zwei Söhne. Der älteste, Wolfgang, ist im 1. Schuljahr, der zweite, Eberhard, kommt im nächsten Jahr zur Schule. Die beiden tobten ganz aufgedreht zwischen all den vielen Menschen herum, die die sonst so stille Försterei bevölkerten. Cohsens haben sechs Kühe im Stall, einen großen Geflügelhof, das gehört hier nun mal zu einer Försterei. Da kannst Du Dir denken, was an Essen und Trinken aufgefahren wurde, wie in tiefsten Friedenszeiten. Verwandte von Frau Cohs von der Mosel hatten nicht kommen können, aber von seiner Seite waren etliche da, außerdem kamen die Nachbarn und andere Förster. Für den Sonntag zur Taufe in Laukischken hatten sie für Mutter und Kind ein Auto zur Verfügung, die anderen kamen mit Fuhrwerken.

Zu Weihnachten wollen wir eine Gans braten. Jeder im Dorf hat Soldaten eingeladen. Zu Frau Stachel und mir kommen ein Major aus Sachsen und ein Leutnant aus Schlesien. Der Leutnant hat sich Kartoffelklöße gewünscht. Jeden Tag schaut er sorgenvoller auf die Landkarte und studiert den Frontverlauf. Er fürchtet um seine Familie, sein jüngstes Kind ist noch ein Säugling.

Durch die wechselnden Einquartierungen lerne ich viele Arten von Männern kennen. Das finde ich interessant und lehrreich, man wird sicherer im Umgang mit Männern.

Fast alle Soldaten, die bei Frau Kippar einquartiert sind, verlieben sich in sie. Manche werden ganz schwärmerisch. Einmal hat sie ein Wiener in Versen besungen, ein anderer hat sehnsüchtige Märchen erzählt, das liegt wohl so an der Zeit. Wenn es allzu phantastisch wird, platzen Frau Stachel und ich auch schon mal heraus, denn manches wird uns vorgelesen.

Übrigens kannst Du dir Deine Tochter kaum vorstellen, wie sie jeden Morgen in der Dunkelheit, noch ungewaschen, verpackt in warmes Zeug, in Holzpantinen, zur Petroleumlampe greift und im Stall die Gänse nudelt.

Meine liebe Mutter!

Ich schreibe nach Spenge und hoffe, daß Vater auch dort ist. Von Euch habe ich seit dem 14. Dezember keine Nachricht mehr. Die größte Freude war Post von Wolfgang vom 16. und 25. Dezember. Er steckt tief im Schlamassel der Ardennenoffensive. Am 25. Dezember schrieb er bei Kerzenlicht mit einem Bleistiftstummel. Sie waren für ein paar Stunden aus der Front gezogen worden.

Wie ich schon schrieb, verlief unser Weihnachtsfest beinahe unwirklich friedlich. Nie werde ich das Bild von Frau Stachel mit Helma und Peter am Heiligen Abend vor dem Tannenbaum vergessen. Sie hatte die Arme um die Kinder geschlungen, der Kachelofen strahlte Wärme aus, die Weihnachtsbaumkugeln glitzerten im Kerzenlicht, und es war ganz still um uns vier.

Das große Essen am ersten Weihnachtstag klappte samt schlesischer Klöße – unser Leutnant verdarb sich sogar den Magen, weil sie ihm zu gut schmeckten.

Gestern half ich unserer Flüchtlingsfrau aus der 3. Lehrerwohnung beim Kofferpacken. Mütter mit Kindern konnten sich nach Mitteldeutschland verschicken lassen. Frau Stachel, Frau von Cohs, Frau Berkan und Frau Kerwath wollten jedoch nicht mit, auch keiner ihrer Angehörigen fuhr. Unserer Flüchtlingsfrau fiel das leichter, sie hatte ja schon ihr Haus im Kreis Elchniederung aufgeben müssen. Die andere Flüchtlingsfrau wollte jedoch nicht mitfahren. Sie war hierher mit Pferd und Wagen gekommen und hätte das Gespann im Stich lassen müssen.

Ihr Pole fuhr uns gleich nach dem Unterricht nach Mauern. Am Bahnhof konnte ich nur staunen: Die Abteile des Zuges waren geheizt und sauber, es gab Wagen für Mutter und Kind, Schwestern halfen beim Einsteigen, und der Zug war halb leer. Mit bitteren Gedanken schaute ich ihm nach. »Wenn die Soldaten die Front nicht halten können, dann wird es die Partei tun«, hatte der Gauleiter Koch vor kurzem getönt. Wir fanden das unerhört. Ist die Lage so ernst, daß Sonderzüge zur Evakuierung eingesetzt werden, die dann aber leer abfahren, weil die Bevölkerung nicht informiert wird? Dieser Zug sah jedenfalls nach tiefstem Frieden aus.

Als ich zurück kam, fand ich Frau Stachel in der Dämmerung vor ihrem Küchenfenster sitzend, und Frau Kippar stand neben ihr. »Nein, man kann doch nicht mit zwei Koffern sein Heim verlassen und ins Ungewisse fahren«, sagte Frau Stachel. Frau Berkan, die doch aus Hamburg stammt, hatte sich auch nicht dazu entschließen können. Ich selbst habe ja keine Wahl und Frau Kippar auch nicht. Ich könnte auch nie meine Freunde und die Kinder einfach verlassen.

Nun mach Dir mal keine Sorgen, liebe Mutter. Wenn es wirklich ernst werden sollte, wird man uns schon zeitig informieren.

Penig in Sachsen, 27. Januar 1945

Meine liebe Mutter!

Ich hoffe, daß Dich dieser Brief bald erreicht, denn Du wirst Dich sehr gesorgt haben nach den Wehrmachtsberichten der letzten Woche. Vor acht Tagen schrieb ich Dir noch aus Gertlauken und konnte mir nicht vorstellen, was dann von einem Tag zum andern geschah.

Der Freitag, der 19. Januar, begann wie jeder gewöhnliche Tag. Nach der Schule ging ich zu Beckmanns zum Essen. Ich hatte am Nachmittag noch Unterricht, und als ich zurückkam, stand die junge Frau Strupat ganz verstört im Schulflur: »Haben Sie schon gehört, wir sollen uns bereithalten, das Nötigste packen.«

Ich konnte es nicht glauben, hielt es für ein Gerücht und setzte mich gleich wieder aufs Fahrrad und fuhr zum Forstamt, zu Liedtkes, wohin die Kreisleitung angerufen hatte. Es stimmte! Den Schulrat konnte ich nicht erreichen. Schnell sprang ich noch zu Frau Beckmann, ihr die Schreckensbotschaft zu bringen. Sie wurde weiß wie die Wand, und es sah aus, als würde sie ohnmächtig werden. Sie konnte kein Wort sagen. Unterwegs begegneten mir aufgeregte Mütter, die ihre Kinder aus der Schule holten. Den restlichen Schülern händigte ich die Sparbücher aus, dann schickte ich sie heim.

Danach ging ich zu Erika Stachel. Sie war ganz still. In kurzer Zeit waren alle Zimmer verändert. Zuerst packten wir eine Kiste mit dem guten Geschirr. Dann rollten wir drei Satz Bettzeug in den Eßzimmerteppich – ein großes unförmiges Gepäckstück. Zwei große Koffer wurden mit Kleidung vollgepackt, ein kleiner mit den wichtigsten Papieren. Schuhe stopften wir in einen Sack und Wäsche obendrauf, und in einen Beutel kamen die Lebensmittel. Wir wußten nicht, wieviel wir mitnehmen konnten. Vielleicht durfte es nur Handgepäck sein. Und das Wichtigste: Wir wußten gar nicht, wie wir überhaupt wegkommen sollten. Wir warteten und hofften, daß irgend etwas geschehen würde. Aber es geschah nichts. Wir waren uns völlig selbst überlassen. Gerüchte liefen um – von schweren Einbrüchen der Russen war die Rede.

Es wurde Abend, es wurde Nacht, wir warteten noch immer auf Bescheid – aber es kam nichts. Unendlich langsam schlichen die Stunden dahin. Wir fanden keinen Schlaf. Es war sehr kalt, das Land tief verschneit, der Himmel sternklar, der weite Himmel Ostpreußens. Im Osten war der Horizont rot, beängstigend nah hörten wir die Front. Ununterbrochen zogen in den frühen Morgenstunden die Pferdewagen in langen Trecks zum Dorf hinaus. Die Franzosen aus dem Gefangenenlager halfen beim Verladen, spannten die Pferde an und zogen mit.

Ich ging noch einmal zu Beckmanns. Auch dort wüstes Durcheinander und Aufbruch. Herr Beckmann war nicht zu Hause, und das alte liebe Ohmchen gab alle Anweisungen. Wagen und Pferde standen bereit. Sie hatten noch geschlachtet, denn am wichtigsten waren Lebensmittel; dazu Bettzeug, Kleidung und Kochgeschirr. Auf dem Rückweg zur Schule knirschte der Schnee unter meinen Füßen. Ein Schlitten kam mir entgegen, Herr von Cohs saß darauf. Mit einer Flasche winkte er mir zu: »Auf Wiedersehn bei Petrus!« Er mußte mit dem Volkssturm ausrücken. Die Forstleute hatten Trecker und Anhänger, und damit fuhr Frau von Cohs mit ihren Kindern gegen drei Uhr los, in Richtung Königsberg, wo ihre Schwiegereltern wohnten.

Militär kam durchs Dorf und fuhr in verschiedenen Richtungen davon. Ein General auf der Durchfahrt, der im Schulhaus für die Nachtstunden Rast gemacht hatte, wollte Erika Stachel, ihre Kinder und mich mitnehmen – natürlich ohne jedes Gepäck. Wir blieben und warteten, es war 4 Uhr morgens. Wir waren ratlos, wie die meisten Leute im Dorf. Bei Tagesanbruch kamen wieder Soldaten durchs Dorf. Das Schießen von der Front wurde lauter, der Himmel über Kreuzingen färbte sich rot. Ein paar Busse der Organisation Todt hielten auf dem Schulplatz, offensichtlich ohne rechte Zielbestimmung. Ich sprach mit einem Offizier, und er war bereit, uns mit seinen Bussen nach Labiau zur Bahnstation zu fahren. Der Bus hatte oben eine Gepäckstange, und der Fahrer – ein freundlicher Franzose – verfrachtete unsere Koffer, den Teppich mit den eingerollten Betten, mein Akkordeon, und schließlich warf er noch mein Fahrrad oben drauf.

Als die Leute von dem Transport hörten, kamen die Frauen mit ihren Kindern und Koffern und stürmten die beiden Busse. Neben mir saßen Frau Stachel und Frau Kippar. Den Zurückbleibenden wurde versprochen, beim zweiten Transport mitzukommen. Die Wagen fuhren später zurück – ob sie einen weiteren Transport schafften, weiß ich nicht. Es herrschte ein unbeschreibliches Durcheinander auf den Straßen.

Unser Bus fuhr gegen Mittag. Es war Samstag, der 20. Januar. Wir fuhren über hartgefrorene Felder, denn alle Straßen waren verstopft, überwiegend von Wehrmacht. Die Flüchtlingswagen stauten sich an den Einmündungen und versuchten ebenfalls, über die Felder weiter zu ziehen. Auf dem ganzen Weg gab es herrenlose Wagen mit herausgefallenem Gepäck, alleingelassene Tiere und suchende Menschen. Manche bemühten sich, zerbrochene Deichseln zu reparieren.

Frau Berkan war mit dem Wagen unserer Flüchtlingsfrau aus der Elchniederung und deren Polen unterwegs. Den Treck aus Gertlauken überholten wir. Christel Beckmann winkte mir zu.

Wir landeten nach holpriger Fahrt mit einem zerbrochenen Fenster in Labiau am Bahnhof, wo wir abgesetzt wurden. Wohin man sah: Flüchtlinge, Wagen, Gepäck, herrenloses Gut und herumirrende Pferde. Die Labiauer waren vollkommen überrascht.

Es fuhr kein Zug. Die Flüchtlinge wurden notdürftig in Schulen, Kirchen und Privathäusern untergebracht. Frau Stachel lag mit den Kindern in der Kirche. Frau Kippar und ich blieben am Bahnhof bei unseren Sachen. Wir wanderten auf und ab, über uns der sternfunkelnde Himmel, beißende, durchdringende Kälte, minus 20 Grad. Schließlich verbrachten wir drei

Stunden bei Bekannten von Frau Kippar, die wir mit unserem Schellen aus ihrer Nachtruhe rissen. Was wir berichteten, war unfaßbar für sie, und sie hielten es für übertrieben. Jedenfalls ruhten wir uns ein paar Stunden aus, zusammen auf einem Sofa, und um 5 Uhr waren wir wieder am Bahnhof, gerade rechtzeitig, um zwei Güterwaggons einrollen zu sehen. Wir packten schnell unser Gepäck in einen Wagen und benachrichtigten Frau Stachel. Bald strömten die Menschen zum Bahnhof, denn die Neuigkeit hatte sich schnell herumgesprochen. Frau Kerwath kam mit ihren Kindern; wir blieben zusammen und suchten uns Plätze. Dann wurden weitere Waggons angehängt, und schließlich kam zu unserer großen Erleichterung auch eine Lok. Die Menschen drängten sich, alles war brechend voll, viele mußten in offenen Wagen stehen. Wir waren mit etwa 50 Personen in einem Gepäckwagen. Zum Sitzen für alle reichte der Platz nicht, und ich war froh, mit Frau Kippar an der Türritze zu stehen, wo ein kalter Luftzug hereinwehte, denn die Luft in dem Raum war unerträglich.

Nach Stunden setzte sich der Zug in Bewegung, oft lange haltend, und wir kamen bis Königsberg. Frau von Cohs hatte gehört, daß ein Flüchtlingszug aus Labiau eintreffen würde, sie war zum Bahnhof gekommen, und so trafen wir uns dort. Sie hatte ihren Dackel auf dem Arm. Sie erzählte uns, daß in Königsberg alles ganz ruhig sei und niemand an Flucht denke, aber dann war sie doch sehr traurig, daß sie ihre Kinder nicht bei sich hatte, sonst wäre sie mit uns gefahren.

Abends kamen wir nach Marienburg und wurden auf ein Abstellgleis rangiert. Wir warteten die ganze Nacht. Ich ging mit Frau Kippar über die Gleisanlagen zur Bahnhofshalle. Hunderte von Flüchtlingen drängten sich dort. Das Rote Kreuz hatte alle Hände voll zu tun, heiße Getränke und Brotstullen zu verteilen. Ich bekam Angst, als ich diese Menschen sah, die aus dem Süden Ostpreußens geflohen waren. Viele Frauen nur im Nachthemd mit einem Mantel darüber, Kinder mit dem Schulranzen auf dem Rücken. Zurückweichende Soldaten hatten sie geweckt: »Macht, daß ihr fortkommt, der Russe ist nur ein paar Kilometer entfernt!« Gerüchte schwirrten, die Russen hätten die Bahnlinie nach Konitz bereits erreicht, die Weichselbrücke würde gesprengt. Mit heißem

Kaffee und einem Karton voll Butterbroten gingen wir zu unserem Wagen zurück. Nervosität und Angst breiteten sich aus. Waren wir vergessen worden? Würden wir das westliche Weichselufer noch erreichen? Wir warteten. Nach sieben Stunden endlich löste sich die Spannung – unser Zug setzte sich langsam in Bewegung. Wir fuhren über die Weichselbrücke. Das war in der Nacht von Sonntag auf Montag. Am Donnerstag kamen wir dann in Penig an. Immer wieder sah ich Menschen in offenen Waggons. Verzweifelt versuchten die Mütter, Milch für ihre Kleinen zu bekommen. Einige Kinder sind erfroren oder vor Schwäche gestorben.

Liebe Mutter, ich habe alles gut überstanden. Du brauchst Dir keine Sorgen zu machen. Wir sind in Schulen untergebracht und werden bald Quartiere in Privathäusern bekommen. Hoffentlich geht es Dir gut. Ist Vater immer noch in Köln? Die Amerikaner rücken doch schon bis zum Rhein vor. Ich denke immer an Wolfgang – wenn Du Nachricht von ihm hast, schreib mir bitte sofort.

Die Heimkehr
Tagebucheintragungen
Januar–Juni 1945

Penig, 29. Januar 1945 Ich sitze in einem Klassenraum der Peniger Schule. An den Wänden entlang ist Stroh ausgebreitet, Schlaflager für über dreißig Personen. Vor einer Stunde schritt ich über den weiß verschneiten Schulhof, nachdem ich Frau Stachel in ihrem neuen Privatquartier besucht hatte. Sie hat ein großes geräumiges Zimmer, die Koffer lagen geöffnet am Boden, Kleider hingen an der Tür. Die Ungewißheit der Zukunft, die Sorge um ihre Angehörigen, ihre ganze Verlassenheit lag in ihrem Blick. Mit Frau Kippar ging ich noch ein Stück gemeinsam die Straße hinunter. Jeder ist nun allein. Um acht Uhr heute morgen war ich in der Turnhalle und half der Sportlehrerin, das dort liegende Gepäck zu ordnen: Säcke, Eimer, Kisten, Koffer. Was mag verlorengegangen sein? Unterwegs wurden einige Wagen abgehängt.

Die Augen brennen mir vor Müdigkeit. An das Strohlager habe ich mich schon gewöhnt, so daß ich ganz gut darauf schlafe. Aber morgens tut mir das Kreuz doch etwas weh.

30. Januar 1945 Nach dem Frühstück wurde mir ein Zimmer zugewiesen: Schillerstr. 3, bei Werner. Mit Frau Kippar ging ich gleich hin, um es anzuschauen. Es ist ein hübsches Zimmer. Zusammen mit Frau Stachel und ihren Kindern sind wir dann zu einer Scheune gegangen, wo viel Gepäck lagert. Und wir sind glücklich, daß wir nach einigem Suchen all unsere Sachen wiedergefunden haben. Wir halfen Frau Stachel beim Einräumen, danach sah ihr Zimmer gleich viel wohnlicher aus mit dem Teppich und der hübschen gestickten Tischdecke. Zusammen sind wir dann zu Christel Kippar gegangen. Ihr kleines Zimmer sieht jetzt auch recht gemütlich aus. Ganz still wird sie, wenn sie an ihr schönes, verlorenes Heim denkt. Schade, daß wir jetzt so weit auseinander wohnen, jeder für sich in einem anderen Stadtteil.

Allein ging ich zurück durch die winterliche Stadt. Im Schnee war kein Laut zu hören, nur das leise Rauschen der Tannen. Auf der anderen Seite der Mulde lag die Stadt vor mir, terrassenförmig ansteigend, die Häuser aneinandergeschmiegt, alle Dächer und Bäume weiß, das Wasser der Mulde gluckste ein leises Lied, sonst war es ganz still. Jetzt liege ich in meinem Bett, satt gegessen und endlich frisch gewaschen. Ich fühle mich wie neugeboren! Nur der Frost in den Zehen tut weh.

Auf der Flucht hatte ich meine Stiefel 7 Tage und Nächte ununterbrochen an den Füßen, und in Penig sind sie durch den Schnee immer durchnäßt. Aber morgen kann ich andere Schuhe anziehen.

5. Februar 1945 Draußen ist es ungemütlich geworden, windig, naß und patschig. Feiner Regen sprüht einem ins Gesicht. Von der Schneeschmelze ist die Mulde aufgewacht – rauschend stürzt das Wasser über ein Wehr hinunter. Ich beschließe den Tag meistens mit einem einsamen Gang durch die nächtliche Stadt: die stillen Straßen, zu beiden Seiten die dunklen Häuserreihen. Manchmal ist ein kleines Licht in der Finsternis. Ich denke an Gertlauken, wo überall der Himmel in seiner ganzen Weite über mir war.

Ich kann niemandem mehr schreiben – alle Verbindungen sind abgebrochen. Im Westen rücken die Amerikaner schnell vor, und die feindlichen Flieger beherrschen das Land. Und im Osten der russische Ansturm – Ostpreußen, Schlesien, alles geht verloren. Der Wehrmachtsbericht nennt schon Küstrin an der Oder, Kämpfe um Schneidemühl. Wie mag es Fritz gehen? Und was ist mit Wolfgang, wo mag er sein? Ob Vater noch in Köln ist? Ich höre von niemandem mehr. Das Unabwendbare lähmt mich. Ich lebe mein Leben wie durch einen Schleier. Wir haben nichts zu tun. Wenn möglich gehen wir ins Kino, um uns abzulenken und die Wirklichkeit zu verdrängen. Man hört nichts als Schreckensmeldungen.

8. Februar 1945 Häufig haben wir jetzt Fliegeralarm. Gestern ein Großangriff auf Chemnitz. Es muß schlimm gewesen sein. Die Städte hier sind ja alle voller Flüchtlinge. Frauen aus Penig haben den Angriff miterlebt und kamen dreckig und erschöpft zu Fuß zurück – die Bahnstrecken waren zerstört.

16. Februar 1945 Zwei Tage war ich in Leipzig, um nach Bekannten zu forschen, die in Gertlauken bei uns einquartiert waren. Mit vielen Grüßen von Frau Stachel und Frau Kippar! Ich irrte durch die dunkle, fremde, halb zerstörte Stadt und fand die Wohnung der Familie B., wo ich übernachten konnte. Ich war so müde, daß ich den Fliegeralarm in der Nacht gar nicht beachtete. Ich habe nichts in Erfahrung bringen können, alle Beziehungen sind zerrissen, niemand weiß, wo die Männer oder die Söhne sich befinden. Ich habe noch das Völkerschlachtdenkmal besichtigt, ein wuchtiger Bau, 91 Meter hoch, mit einer großartigen Aussicht auf die Stadt und die ganze Umgebung. Leider überraschte mich auch dort ein Fliegeralarm, so daß ich über zwei Stunden auf einer schmalen Wendeltreppe zwischen den sechs Meter dicken Granitmauern verbringen mußte, wo mir Füße und Hände einfroren. Es fuhren kaum Züge. Umsteigen und endloses Warten auf den Bahnhöfen. Am nächsten Morgen erst war ich wieder in Penig und hatte nur einen Wunsch, endlich zu schlafen. Und dann hörte ich das Schreckliche, das in Dresden geschehen war.

20. Februar 1945 Mutter hat geschrieben. Ihr Brief ist tatsächlich noch durchgekommen. Ich freue mich so, daß ich es kaum ausdrücken kann. Sie ist noch in Spenge bei Tante Minchen, und Vater ist noch in Köln. Von Wolfgang hat sie auch nichts gehört.

27. Februar 1945 Heute hat Wolfgang Geburtstag. Vor einem Jahr war er bei mir in Ostpreußen – zusammen mit Fritz. Samstag abend feierten wir bei Neumanns. Und Sonntag abend wurde weiter gefeiert – und Paulas Examensarbeit getippt! Das war vor einem Jahr. Und heute? Wie mag es ihm gehen? Fast jeden Nachmittag verbringe ich bei Frau Stachel. Ich liebe den Heimweg am Abend durch das stille Städtchen. Unten hört man das Rauschen der Mulde und den Wasserfall.

2. März 1945 Gestern war ein schwerer Tag für Penig. Zum ersten Mal fielen Bomben auf die Stadt. Viele Zerstörungen und etwa 30 Tote. Ich war gerade bei Christel Kippar. Sie strickte, und ich putzte meine Schuhe. Erst waren die Flugzeuge vorbeigeflogen; als sie dann wieder über uns brummten, meinte Christel: »Die fliegen zurück, das Motorengeräusch klingt jetzt anders.« Und schon begann das Krachen und Dröhnen. Wir rannten in den Keller. Ich lief auf Socken und hielt einen Schuh noch in der Hand.
Es war ein Schock für Penig und hat viel Leid gebracht für die Menschen, die sich bisher sicher wähnten. Heute morgen

hatten wir wieder einige Stunden Alarm, aber es sind keine Bomben gefallen. Draußen regnet und schneit es, dazu heult der Wind. In der letzten Woche war es schon frühlingshaft, und die Vögel sangen.

6. März 1945 Täglich haben wir jetzt Alarm – morgens, mittags und abends und manchmal auch nachts. Es ist ein Rennen in den Keller und zurück. Die Kinder tun mir leid. Um fünf Uhr weckte mich Frau Werner, wir gingen zum Schützenhaus, dem Auffanglager für Flüchtlinge und Bombengeschädigte. Wir halfen bei der Versorgung und schmierten stundenlang »Bemmen«. Mitleiderregend sehen die Menschen aus, voll Leid und Ungewißheit die Gesichter. Ganz Deutschland ist auf den Beinen, heimatlos, in alle Himmelsrichtungen verstreut. Bei Frau Stachel sind ihre Eltern angekommen und ihre Schwester mit der kleinen Uta. Wir haben uns alle sehr gefreut!

21. März 1945 Seit zwei Tagen unterrichte ich in der Peniger Schule. Ich bekam das 4. Schuljahr, Jungen und Mädchen aus allen Teilen Deutschlands: 49 Kinder. Dazu das 3. Schuljahr mit nur Jungen aus Penig, eine sehr unruhige Klasse. Der Unterricht ist mal in der Papierfabrik, mal in der »Stadt Leipzig« und auch mal in einem Klassenraum.

4. April 1945 Gestern in Chemnitz. Es fuhr kein Zug zurück, und ich ging zur Autobahn. Es herrschte viel Verkehr, Militärwagen in beiden Richtungen. Ich kam in einen Lastwagen, plötzlich Fliegeralarm, in unmittelbarer Nähe krachten Bomben. Und dann sahen wir die Tiefflieger. Alles stob nach rechts und links davon. Ganz nah war ein kleines Wäldchen. Ich weiß nicht, wie ich die 15 Meter zum schützenden Dickicht gekommen bin. Bordwaffenfeuer. Laub und Erde spritzten auf. Mit dem Gesicht lag ich zur Erde, mein Herz hämmerte, »gleich muß es dich treffen«, dachte ich. Als es vorbei war, hob ich den Kopf. Neben der Autobahn auf einer Abzweigung stand ein Flüchtlingstreck mit fünf Wagen. Ein Wagen brannte, sechs Pferde waren tot, zwei so schrecklich verwundet, daß sie erschossen werden mußten. Ein Mann war schwer verletzt, unser LKW hatte viele Einschüsse.

5. April 1945 Ich bin so allein – meine Hand ist zu müde zum Schreiben. Was soll werden? Wolfgang ist tot. Keinem kann ich sagen, wie leer es in mir ist.

»Gefallen für Großdeutschland« steht auf dem Brief, der zurückkam. Gefallen für Großdeutschland! Mein Gott, wie ein Hohn kommt es mir vor. Wo? Wann? Hat er gelitten? Wissen es Vater und Mutter? Sie müssen doch die amtliche Nachricht bekommen haben! Arme Mutter! Auch Frau Kippar erfuhr, daß ihr ältester Bruder gefallen ist, der zweite Bruder schon, und von ihrem Mann hat sie nie mehr etwas gehört.

15. April 1945 Heute bin ich 24 Jahre alt geworden. Als der Krieg begann, war ich 18. Vor einem Jahr war ich zum letzten Mal mit Wolfgang zusammen. Ich kann es noch gar nicht fassen, daß ich ihn nie wiedersehe.

Gestern zogen die Amerikaner in die Stadt ein. Wir waren alle im Keller. Hier und da hörte man Schüsse. Die Kriegsgefangenen wurden sofort freigelassen, ebenso die russischen und polnischen Arbeitskräfte. Lebensmittelgeschäfte, Schuh- und Textilgeschäfte wurden gestürmt und geplündert. Fürchterlich sah es auf den Straßen aus. Schließlich verboten es die Amerikaner. Wir Deutsche haben Ausgangssperre, dürfen nur von 7 bis 9 Uhr und von 16 bis 18 Uhr auf der Straße sein.

Pfingstsonntag, 20. Mai 1945 Lange habe ich nicht mehr schreiben können. Die furchtbaren Ereignisse haben mich gelähmt. Das Ungeheuerliche, das wir von den KZ-Lagern hörten – ich wollte es nicht glauben. Das Grauen geht über all meine Vorstellungen. Wer kann sich so Teuflisches ausdenken? Ich kann es nicht verarbeiten.

Und nun die Greuelmeldungen aus Böhmen! Als der Krieg am 8. Mai endete, begann hier das Schreckliche. Mordlust eines ganzen Volkes, Mord an unschuldigen Frauen, Mord an Kindern. Den Flüchtenden steht das Entsetzen im Gesicht. Es ist mir, als ob ich gelebt werde – in einer mir fremden Welt. Was hier im Osten unschuldigen Menschen geschehen ist und geschieht, verfolgt mich Tag und Nacht.

Die Amerikaner haben Herrn Rektor Riedel als Dolmetscher eingesetzt und mich als seine Sekretärin. Das Büro ist in der

Schule. Es geht um Beratungen für Flüchtlinge und Ausländer, Anmeldungen, Lebensmittelkarten. Ich bin froh, daß ich eine Aufgabe habe und nicht zum Nachdenken komme. Um Lebensmittelkarten von Rochlitz zu holen, bekam ich eine spezielle Genehmigung und einen Sonderausweis vom Kommandanten. So habe ich etwas Bewegungsfreiheit, und als ich so ganz allein auf der leeren Straße radelte, kamen mir ganz neue Pläne. Ich gab den Ausweis nicht zurück – es fragte auch niemand danach.

Köln, 30. Juni 1945 Seit zwei Tagen wieder zu Hause. Am 12. Juni bin ich in Penig losgefahren. Schon seit Tagen hatte der russische Posten auf der Muldebrücke gestanden. Dann hörte ich es: Die Amerikaner würden abziehen und die Russen einrücken. Alle rieten mir dringend ab, die Straßen seien zu unsicher, ich würde in ein Sammellager kommen. Aber ich mußte es wagen. Ich packte das Nötigste auf mein Fahrrad, und als ich frühmorgens die große Fahrt antrat, fühlte ich mich unendlich frei. Abends in Leipzig. Ich fuhr zu Beckerts und konnte dort übernachten. In Halle konnte ich die Grüße nicht ausrichten, die man mir in Penig mitgegeben hatte; in der Straße stand kein Haus mehr. In einem Luftschutzbunker verbrachte ich die Nacht. In aller Frühe brach ich auf. Bisher war alles gut verlaufen. Es war still im Lande, die Straßen leer, nur ab und zu ein Fahrzeug. Die Posten in den Ortschaften waren freundlich, wenn sie ein paar englische Brocken hörten: »I am going to see my aunt – will be back very soon« – dann war es o.k. Wenn einer nach »Päss« fragte, zeigte ich meine Kennkarte vom Kommandanten in Penig. Ein englisches Formular und ein Stempel, das genügte – genau kannte sich wohl keiner aus.
An der Straße nach Aschersleben standen ganze Baumreihen voll reifer Kirschen. Ich habe mich richtig sattgegessen. In einer Papierfabrik kam ich unter, auf der Liege im Krankenzimmer. Auch zu essen besorgte mir der Pförtner. Am nächsten Mittag war ich in Quedlinburg und abends in Bad Harzburg, wo ich die Mutter von Fräulein Helfer aufsuchte, meiner Kollegin in Penig. Sie freute sich sehr, von ihrer Tochter zu hören, und ich wurde so freundlich aufgenommen, daß ich zwei Tage blieb und mich gründlich ausruhen konnte.

Von Bad Harzburg fuhren wieder Züge, und ich konnte bis Hildesheim fahren. Dann weiter mit dem Fahrrad durch die Trümmer von Hildesheim in Richtung Hameln. In einem Dorf lud mich eine Lehrersfrau zum Mittagessen ein. Viel Hilfsbereitschaft habe ich überall unterwegs angetroffen. Gestärkt fuhr ich um 15 Uhr weiter, an der Weser entlang, durch Rinteln. Nun war Spenge nicht mehr weit, vielleicht konnte ich bis Abend da sein! Ich sauste auf der Autobahn bis Oeynhausen – ein richtiges Vergnügen. Die ganze Stadt hatte geräumt werden müssen, für die Besatzung, es wimmelte von englischem Militär. Um zehn Uhr abends war ich in Spenge. Das war eine Freude. Tante Lies war auch da. Aber Mutter traf ich nicht an – vor einer Woche ist sie nach Köln zurückgekehrt. Zehn Tage blieb ich in Spenge und habe alle Verwandten besucht, auch in Osnabrück. Überall das Warten auf die Männer und Söhne, von denen man seit Monaten nichts mehr gehört hat. Onkel August brachte mich mit seinem Lieferwagen nach Hamm. Von da konnte ich bis Düsseldorf mit dem Zug fahren – durch ein ununterbrochenes Ruinenfeld. Mein Rad war vollgepackt mit Lebensmitteln, aber am Rhein entlang ließ es sich leidlich gut fahren.

In Deutz erfuhr ich von früheren Nachbarn, daß Vater und Mutter in Köln-Merheim sind, wo sie eine Wohnung bekommen haben. Endlich war ich zu Hause – seit 5 Monaten hatten wir nichts voneinander gehört. Dann fiel der Name Wolfgang. Sie hatten es noch nicht erfahren! Wortlos saßen sie und schauten mich an. Mutter weinte mit unbewegtem Gesicht.

Ich sitze in unserem Garten – zwischen dem Grün der Bäume und Sträucher. Alles hängt voller Früchte. Es wird ein gutes Obstjahr werden. Neben mir die Trümmer unseres hübschen Gartenhauses. Eine Bombe hat es zerstört. Wie gern haben wir dort gesessen – Wolfgang und ich.

Ich denke an Gertlauken. Wie viele mögen noch leben, welches Schicksal haben sie ertragen müssen? Nur die Natur wird sein wie immer, unberührt vom Unmenschlichen. Die stillen, dunklen Wälder, die Dünen, der Gesang der Wellen am Strand der Nehrung, und über allem der weite, weite Himmel.

»Verleger gesucht für Briefe aus Ostpreußen 1941/45« lautete eine Anzeige, die im November 1984 in der Wochenzeitung »Die Zeit« stand. Nun bin ich zwar kein Verleger, und vor allem bin ich kein Ostpreuße, trotzdem fühlte ich mich angesprochen, neugierig gemacht. Denn ich hege eine große Zuneigung, ja heimliche Liebe zu dieser ehemaligen Reichsprovinz, die 1945 mit ihrer siebenhundertjährigen deutschen Geschichte unterging. Seither betrachte ich es als Glücksfall, daß ich noch gerade rechtzeitig einen Blick auf jenes Land werfen konnte, bevor Ostpreußen als Begriff einer besonderen Lebensform hinter dem Eisernen Vorhang verschwand.

1943 und 1944 kam ich ziemlich häufig nach Ostpreußen. Zwar kann ich nicht behaupten, ich hätte es gut kennengelernt. Dazu waren die Aufenthalte viel zu kurz. Außerdem war Krieg, ich war Soldat, die Besuche dienten ganz anderen Zwecken als dem Kennenlernen von Land und Leuten. Deshalb wurden mir lediglich Impressionen zuteil, blasser die einen, farbiger die anderen. Dieser oder jene Eindruck erhielt seltsamerweise erst geraume Zeit nach dem Krieg einen deutlicheren Hintergrund oder eine noch stärkere Farbigkeit. Es waren Bücher, die mich in jene Jahre zurückversetzten, und wenigstens zwei seien genannt: das erschütternde ostpreußische Tagebuch des Grafen Hans von Lehndorff und das schöne, immer wieder einmal zu neuerlicher Lektüre aus dem Regal gezogene Erinnerungsbuch »Namen die keiner mehr nennt« der Gräfin Marion Dönhoff.

Meine eigenen ostpreußischen Erinnerungen sind naturgemäß so zufällig wie ungeordnet. Kleine Städte, wo auf kopfsteingepflasterten Marktplätzen Denkmäler des Großen Kurfürsten oder des alten Fritz standen, und winzige Dörfer, wo an breit hingelagerten Gehöften sich eine staubige Chaussee mit Birken links und Birken rechts und in der Sonne dösenden Gänsen in der Mitte hinzog ... Üppiges Weideland mit braunen Pferden und schwarzbunten Kühen, ein hoher Himmel voller Schwalben und fern am Horizont ein Kirchturm, oder endlose Wälder unter der Flugzeugkanzel, schwarze Wälder, die einen grünlichklaren See umsäumten und noch einen und auch den nächsten und übernächsten – eine ganze Seenkette schimmerte aus Wald und Morgendunst herauf ... Ein schmiedeeisernes Parktor mit goldenen Lanzenspitzen, dahinter Rasen mit Rhododendronbüschen bis hin zu einem weißen Schloß mit Säulenvorbau und Wappengiebel ... Sandstrand und Wanderdünen, Storchennester auf den Rieddächern der Fischerkaten, ein gelbes Buchweizenfeld. Das Wasser der Ostsee war, wenn man im Tiefflug darüber hinwegjagte, von demselben glänzenden Graublau wie die Rücken frischgefangener Ostseeheringe, am Strand aber gleißte und blendete der weiße Sand in der Julisonne nicht anders als neuer Schnee in der kalten Sonne eines Januarmittags ... Landeinwärts, am Ufer eines Flüßchens: meterdickes Backsteingemäuer, efeuüberrankte Turmstümpfe, Wände mit spitzbogigen Fensterhöhlen – die Ruine einer Ordensburg, Sinnbild ostpreußischer Vergangenheit.

Solche Erinnerungen waren es wahrscheinlich, die mir beim Lesen und Überdenken der Zeitungsanzeige und später beim Abfassen des Schreibens durch den Kopf gingen, mit dem ich um Einblick in die Briefe aus Ostpreußen bat. Frau Peyinghaus antwortete postwendend. Von den Briefen existierte eine Maschinenabschrift, die ersten dreißig oder vierzig Seiten trafen ein. Der Siedler Verlag, an den ich sie weiterreichte, war von der Kostprobe nicht minder angetan, und als bald darauf das vollständige Konvolut von 382 engbeschriebenen Seiten vorlag, war klar, daß es sich um ein Briefwerk von besonderer Bedeutung handelte.

Wer hatte jemals von Gertlauken gehört – von Gertlauken, wo der allergrößte Teil der Briefe geschrieben worden war? Ein weltabgeschiedenes Nest, zehn Kilometer von der nächsten Bahnstation entfernt, im Frühling und Herbst nur über verschlammte Straßen und im Winter nur durch hohen Schnee, am besten mit dem Pferdeschlitten, zu erreichen. Im Sommer freilich eingehüllt in Vogelgesang, Bienengesumm und Heuduft, auf seine Art gewiß eine Idylle, zumal mitten im Krieg, und sicherlich ein Fleckchen Erde, wo Fuchs und Has sich Gutenacht sagten.

In dieses Dorf mit einigen hundert Einwohnern platzte im Spätherbst 1941, aus Köln hierher versetzt, eine kaum 21 Jahre

alte Lehrerin, eine junge, unbefangene, unter Kontaktschwie-
rigkeiten ganz und gar nicht leidende Person, der alles unsäglich fremd, neu und deshalb ganz besonders interessant
erschien und die von jetzt an ihren Eltern daheim in Köln
ein- oder auch mehrmals wöchentlich berichtete, wie es ihr
hier, ein ganzes Stück hinter Königsberg, ja noch ein Stückchen weiter hinter Tapiau und Labiau und Laukischken
erging. Da wurde nichts ausgelassen, da wurde sozusagen
ohne Punkt und Komma beschrieben, was alles die Brief-
schreiberin in ihrer Freizeit unternahm und was sie in der
Schule tat, wo sie zunächst als einzige Lehrkraft über hundert
Kinder unterrichtete. Was alles sie sah, erlebte und erfuhr,
fand in den Briefen seinen Niederschlag, und was ihr Freude
machte oder worüber sie sich gelegentlich schwarz ärgerte,
ebenso. Worüber sie sich tagaus, tagein die allergrößten Sorgen machte, waren jedoch die Eltern in dem vom Bomben-
krieg schwer heimgesuchten Köln und bald auch schon der
Bruder an der Front.
Das Großstadtkind wurde überraschend schnell heimisch auf
dem platten Lande; es fragt, es erhält Antworten, dies alles
wird aufgeschrieben, oft bei Kerzenlicht und leiser Radio-
musik am warmen Kachelofen. Manchmal drohen der jungen
Frau beim Schreiben schon die Augen zuzufallen. Nicht selten
ist Mitternacht vorüber, ehe sie ins Bett findet. Häufig sind die
Briefe ein Dutzend Seiten lang und länger. Das läßt sich nicht
allein mit den üblichen familiären Korrespondenzmotivatio-
nen erklären; dahinter steckt mehr – ein großes Erzählver-
langen, ein schriftstellerischer Impetus. Erkannt, wenngleich
keineswegs goutiert hat das der Vater, wenn er in einem seiner
Briefe, die sich gelegentlich in denen der Tochter widerspie-
gelten, mahnte, sie solle »sachlicher« schreiben, das »schmük-
kende Beiwerk« weglassen. Sie hat diese Mahnung gottlob
nicht befolgt.
Und deshalb werden weiterhin Bräuche, Verhaltensweisen,
Dorfrituale sowie die heißgeliebten »Kartenpartiechen« und
die verschiedenartigen Feste ebenso bunt, eindringlich und
breit beschrieben wie Radtouren und Waldwanderungen,
Ausflüge ans Haff und an die Nehrung, nach Königsberg oder
an die Masurischen Seen, wie die Ankunft der ersten Störche
im Dorf, die Entdeckung der ersten Leberblümchen im Wald

oder der erste Schnee ... Die sage und schreibe 23 Torten bei einer jener Familienfeiern, bei denen im kriegsfernen Ostpreußen aufgetischt wurde wie in tiefsten Friedenszeiten, sind ebenso »festgeschrieben« wie der Umstand, daß man sich zeitweilig das Wasser von der Pumpe des Nachbarn holen mußte, weil die eigene entweder eingefroren war oder der Sturm den Pumpenschwengel abgerissen hatte. Man liest in den Briefen von friedvollen Stunden mit einem Buch im sommerlichen Garten oder von den schier endlosen Nachtgesprächen mit der in einem etwas entfernteren Dorf unterrichtenden Freundin Paula – die nebenbei bemerkt im Oldenburgischen daheim war und den Krieg ebenso gesund überlebte wie Kinni, das Nachbarskind aus Köln-Deutzer Jugendtagen. Aber man liest auch von Ängsten und Leid, von der Trauer über das schwere Sterben der kleinen Elke Berkan, und man erfährt die Betroffenheit durch die Konfrontation mit dem jüdischen Getto in der polnischen Stadt Plöhnen, »die in polnischer Zeit anders geheißen hatte«, und die Betroffenheit über die Begegnung mit dem jüdischen Schneider, von dem wir heute wissen, daß er gnadenlos bestimmt war für die Gaskammern von Auschwitz.

Gegenwärtig spricht man gern von »Alltagsgeschichte«. Verkürzt ausgedrückt versteht man unter diesem noch jungen Begriff eine Geschichtsschreibung nicht mehr allein aufgrund der politischen, militärischen, wirtschaftlichen, kulturellen und wissenschaftlichen Ereignisse, sondern auch aus der Sicht der Betroffenen, der sogenannten kleinen Leute, die immer nur die Opfer der Geschichte waren. Gertlauken war eine geradezu exemplarische Kleine-Leute-Welt: Bauern, Waldarbeiter, Förster, der Stellmacher, der Bäcker, der Maurer, der Hufschmied samt ihren Frauen und Kindern. Nicht zu vergessen eine junge Frau aus Köln. Indem Marianne Peyinghaus diesen nestwarmen Mikrokosmos über Jahre hinweg miterlebend beobachtete und ohne die bekannte »Betriebsblindheit« der Alteingesessenen abkonterfeite, schuf sie ungewollt ein Werk der Alltagsgeschichte in einer Zeit, die diesen Begriff nicht nur nicht kannte, sondern ihn fanatisch bekämpft hätte. Das Eigentümlich-Gertlaukensche gewinnt Modellcharakter, und das Spezifisch-Ostpreußische ist im Rückblick von überraschender Allgemeingültigkeit. Einerseits entstand auf diese Weise die bis in die kleinste Kleinigkeit hinein verläßliche Innenansicht eines namenlosen Dorfes im einstigen Ostpreußen, andererseits haben wir durch die Hereinnahme Kölns, durch die verschiedenen Reisen und die quer durch das Reich laufenden familiären Bindungen einen aufschlußreichen Report über das Leben in Deutschland im Zweiten Weltkrieg vor uns. Erinnern sollte man sich in diesem Zusammenhang an die Tatsache, daß der Teil Ostpreußens, in dem Königsberg, Tapiau, Labiau und eben auch Gertlauken liegen, seit 1945 zu der total abgeriegelten und für Besucher nicht zugänglichen sowjetischen Einflußsphäre gehört.

In ihrem Brief vom 15. Januar 1944 berichtet Marianne Peyinghaus, damals noch Marianne Günther, daß sie während der Rückreise von Köln nach Gertlauken im Zug den Oberleutnant Fritz Peyinghaus kennengelernt habe: »Er war 1940 bei Dünkirchen abgeschossen worden und hatte dreieinhalb Jahre in englischer Kriegsgefangenschaft zugebracht, ehe er als Verwundeter ausgetauscht wurde.« Da es möglicherweise bekannt ist, daß es zwischen Engländern und Deutschen einen solchen Austausch gegeben hat, aber sicherlich nicht, wie er abgewickelt wurde, bat ich Herrn Peyinghaus um eine Schilderung. Er schrieb:
»Im Raum Dünkirchen wurde ich Ende Mai 1940 als Beobachtungsflieger abgeschossen und kam mit einem britischen Feldlazarett nach England. Ein Jahr lang lag ich in einem Hospital im Londoner Stadtteil Woolwich, im Mai 1941 kam ich in ein Lager nach Grizedale im Lake-Distrikt. Dort war ein großes Landhaus als Offizierslager eingerichtet. Wegen meiner Verletzungen kam ich im Herbst 1941 erneut in ein Hospital und schließlich im Frühjahr 1942 in ein Austauschlager. Die Austauschverhandlungen gingen offenbar nur schleppend voran; erst anderthalb Jahre später, Ende September 1943, war es soweit. In Glasgow kamen wir – etwa 600 deutsche Verwundete – auf ein Lazarettschiff. Die Fahrt ging erst nach Norden, dann ostwärts zur norwegischen Küste und danach an der norwegischen Küste entlang nach Süden in Richtung Schweden. Der Austausch fand in Göteborg statt. Einige tausend britische Kriegsgefangene waren gleichzeitig von Stettin hierher gebracht worden. Wir wechselten die Schiffe und

fuhren nach Stettin. Nach den Regeln des Austausches durften die ausgetauschten Soldaten nicht wieder an der Front eingesetzt werden – falls das bei ihren Verwundungen überhaupt möglich gewesen wäre. Ich wurde nach einer Behandlung im Luftwaffenlazarett in Braunschweig und einer Kur in Bad Nauheim am 1. Juni 1944 als Lehrgangs-Adjutant einer Artillerieschule in Mourmelon in Frankreich zugeteilt. Die Schule wurde jedoch bereits Ende August 1944 nach Groß-Born in Pommern verlegt. Im Januar 1945, als die Russen näherrückten, zog sie nach Rokitzan in Böhmen um. Im Böhmerwald geriet ich in amerikanische Gefangenschaft.«

Stille Jahre in Gertlauken. Das Dorf eine Insel in einem Meer von Krieg. Doch so unendlich fern der Krieg auch sein mochte, so nah war er auch durch die entsetzlichen Nachrichten von den Kölner Bunker- und Bombennächten und durch die traurigen Mitteilungen, daß schon wieder ein Jugendfreund, Schulkamerad, Freund oder Vetter irgendwo in einem Lazarett seinen Verwundungen erlegen oder in Rußland gefallen war. Indessen wird der große Verlauf des Krieges lediglich durch knappe Schlüsselworte skizziert: Stalingrad, die Landung der Alliierten in Italien, die Invasion in der Normandie, der 20. Juli 1944 ... Der Kummer über die Niederlagen hielt sich in Grenzen; zurückzuführen war das wohl auf die Siegesskepsis des Vaters. Er war Finanzbeamter und zuletzt, aber das war bereits nach dem Krieg, Steueramtmann. In der Nazizeit hatte es für den alten Sozialdemokraten keine Beförderungen gegeben, nur Zurücksetzungen. Um so bitterer war für ihn, daß sein einziger Sohn Wolfgang die Schule noch vor dem Abitur verließ, sich freiwillig zur Waffen-SS meldete und zur »Leibstandarte Adolf Hitler« kam. Als Rottenführer fiel er vermutlich am 31. Dezember 1944 bei Vielsalm in Belgien; er liegt auf dem Soldatenfriedhof Recogne-Bastogne begraben.
Im Sommer 1944 dämmerte allgemein sichtbar das Ende der Gertlaukener Idylle herauf. Mit dem Durchbruch der Roten Armee bis zur Weichsel, der den gesamten Mittelabschnitt der deutschen Ostfront sperrangelweit aufriß, näherte der Krieg sich der Grenze Ostpreußens. Feindliche Flieger erschienen von nun an auch über ostpreußischen Städten, und die Asche der Brände von Königsberg senkte sich auf die Äcker und

Wälder von Gertlauken herab. Als die Front näherrückte,
zogen alle noch nicht zum Einsatz gekommenen männlichen
Personen vom 14. Lebensjahr an zum Schippen an den
Ostwall. Von Südosten her hörte man wie ein vorerst noch
fernes Sommergewitter bereits Artilleriefeuer. In dem Brief
vom 20. Juli 1944 – die Kunde vom Attentat auf Hitler war
noch nicht unter die Leute gelangt – hieß es: »Wir unternahmen einen langen Spaziergang, dabei hörten wir die ganze Zeit
das Grummeln von der Front wie Hintergrundmusik zum
Frieden des Abends und der Landschaft.« Die Friedlichkeit
wurde freilich immer brüchiger, die stillen Tage neigten sich
dem Ende zu, der Untergang Ostpreußens kündete sich an,
wenngleich der Großdeutsche Rundfunk noch Siegeszuver-
sicht hinauskreischte und Standgerichte jeden am nächsten
Baum aufhängten, der am Endsieg zweifelte. Zwar konnten
die feindlichen Einbrüche noch einmal abgeriegelt und die
Front tatsächlich für ein paar Monate zum Stehen gebracht
werden, aber das war nur die Ruhe vor dem Sturm.
Allerdings weht uns aus den Briefen nicht erst seit dem Sommer 1944 etwas Unheimliches und Gespenstisches an. Es
steht zwischen den Zeilen und ist bereits aus dem allerersten
Brief herauszulesen. Im Rückblick erschreckt die Ahnungs-
losigkeit, und es läuft einem kalt über den Rücken, wenn man
von sorglosen Geburtstagsfeiern, gemütlichen Kartenaben-
den, Dampferfahrten übers Haff, Kindtaufen, Sonntagsaus-
flügen nach Königsberg oder vom letzten Gertlaukener Weihnachtsfest mit Gänsebraten und Klößen liest. Man möchte die
Menschen, insbesondere die Kinder, warnen, sie anstoßen,
auf die tödliche Gefahr hinweisen: Um Gottes willen flieht,
lauft weg, packt eure Sachen oder laßt sie liegen, doch seht zu,
daß ihr euch in Sicherheit bringt, so lange noch Zeit dazu
ist!
Zu den 382 Seiten des Manuskipts gehörte auch eine Anzahl
von Briefen, die bald nach dem Krieg von Frauen und Mädchen aus Gertlauken und der vielerwähnten Freundin Paula
geschrieben wurden. Als ich sie im Mai 1985 las, wurde in
Presse, Rundfunk und Fernsehen ausführlich von den pom-
pösen Militärparaden berichtet, mit denen die Sowjetunion
den 40. Jahrestag ihres Sieges im »Großen vaterländischen
Krieg« feierte, und überall erschienen die befremdlichen Bil-

der der Veteranen und Veteraninnen dieses Krieges: Männer und Frauen, die Brust von den Schultern bis zum Bauchansatz mit unzähligen Orden und Medaillen dekoriert. Damals freilich erlebten die Deutschen es anders.

»Am 19. Januar 1945 bekamen wir den Befehl zur Flucht. In der Nacht haben wir unsere Sachen auf den mit zwei Pferden bespannten Wagen geladen. Oma war die Tapferste. Sie hat noch Puten und Hühner geschlachtet und Mutter und uns alle getröstet. Es sah wüst aus in den Stuben, in Küche und Speisekammer. Alles lag wild durcheinander, Federn, Hühnerköpfe, alte Kleider und sonstiges. Unsere Tante Lina wollte nicht mit uns ziehen. Nachdem wir Abschied von ihr, von Haus, Hof und Vieh genommen hatten, machten wir uns auf den Weg.« So schrieb im Juni 1946 die 15jährige Christel Beckmann an ihre ehemalige Lehrerin, Marianne Peyinghaus. Das Verhängnis traf die Menschen Ostpreußens im härtesten Winter seit Jahren. Es fror Stein und Bein, der Sturm heulte, Glatteis und Schneeverwehungen behinderten das Fortkommen auf den von Flüchtlingstrecks, Militärkolonnen, Panzern und Geschützen verstopften Straßen. Die Friedlichkeit und Kriegsferne Ostpreußens hatte sich in ein Inferno verwandelt.

»Nach zwei Tagen kamen wir in Mahnsfeld, 16 Kilometer hinter Königsberg, an. Dort blieben wir vorerst. Am dritten Tag in Mahnsfeld hörten wir schon morgens das Grollen der Artillerie, und mittags schlugen die ersten Granaten ins Dorf, auch war der Himmel voller Flieger, die Bomben abwarfen und mit Bordwaffen schossen. Das ganze Dorf brannte, auch die Scheune, in der unsere Pferde standen ...« In der folgenden Nacht erreichten die Beckmanns das zugefrorene Frische Haff. »Drei Tage und zwei Nächte sind wir auf dem Haff gewesen, bei furchtbarer Kälte und Schneetreiben. Auf der Nehrung gab es nur wenige Dörfer, aber die Leute waren dort sehr komisch. Sie haben uns oft die Tür gewiesen, wenn wir uns bei ihnen aufwärmen wollten.«

Endlich traf man in Danzig ein. Von dort ging es weiter nach Pommern: Rügenwalde, Kolberg, Köslin. Überall das gleiche Bild: Hunger, Kälte, Massenquartiere. Am 2. März überquerten die Beckmanns die Oder, und am 10. März landeten sie glücklich in Wamckow in Mecklenburg. Die Familie erhielt

zwei Zimmer mit Küche im Schulhaus und »fühlte sich ganz
wohl hier«. Schon glaubte man das Schlimmste überstanden
zu haben und begann sich einzurichten, als am 3. Mai »innerhalb von zehn Minuten das ganze Dorf von Russen wimmelte«.

»Vier Wochen hausten wir in einem Versteck auf dem Heu-
boden, ohne herunter zu kommen. Elend sahen wir aus.
Hertas Gesicht war mit Schorf bedeckt. In der Nacht hörten
wir das Schreien und Weinen der Frauen im Dorf. Kein Mann
konnte seine Frau beschützen, er wurde halbtot geschlagen,
wenn er es versuchte, und der Frau wurde die Pistole auf die
Brust gesetzt, und sie mußte gehorchen. Wir wurden fast ver-
rückt ...«

Ein halbes Jahr später – wiederum in einem Brief an ihre ehemalige Lehrerin – zieht Christel Beckmann Bilanz: »Wir haben Nachricht von Tante Lina aus Gertlauken. Hildegard
Schustereit ist mit anderen Mädchen verschleppt worden und
im Ural gestorben. Im Dorf sind fast alle alten Leute tot. Meine
Cousine Ingrid Iwahn ist auch tot, ebenso Tante und Onkel
Matschull, meine Schulkameradin Lotte Jakobeit und ihre
Mutter, Lies Wallat und Eva Gronwald. Siegfried Schwarm ist
ebenfalls verstorben, seine Mutter hat ihn im Straßengraben
beerdigt. Herr von Cohs ist gefallen, Frau von Cohs ist ins
Dorf zurückgekehrt und an Typhus gestorben. Ihre Kinder
sind verteilt: Die kleine Franka ist bei Frau Kather, der eine
Junge bei Frau Schwarm, der andere bei Frau Fröse. Meine
liebe Cousine Herta wurde oft vergewaltigt, auch die anderen
Frauen. So schlimm die Russen in Mecklenburg gehaust
haben, zu Hause war es noch viel schlimmer. Die Bauernwirt-
schaften liegen brach. Das Land ist verwüstet, nur Disteln und
Dornen. Alle müssen in Deimehöh arbeiten, auch Gertrud
Beckmann und meine Cousine Herta. An Tieren haben sie
nur noch Hunde, Katzen, Mäuse und Ratten. Weder Kuh noch
Schwein noch Hühner. Alle haben ihre Sachen verloren, das
letzte Bett, Kleidung, Schuhe, alles. Sie haben nur die Lumpen, die sie auf dem Leibe tragen.«

So könnte man seitenlang aus den Briefen Christel Beckmanns und anderer Frauen und Mädchen aus Gertlauken
zitieren: eine Chronik von Elend, Schmerz und Tod. Dazwischen die wenigen Glücklichen, denen die Flucht auf Anhieb

gelang. Zu ihnen zählte auch die Freundin Paula. Sie fuhr mit dem Fahrrad nach Königsberg und von Königsberg nach Pillau. »In einer Schule erhielt ich von der Kriegsmarine einen Passagierschein für ein Schiff. Ich müsse mich aber beeilen, wurde mir noch nachgerufen. Es war dunkel. Als ich endlich mein Schiff fand, wollte man mich nicht an Bord lassen. Es sei völlig überfüllt, ich solle auf anderen Schiffen mein Glück versuchen. Ich ging zurück, traf einen Marineoffizier und klagte ihm mein Leid. Er nahm sich meiner an, verhandelte mit dem Wachhabenden an der Gangway und schubste mich dabei die Brücke hoch. Dann machte er noch eine Hau-schnell-ab-Bewegung. Ich eilte nach oben. Der Mariner war im Dunkeln verschwunden. Aber ich war auf dem Schiff! In der Ecke eines Raumes fand ich einen Platz auf dem Fußboden. Als der Morgen graute, schwammen wir auf hoher See.« Zehn Tage später steht Paula vor ihrem Elternhaus. »Als ich die große Tennentür öffnete, stand mein Vater vor mir. Ich fiel ihm um den Hals. ›Bist du es wirklich?‹ fragte er, und dann schrie er ins Haus hinein: ›Paula ist gekommen! Unsere Paula ist wieder da!‹«

Louisendorf, Mai 1985   *Günther Elbin*

Marion Gräfin Dönhoff

Kindheit in Ostpreußen

Von der jetzt in Deutschland lebenden Generation hat die große Mehrheit
Ostpreußen, seine Landschaft und Menschen, wo sich bis in den Vorabend
des letzten Krieges hinein alles so bewahrt hatte, wie es gestern und vorgestern und eigentlich immer gewesen war, nicht mehr kennengelernt.
Marion Gräfin Dönhoff erzählt von ihrer Kindheit auf Friedrichstein, dem
prächtigen Symbol einer untergegangenen Welt. Im Wechsel mit persönlichen Erlebnissen beschreibt sie den Kosmos eines großen Adelssitzes inmitten der ostpreußischen Landschaft und beschwört mit ihren Erinnerungen
auch die Sehnsucht nach einer verlorenen Zeit.

»Diese Erzählung von der Kindheit der Gräfin Dönhoff ist eine sehr persön-
liche Schilderung, durch private Aufnahmen von Personen und Gebäuden in
einen intimen Rahmen gestellt.«
Die Rheinpfalz

»In einer Sprache, die sich bewußt vor Überschwang hütet und daher
besonders trifft, zeigt Marion Gräfin Dönhoff, daß auch sie das Paradies mit
Namen Kindheit nicht vergessen kann.«
Mainpost

»… eine Liebeserklärung an das verlorene Ostpreußen.«
Hamburger Abendblatt

Ein Siedler Buch bei Goldmann
ISBN 3-442-12810-2

Alexander Fürst zu Dohna-Schlobitten

Erinnerungen eines alten Ostpreußen

Kaum ein zweiter Name in der deutschen Geschichte ist so eng verknüpft mit deutscher Landschaft wie der Name Dohna mit Ostpreußen. Mit mehreren zehntausend Hektar Land zählten die Dohnas zu den mächtigsten Großgrundbesitzern östlich der Elbe. Der letzte Erbe von Schlobitten, Alexander Fürst zu Dohna, legte mit über neunzig Jahren seine lang erwarteten Erinnerungen vor, die mit Recht als ein Juwel in der Ostpreußen-Literatur gelten dürfen.

»Schilderungen voll von familiengeschichtlichen und zeitgeschichtlichen Mitteilungen, gelegentlich anekdotenhaft aufbereitet, jedenfalls immer flüssig und meist amüsant zu lesen, die sich zu einem farbigen historischen Mosaik des Lebens des grundbesitzenden preußischen Adels vor und unmittelbar nach dem Zweiten Weltkrieg zusammenfügen.«
Frankfurter Allgemeine Zeitung

»Der Autor liefert einen Bericht, dem man Bemühen um Ehrlichkeit und Ojektivität anmerkt; zugleich spürt man die noble Gesinnung des ehemals so einflußreichen Mannes.«
Berliner Morgenpost

Ein Siedler Buch bei Goldmann
ISBN 3-442-12822-6

Die Hassell-Tagebücher
1938–1944
Aufzeichnungen vom Anderen Deutschland
Ulrich von Hassell

Hassells Tagebücher gelten zu Recht als einzigartiges Dokument nicht nur zur Geschichte des deutschen Widerstands gegen Hitler, sondern auch zur inneren Struktur des »Dritten Reiches«. Die Aufzeichnungen setzen im September 1938 ein und beschreiben die Zeit bis kurz vor seiner Hinrichtung am 8. September 1944. Sie sind ein menschlich beeindruckendes, politisch einzigartiges Zeugnis des mutigen Einsatzes für jenes Deutschland, das auf Recht, Moral und Christentum basieren sollte. Dabei ist bemerkenswert, wie genau Hassell über die Einzelheiten der deutschen Politik, Kriegsführung und über die »teuflische Barbarei« des Holocaust unterrichtet war. Anschaulich beschreibt er die Lebensverhältnisse in Deutschland unter den sich verschärfenden Bedingungen des Krieges und sein immer verzweifelteres Hinwirken auf den Sturz des Regimes.

»Die jetzt in einer ausgezeichneten Edition zur Verfügung stehenden Tagebücher Ulrich von Hassells sind ein bedeutendes historisches und eindrucksvolles menschliches Dokument. Sie sollten zur Pflichtlektüre an Schulen und Universitäten gehören.«
Frankfurter Allgemeine Zeitung

Ein Siedler Buch bei Goldmann
ISBN 3-442-12824-2

Die Berliner Tagebücher
der Marie »Missie« Wassiltschikow
1940–1945

Einen »Tanz zwischen Ruinen« hat der *Observer* die Berliner Tagebücher der dreiundzwanzigjährigen russischen Prinzessin genannt; »Hinter den Kulissen des Staatsstreichs« überschrieb das *Wallstreet Journal* den Bericht über dieses Buch; von einer »Heldin ihrer Zeit« sprach der *Spectator* und von »Aristokraten und Rebellen« die *Times.* Kaum je – die Bücher von Böll und Grass vielleicht ausgenommen – hat ein Bericht aus Deutschland in der westlichen Welt so viele seitenlange Kritiken bekommen wie diese gar nicht für die Öffentlichkeit geschriebenen, ganz und gar privaten Tagebücher eines aus dem Rußland Lenins geflohenen Mädchens. In Berlin gerät die Zwanzigjährige in eine Atmosphäre von militärischem Sieg, politischem Terror und verschwörerischem Widerstand, während die Reichshauptstadt unter dem Bombenhagel der Alliierten, auf die doch eigentlich alle warten, allmählich in Schutt und Asche sinkt.

»Die Einzigartigkeit dieses umfangreichen Tagebuchs liegt gerade in seiner Privatheit. Denn sie ermöglicht es, dem nachgeborenen Leser wie dem Zeitgenossen von damals, jene Jahre eben in ihrem Alltag heraufzubeschwören, Facetten des Krieges, die man, außer in der Literatur, so gut wie immer aussparte, obwohl sie es sind, aus denen man auch heute erfahren kann, wie es wirklich gewesen ist.«
Die Presse, Wien

Ein Siedler Buch bei Goldmann
ISBN 3-442-12805-6

Helmut Schmidt

*Die Deutschen und
ihre Nachbarn*

Siedler

Der zweite Band des Lebensberichts von Helmut Schmidt, der ausschließlich den Deutschen und ihren Nachbarn gewidmet ist, hat auf eine frappierende Weise Aktualität gewonnen. Denn im Mittelpunkt dieses Bandes stehen jene europäischen Regionen, die heute fast täglich die Schlagzeilen füllen. Im Vordergrund natürlich das andere Deutschland, wo Helmut Schmidt in der Auseinandersetzung mit Erich Honecker das Beste für die Deutschen diesseits und jenseits der Grenze herauszuholen suchte. Dann die Ungarn und die Polen, zu denen Helmut Schmidt während seiner Kanzlerschaft besonders enge Beziehungen pflegte, weil er diesen Nachbarn die Sorge vor einem wiedererstarkten Deutschland nehmen wollte.

Im Westen legte Helmut Schmidt vor allem Wert auf ein enges und harmonisches Verhältnis zu Frankreich. Denn die Erfahrungen der politischen Wirklichkeit lehrten ihn, daß Paris der eigentliche Partner für Bonn sei.

Schmidt gibt in diesem zweiten Band seines Rückblicks wieder jene Mischung von persönlichen Erfahrungen und sachlichen Einsichten, die schon der Titel des ersten Bandes zum Ausdruck brachte – Menschen und Mächte. Man kann diesen Band mit Recht das »Dokument eines deutschen Europäers« nennen.

592 Seiten mit Abbildungen, Leinen

Siedler Verlag